기독교문서선교회 (Christian Literature Center: 약칭 CLC)는 1941년 영국 콜체스터에서 켄 아담스에 의해 시작되었으며 국제 본부는 미국 필라델피아에 있습니다.
국제 CLC는 59개 나라에서 180개의 본부를 두고, 약 650여 명의 선교사들이 이동도서차량 40대를 이용하여 문서 보급에 힘쓰고 있으며 이메일 주문을 통해 130여 국으로 책을 공급하고 있습니다. 한국 CLC는 청교도적 복음주의 신학과 신앙 서적을 출판하는 문서선교기관으로서, 한 영혼이라도 구원되길 소망하면서 주님이 오시는 그날까지 최선을 다할 것입니다.

추천사

안톤 휴스 목사
미국 댈러스 벧엘교회 담임(PCA)

세상은 어떻게 생겨났을까요?
왜 만들어졌나요?
"나의 목적"은 무엇입니까?

창세기의 첫 장에 대한 저자의 저술은 신자와 비신자 모두가 삶의 가장 기본적인 질문에 답하도록 돕기 위해 고안되었습니다. 저자는 사람들이 세상 창조에 대한 성경의 기록에 대한 회의론과 의심을 극복하고 그들이 읽고 있는 것이 '실제 역사'임을 인식하도록 돕습니다.

저자노 한때는 스스로 회의적이었습니다. 하나님의 은혜를 체험하지 않고는 믿음이 불가능함을 인정하면서, 하나님께서 눈을 뜨게 하신 후, 어떻게 조각하기 시작했는지 설명합니다. 그의 저술 끝에 있는 도표는 그가 어떻게 성경 기록에 비추어 역사를 이해하고, 그것을 신뢰할 수 있는지 보여줍니다.

신학적 성찰과 하나님의 놀라운 창조에 대한 기쁨이 산재해 있는 저자의 저술은 독자들을 성경, 즉 하나님이 창조하신, 동시에 하나님을 위해 존재하는 사람들에 대한 하나님의 말씀을 읽게 합니다.

그분은 하늘과 땅을 창조하신 분이며, 그분 안에서만 우리의 진정한 목적이 발견되고, 우리의 삶을 어떻게 해야 하는지 알 수 있습니다.

하나님은 화석도 창조하셨습니다

God Created Fossils, Too!
Written by Jarng, Soon Suck
All rights reserved.
Korean Edition Copyright ⓒ 2023 by Christian Literature Center, Seoul, Korea.

하나님은 화석도 창조하셨습니다

2023년 11월 15일 초판 발행

지 은 이	|	장 순 석
편 집	|	임동혁
디 자 인	|	박성준 이승희
펴 낸 곳	|	(사)기독교문서선교회
등 록	|	제16-25호(1980. 1. 18.)
주 소	|	서울특별시 서초구 방배로 68
전 화	|	02-586-8761-3(본사) 031-942-8761(영업부)
팩 스	|	02-523-0131(본사) 031-942-8763(영업부)
이 메 일	|	clckor@gmail.com
홈페이지	|	www.clcbook.com
송금계좌	|	기업은행 073-000308-04-020 (사)기독교문서선교회
일련번호	|	2023-108

ISBN 978-89-341-2620-1 (03230)

이 책의 저작권은 저자와 (사)기독교문서선교회가 소유합니다.
신저작권법에 의하여 한국 내에서 보호받는 저작물이므로 무단 전재와 무단 복제를
금합니다.

부딪히는 돌과 거치는 반석처럼 창조된 화석

하나님은 화석도 창조하셨습니다

장 순 석 지음

CLC

한글 목차

추천사 안톤 휴스 목사 (미국 댈러스 벧엘교회 담임)   1

서 문   10

창세기 1장 1절 ~ 6장 8절

1. 천지창조   12
2. 땅과 물   20
3. 빛이 있으라   27
4. 낮과 밤   31
5. 하늘   35
6. 땅과 바다   41
7. 식물   44
8. 해와 달과 별   49
9. 물고기와 새   52
10. 동물   56
11. 사람   58
12. 완전한 창조   61
13. 안식   64
14. 안개에 적셔진 땅   67
15. 생령   71
16. 에덴동산   76
17. 선악을 알게 하는 나무의 실과   82
18. 돕는 배필   86
19. 여자   89

20. 뱀	94
21. '죽으리라'에서 '죽을까'로	102
22. 하나님과 같이 되어	112
23. 인류의 첫 범죄	116
24. 하나님의 낯을 피하여	121
25. 여호와 하나님	124
26. 변명	128
27. 뱀의 심판	131
28. 여자의 심판	135
29. 남자의 심판	138
30. 가죽 옷	141
31. 실낙원	143
32. 가인과 아벨	145
33. 제물	148
34. 살인	153
35. 가인의 후예	158
36. 셋	162
37. 에녹	165
38. 사람의 연한 백이십 세 (그들의 날은 일백이 십년이 되리라)	171
39. 하나님의 한탄과 근심	175
40. 노아의 방주	178
결론	185
부록 A 성경의 고대 역사 연대표	187
참고 문헌	193

영어 목차

Pastor Anton Heuss (Bethel Church PCA, Dallas, USA)   195

Introduction   196

Genesis 1:1 ~ 6:8

1. Creation of heaven and earth   197
2. Earth and Waters   203
3. Let there be light   209
4. Day and Night   213
5. Heavens   216
6. Earth and Seas   221
7. Plants   224
8. Sun and Moon and Stars   228
9. Fish and Bird   231
10. Animals   235
11. Man   237
12. Perfect Creation   240
13. Rest   242
14. Earth watered by mist   244
15. Living Soul   247
16. Garden of Eden   251

17. Of the tree of the knowledge of good and evil	256
18. A helper	259
19. Woman	262
20. Serpent	267
21. From "shalt surely die" to "lest ye die"	274
22. Shall be as gods	281
23. The first trespass of the human	285
24. Hid from the presence of God	289
25. The LORD God	291
26. Excuse	294
27. Judgment against the serpent	297
28. Judgment against woman	301
29. Judgment against man	304
30. Coats of skins	307
31. Falling out of paradise	309
32. Cain and Abel	311
33. Offering	314
34. Murder	319
35. Descendants of Cain	323
36. Seth	326
37. Enoch	329
38. His days shall be an hundred and twenty years	334
39. Repent and Grief of God	337
40. The ark of Noah	339
Conclusion	346
Appendix A	347
Reference	358

서 문

창세기를 1:1부터 읽을 때에 다음 네 가지 전제를 가지고 성경을 살펴볼 것을 제안해 드립니다.

첫째, 하나님의 전지전능하신 능력은 무한하다는 전제(前提)입니다.
여호와 하나님께서는 우주 만물을 그분의 말씀만으로 일순간에도 창조하실 수 있으신 유일신이십니다.

둘째, 성경은 믿음의 눈으로 보아야 한다는 전제입니다.
'성경 말씀에는 오류가 없다'는 믿음과 그에 따른 사조(思潮)를 가지고 창세기를 해석해야 합니다.

셋째, 하나님의 천지창조는 6일(24시간/1일) 동안에 완성되었다는 전제입니다.
이것은 말씀에 쓰인 그대로 믿는 자세입니다.

넷째, 창세기 1장이 우리에게 주로 물질적 세계의 창조를 가르치고 있다는 전제입니다.
창세기 1장이 영적 세계의 창조에 대해서는 가르치지 않고 있음을 전제해야 합니다.
하나님께서는 의도적으로 모세를 통해 지금의 창세기 1장만큼의 분량을 우리에게 주셨습니다. 필요 이상도, 필요 이하도 아닌 '가장 적절한 분량의 말씀'을 우리에게 하신 겁니다. 그러므로 성도는 하나님의 은혜로 창세기 1장의 천지창조에 관해 깨닫는 만큼 믿으면 됩니다.

이 책이 여러 가지 의문 때문에 창세기 처음 시작에서부터 다음 장으로 넘어가지 못하시는 분들에게 유익한 참고서가 되기를 바랍니다.

1

천지창조

בְּרֵאשִׁית בָּרָא אֱלֹהִים אֵת הַשָּׁמַיִם וְאֵת הָאָרֶץ׃

창세기 1:1이 믿어지지 않고는 1:2와 그 이후에 나오는 모든 성경 말씀들이 믿어질 수 없습니다.

> 태초에 하나님이 천지를 창조하시니라(창 1:1).
> (In the beginning God created the heaven and the earth).

성경은 하나님께서 이 우주와 지구를 창조하셨음에서부터 시작합니다. 성경의 첫 번째 책, 창세기가 언제, 그리고 누구에 의해 쓰여지고, 전수되었는지는 중요하지 않습니다. 일반적으로, "모세라는 선지자에 의해 기록되고 구전되다가 훗날 문서로 정리되었다"라고 말합니다.

기독교를 인정하지 않고 믿지 않으려는 많은 사람, 특히 과학적이고 논리적인 사고방식에 익숙한 사람들은 언제 누가 창세기를 기록했는지 따지려고 합니다. 그런 이들에게는 어떤 대답을 해주어도 거의 유사한 반응을 보이지요. "믿지 못하겠다"라는 것입니다.

우주가 '무에서부터 창조되었다'라고 받아들이기에는 과학적 딜레마가 너무나도 많기에 우주는 어떤 알려지지 않은 원인에 의해 시작되었고, 지금도 계속 성장하고 있다고 생각하는 것이 과학자들의 보편적 믿음입니다.

나도 처음 기독교를 접하고 성경이 믿어지지 않을 때는 그들과 같은 생각을 고집했습니다. 성경이 사람에게 믿어지는 것 자체가 '기적'입니다. 이 기적 같은 하나님의 은혜를 체험하지 않고는 창세기도, 성경도 결코 믿을 수 없을 것입니다.

내가 처음 믿음의 영안이 떠졌을 때, 그 순간은 '순식간'에 벌어졌습니다. 창세기를 부정하며 열띠게 "성경의 가르침이 잘못되었다"라고 성경을 들이대며 반증을 펼치던 시간에, 갑자기 내 생각에 변화가 생겼습니다. "순식간"에 성경이, 창세기가 믿어졌습니다.

믿음의 안목으로 다시 성경을 보기 시작했습니다. 그토록 앞뒤가 맞지 않던 성경 구절들이 철저하게 논증되기 시작했습니다.

나에게 무슨 변화가 생긴 것일까요?

'기적'이 발생한 것입니다. 성경이 믿어지는 기적 말입니다.

나는 지금도 성경을 믿지 못하는 과학자들을 이해할 수 있습니다. 그들에게 믿음의 은혜가 하나님으로부터 일어나지 않은 것뿐입니다. 그들의 반대를 부정하고 싶지 않습니다. 믿어지지 않는 것을 탓할 수는 없지요.

그러나 내가 믿게 된 천지창조에 대해 그들이 받아들이건 말건 글로 저술하여 문서로 기록하고, 다른 이들 특히 기독교인들에게 나의 기독사관을 알리고 싶습니다.

21세기, 현대에 들어서면서 고고역사학자나 자연과학자들의 지식적 오만과 편견은 하늘을 찌르고 있습니다. 진화론 신봉주의자들에게 내가 믿는 천지창조 관점에서의 우주관과 자연관을 주장하고 싶습니다.

이는 기독교를 신앙하는 나의 과학적 고백이기도 합니다. 요즘에 천지창조를 믿는다고 하면 보통 사람들은 물론이거니와 서구의 대다수의 목회자들도 이렇게 비웃습니다.

요즘에도 그런 전설과 신화를 사실로 믿는 얼간이가 있냐!

창세기를 믿지 못하면서 교회에서 목회 노릇을 하는 거짓 목회자들에게, 그래도 이 시대에 천지창조를 믿는 신앙인이 있음을 알리고 싶습니다. 저들은 창세기를 믿지 못하면서 죽음 후의 부활과 천국의 도래를 차마 주장하지 못하겠지요.

그래서 현세의 교회는 "이 세상에서 어떻게 행복하게 살 것인가"에만 치중하고 있는 셈이지요. 천지창조가 믿어지는 성도만이 이 세상에서 행복보다는 거룩함을 지향하고자 할 것입니다.

자, 이제부터 내가 믿는 천지창조의 세계로 들어오시기를 바랍니다.

우리는 사차원의 유한한 세계에 살고 있지요. 삼차원의 공간 영역과 일차원의 시간 영역입니다. 하나님께서 이 세상을 창조하신 것은 아주 먼 옛날의 신화나 전설 같은 이야기가 아니랍니다.

창세기를 읽어보면, 이 세상이 창조된 것은 지금으로부터 불과 6000여 년 전 밖에 되지 않습니다. 자연을 관찰하는 과학자들은 우주의 연대가 수십억 년이라고 주장합니다.

우리가 "하나님"이란 이름('ĕ·lō·hîm; אֱלֹהִים; God; Gen 1:1, Yah-weh; יְהֹוָה; Yahweh; Gen 2:4)을 알게 된 것도 성경 말씀을 통해 알게 되었으니, 우리는 성경에 쓰인 그대로 믿을 뿐입니다.

그러나 과학자들은 성경의 신빙성 문제로 논쟁을 불러일으키며 우리의 믿음에 도전하곤 하지요. 구약뿐만 아니라 신약성경의 원본들은 이 세상에 존재하지 않습니다. 우리는 원본을 베낀 사본을 가지고 있을 뿐이지요.

우리가 사본뿐인 구약과 신약의 성경들을 하나님의 말씀이라고 믿는 이유는 성경 66권의 저자들이 각기 다르고 서로 다른 시대와 공간에서 썼음에도 불구하고 한결같이 같은 주제를 이야기하고 있기 때문이지요.

성경 사본이 사람들의 손에 의해 직접 필기 되고 전수되는 과정에서 하나님께서는 세밀하게 관여하셨고, 오랜 세월 동안의 전수 과정에서의 오류는 거의 0퍼센트로 알려집니다.

그리고 그 성경 66권을 읽으며 그 책에 쓰인 말씀들이 믿어지는 사람들에게는 하나님이 실제로 살아 존재하시며 역사하심이 믿어진답니다. 하나님의 실존하심이 믿어지는 것은 사람의 이성적 논리로는 설명이 불가능한 영적 체험이지요. 하나님이 믿어지는 영적 체험은 한결같이 하나님의 말씀을 듣는 데서 비롯되기에 기독교인의 믿음과 성경+과는 매우 밀접한 상관관계가 있습니다.

하나님의 말씀 모두가 이성적 논리로 설명되는 것은 아닙니다. 그래서 같은 하나님의 말씀인 성경을 읽어도 어떤 이들은 그 말씀이 모두 믿어지지만, 다른 이들에게는 전혀 믿어지지 않지요.

이것을 가리켜 '하나님의 불가항력적 은혜'라고 표현하지요. 사람이 성경을 듣고 읽으며 하나님에 대해 생각하는 과정에서 하나님의 말씀이 사실로 믿어지는 '영적 체험'이 이루어지는데, 이러한 영적 체험은 사람의 의지로 되는 것이 아니라, 하나님의 의지이며, 하나님의 사람에 대한 불가항력적 은혜라고 설명합니다.

창세기 1:1을 통해 우리는 이 모든 우주 만물이 하나님에 의해 창조되었음을 먼저 인정해야 합니다. 하나님을 믿게 된 사람들은 천지가 하나님에 의해 창조되었음을 믿습니다.

이러한 믿음은 장차 있을 일들을 믿는 것이 아니라 이미 있던 일들을 믿는다는 것인데, 아무런 증거가 없어도 역사적인 사실로써, "실제로 그러하였음"을 인정하는 것입니다.

창세기 1:1이 믿어지지 않고는 1:2와 그 이후에 나오는 모든 성경 말씀이 믿어질 수 없습니다. 이 세상은 하나님께서 '무'에서 '유'를 창조하셨음을 믿으시기 바랍니다.

하나님께서 이 세상을 창조하신 순간부터 일차원의 시간과 삼차원의 공간이 생겨난 것입니다.

우리는 공간과 시간에 대해 잘 압니다. 동일한 삼차원 공간의 한 점이 시간에 따라 여러 다른 원자 요소들로 채워짐을 잘 알고 있지요. 여기서, 공간이란 물질적 세계의 공간으로써 공간과 시간은 규칙적인 자연법칙들에 의해 운행되도록 창조되었습니다.

하나님께서는 천지를 창조하시면서 그 천지 만물이 일정한 자연법칙에 의해 움직여지도록 경계를 정하셨습니다. 사람은 아직도 천지가 운행되도록 하는 자연법칙들을 전부 알고 있지는 못합니다.

자연과학자는 자연의 법칙을 찾아내는 사람들이지요. 만유인력의 법칙을 발견하고 근대 고전 역학의 기초를 세웠던 영국의 물리학자 뉴턴(Sir

Isaac Newton, 1642-172년)은 말했습니다.

> 과학자는 오직 하나님의 피조물을 관찰하는 사람일 따름이다.

천지가 창조되기 전에는 공간도 시간도 존재하지 않았습니다. 우리는 창조 이전의 세계에 대해 아무것도 알지 못합니다. 그렇다고 해서 창조 이전에 영적 세계가 없었다는 것은 아닙니다. 그 영적 세계에 대해서는 창세기 1장에 분명한 설명이 없기 때문에 "모른다"라고 말하는 것입니다.

창세기 1:1의 "태초"(bə·rê·šît בְּרֵאשִׁית)란 하나님께서 우리가 살고 있는 '이 세상천지를 창조하신 시작의 때'를 의미합니다. 하나님께서는 천지창조 이전에도 살아 계셨고, 이 세상의 종말 이후에도 영원토록 살아계실 전지전능하신 창조주이십니다.

하나님께서 '무'에서 '유'의 천지를 창조하셨다는 창세기 1:1의 한 구절에서부터 배워야 할 가장 중요한 교훈은 하나님의 천지창조에는 어떤 목적이 있었다는 것입니다. 창세기와 그 후에 나오는 성경은 바로 이 하나님의 목적을 사람이 이해하는 언어로 표현하고 있습니다. 이러한 목적은 하나님께서 이 세상을 창조하기 전부터 가졌던 목적으로 우리는 이를 하나님의 경륜(經綸, dispensation)이라고 표현하지요.

성경의 마지막 책 『요한계시록』은 이 세상에 종말이 올 것임을 예언하고 있습니다. 이 세상을 창조하신 하나님께서 언젠가 이 세상의 종말을 가져오신다는 것입니다. 이 세상은 하나님에 의해 시작되었고, 다시 하나님에 의해 끝난다는 것입니다.

왜 하나님께서 이 세상을 창조하셨을까요?

창조의 목적이 무엇일까요?

이 수수께끼의 해답이 바로 성경에 쓰여 있습니다.

성도, 곧 하나님의 사람들은 이 수수께끼의 해답을 압니다.

왜요?

무엇 때문에?

우리는 앞으로 이 질문에 대한 분명한 답을 알게 될 것입니다. 이 답은 바로 성경에 있습니다.

성경을 읽으시는 많은 분들 중에서 이 수수께끼의 해답을 끝내 발견하지 못하신 분들도 있습니다. 왜냐하면, 그들은 성경을 처음부터 믿지 않으려 했기 때문입니다.

창세기 1:1의 천지창조가 믿어지지 않고는 그 다음 구절들이 믿어질 수 없습니다. 성경이 믿어질 때에 비로소 하나님이 왜 이 세상을 창조했는지에 대한 해답이 깨달아 집니다. 성경을 읽고 성경이 문자적으로 믿어지는 사람들은 정말 복된 사람입니다. 성경은 처음부터 믿음의 글이지요.

이를 다른 말로 표현하자면 이렇습니다. 성경을 처음 읽으면서 성경이 전혀 믿어지지 않지만, 꾸준히 성경을 읽다가 어느 날 성경 말씀의 어느 구절들이 믿어지는 때가 있습니다. 그 믿음의 눈이 떠지는 때에 그동안 읽었던 앞부분들을 다시 거슬러 올라가 보면 과거에는 믿어지지 않았던 구절들도 믿어지게 되는 것입니다.

계속 앞으로 거슬러 올라가다 보면 창세기 1:1까지 되돌아가는데, 마침내 창세기 1:1도 믿어지게 되는 것입니다. 이것을 가리켜 성경은 믿음의 글이라 설명합니다. 결국 그 사람은 창세기 1:1부터 믿음으로 그다음 구절들을 믿게 된 것입니다.

기독교인이 아직 성경을 모르는 사람에게 왜 성경을 전파하는가에 대해 매우 궁금하실 것입니다.

　당신께서 아직 성경을 모르시는 분이시라면, 성경을 꼭 읽어보라고 권합니다. 성경은 당신의 인생을 완전히 바꿀 수 있습니다. 그 변화된 인생은 결코 부정적인 변화가 아닌 긍정적이고 경이로운 변화이기에 꼭 한번 성경을 읽어보라고 당신에게 간곡히 권합니다.

2

땅과 물

1절부터가 하나님의 천지창조, 시간 6일(24시간/1일) 내에 포함되어 있습니다.

태초에(bə·rê·šît בְּרֵאשִׁית) 하나님('ĕ·lō·hîm;) 이 천지를(haš·šā·ma·yim הַשָּׁמַיִם) (wə·'êt וְאֵת) (hā·'ā·reṣ: הָאָרֶץ) 창조하시니라(bā·rā בָּרָא)(창 1:1).

(In the beginning God created the heaven and the earth).

땅이 혼돈하고 공허하며 흑암이 깊음 위에 있고 하나님의 신은 수면에 운행하시니라 (창 1:2).

(And the earth was without form, and void; and darkness was upon the face of the deep. And the Spirit of God moved upon the face of the waters).

창세기에서는 '태초에'(bə·rê·šît בְּרֵאשִׁית)라는 말이 1:1에서만 나옵니다. 그 외에 예레미야 26:1, 27:1, 28:1, 49:34에서 동일한 (bə·rê·šît בְּרֵאשִׁית) 단어가 사용되지만, 그 의미는 새로운 왕의 즉위 시작을 알리는 의미로 사용됩니다.

우선 정설로 전해오는 천지창조의 과정을 날짜별로 구분해 보면, 처음 3일간의 창조 과정은 다음과 같습니다.

① 첫째 날
1절: 하나님께서 우주와 지구를 '무'에서 '유'로 창조하심 (시간과 공간의 창조).
2절: 1절에서 창조된 지구의 땅은 물로 덮여 있으며, 아직 정비되지 않은 혼돈하고 공허하며 어둠인 상태임.
3-5절: 빛이 창조됨.

② 둘째 날
7-8절: 궁창(대기권, 하늘)이 창조되고, 하늘 위로의 물(구름)과 하늘 아래로의 물(바다)로 나뉨.

③ 셋째 날
9-10절: 땅이 드러나고 바다와 분리됨.
11-13절: 각종 식물이 창조됨.

삼차원의 공간 영역과 일차원의 시간 영역을 무(無)에서 유(有)로 창조하신 하나님의 영원한 속성에 대해 우리는 구체적으로 모릅니다. 천지창조 이전의 세계나 종말 이후의 세계에도 지금처럼 삼차원의 공간과 일차원의 시간 개념이 존재하는지조차 모르기 때문이지요.
그래서 하나님께서는 "모든 만물의 처음(알파)이시요 마지막(오메가)"이란 표현으로 하나님을 수사할 수밖에 없습니다. 온 우주 만물이 창조되기 전에도 하나님께서는 존재하셨습니다. 천지창조 이전의 세계가 있었으며 그 세계에 하나님이 계셨습니다.

그리고 현존하는 세계의 종말이 오고 새로운 새 하늘과 새 땅이 창조될 것입니다. 그 새롭게 창조될 세계에서도 하나님께서는 만유의 주이십니다.

창세기 1:1의 '창조하다'(bā·rā בָּרָא)란 과거형 단어는 창세기 1:27과 2:3, 그리고 신명기 4:32에서 사용되는데, 모두가 하나님께서 '창조하다'라는 것을 의미합니다.

> 하나님이 자기 형상 곧 하나님의 형상대로 사람을 창조하시되(way·yiḇ·rā וַיִּבְרָא So created) 남자와 여자를 창조하시고(bā·rā בָּרָא)(창 1:27).
>
> (So God created[way·yiḇ·rā וַיִּבְרָא So created] man in his own image, in the image of God created[bā·rā בָּרָא] he him; male and female created[bā·rā בָּרָא] he them).
>
> 하나님의 지으시던 일이 일곱째 날이 이를 때에 마치니 그 지으시던 일이 다하므로 일곱째 날에 안식하시니라(창 2:3).
>
> (And God blessed the seventh day, and sanctified it: because that in it he had rested from all his work which God created(bā·rā בָּרָא) and made).
>
> 네가 있기 전 하나님이 사람을 세상에 창조하신(bā·rā בָּרָא) 날부터 지금까지 지나간 날을 상고하여 보라 하늘 이 끝에서 저 끝까지 이런 큰 일이 있었느냐 이런 일을 들은 적이 있었느냐(신 4:32).

(For ask now of the days that are past, which were before thee, since the day that God created[bā·rā בָּרָא] man upon the earth, and ask from the one side of heaven unto the other, whether there hath been any such thing as this great thing is, or hath been heard like it?).

    모세가 신명기 4:32를 기록하면서 창세기 1장에 사용했던 '창조하다'를 사용한 것을 보면, 그는 하나님의 창조를 사실로 믿었음을 알 수 있습니다.

    창세기 1:1에서 하나님께서는 우주와 지구(천지)를 창조하셨습니다.

    1절부터가 하나님의 천지창조 시간 6일(24시간/1일) 내에 포함되어 있습니다. 우주와 지구라는 공간이 창조되었고, 아울러 그 창조의 시기가 첫째 날에 포함되었다 함은 태초부터 시작해서 시간이 흐르기 시작하였음을 암시하고 있습니다. 천지가 창조된 직후에는 우주 공간 안에 태양도 별도 없었습니다.

    "흑암이 깊음 위에 있다"라는 표현처럼 우주는 무한해 보이는 광활한 공간이었지만 우주 안에는 아무런 항성도 행성도 은하계도 없었습니다. 텅 빈 공간으로 보입니다.

    또한, 지구에는 생물도 없었고 아무런 형상도 갖춰지지 못했습니다. 첫째 날 창조된 지구의 모습은 혼돈하고 공허하며 어둠의 상태였습니다.

    왜 하나님께서 태초에 창조하신 지구(땅)는 2절에서 보여주듯이 혼돈되고 공허하며 흑암이 깊음 위에 있는 상태였을까요?

    이는 마치 토기장이가 진흙으로 무엇인가를 만들기 전에 진흙 반죽만 먼저 만들어 놓은 형국 같습니다(욥 38:14).

여기에 자연의 법칙이 있었을까요?

지구를 뒤덮고 있는 물과 수면 아래의 땅은 이미 원자와 분자, 그리고 물질의 세계가 창조되었음을 보여줍니다. 그들 물질의 세계는 벌써 자연의 법칙이 적용되어 하나님의 경이로운 섭리 가운데 운행되기 시작하였습니다. 마치 오래전부터 계속되어 온 것처럼 말입니다.

하나님께서는 모세에게 창세기를 계시하시고, 이를 기록하게 하시며, 다음 세대에 구술되고 구전케 하셨습니다(히 1:1). 창세기는 하나님의 천지창조 과정을 하나하나씩 나열하여 설명하려는 의도를 가지지 않습니다. 그 대신 하나님께서 우주 만물을 그분의 말씀으로만 창조하셨음을 성도가 믿음의 안목으로 보게 하려는 의도를 가집니다(히 1:2, 히 11:3).

그래서 창세기 1장은 우주보다는, 특히 지구의 창조와 '지구상의 삼라만상 대자연의 경이로움이 채워지는 과정'을 창조 날짜(여섯 날)에 나누어 역사하시는 하나님의 창조를 그려 보입니다.

혼돈되고, 공허하며, 흑암이 깊음 위에 있어 보이는 상태의 지구는 물로 뒤덮여 있었고, 그 공허해 보이는 세계에서도 하나님의 영(하나님의 신)은 운행하고 계셨습니다. 아직 완성되지 않은 혼돈된 지구 위에 하나님의 영이 존재하고 운행하셨음은 그 모든 혼돈된 상태마저 하나님의 섭리 하에 놓여 있고 통치되고 있음을 보여줍니다.

많은 성경학자나 목회자들 중에는 "창세기 1:1과 2절, 그리고 3절 사이에 알 수 없는 긴 시간이 있다"라고 주장합니다. 그들이 말하는 '시간'이란 수억 년에서 수십억 년이지요. 그들은 그 알 수 없는 긴 시간의 여정 동안 "지구에 공룡이 살았다가 멸망했다, 여러 차례의 빙하기가 있었다, 천사와 같은 영물의 세계가 먼저 존재했다"라는 등 여러 가지 가설들을 만들어 성도의 믿음을 시험하고 있습니다.

2절과 3절의 시작이 'AND'로 시작하기 때문에 1절과 2절 사이에, 그리고 2절과 3절 사이에는 무엇인가 다른 내용이 들어갔을 것이라는 주장입니다. 창세기 1:4도, 5절도 6절도, 7절도 계속해서 'AND'(wə1)로 문장이 시작되고 있음을 알아야 합니다. 고대 히브리어를 사용할 당시의 언어적, 문화적 상황은 도외시 한 채 현대의 감각으로만 문장을 이해하고 추론하려는 자세는 잘못된 것입니다.

창세기에서 중요한 것은 천지를 창조하신 하나님에 대한 믿음입니다. 그러한 믿음은 시대를 초월하여 성도 모두에게 요구됩니다. 고대 히브리어 문장과 단어에 집착하는 접근과 해석으로 천지창조가 신화나 설화로 둔갑해 버린다면, 이는 모세가 처음으로 창세기를 기록할 당시의 의도와는 전혀 딴판이 되어버리는 격입니다. "나무를 보느라 숲을 보지 못하는 격"이기도 합니다.

예를 들어, 자유주의 신학이 얼마나 극단에 치우치고 있는 지 한 가시 사례를 알려드립니다.

> 내가 땅을 본즉 **혼돈**하고 **공허**하며 하늘들을 우러른즉 거기 **빛이 없으며**(렘 4:23).
>
> (I beheld the earth, and, lo, it was **without form**, and **void**; and the heavens, and they had **no light**).

> 땅이 **혼돈**하고 **공허**하며 **흑암**이 깊음 위에 있고 하나님의 신은 수면에 운행하시니라 (창 1:2).

(And the earth was **without form**, and **void**; and **darkness** was upon the face of the deep. And the Spirit of God moved upon the face of the waters).

예레미야 선지자는 곧 바벨론 제국에 멸망할 유다 왕국의 죄악과 이에 따른 하나님의 심판을 경고하면서 멸망당해 인적이 끊어진 예루살렘과 그 주변의 성읍을 예레미야 4:23처럼 표현하되 그가 배운 모세의 창세기 1:2를 인용하였습니다. 창세기는 모세가 하나님의 말씀을 들어 기록한 성경입니다.

모세가 살던 시대에 이집트(애굽)에서는 파피루스란 갈대로 만든 종이가 있어 역사를 기록할 줄 알았습니다. 모세는 하나님의 십계명을 영구히 지워지지 않을 돌판에 새기기도 했습니다. 따라서 창세기는 양피지 등에 기록되었고, 구전으로도 전수되었던 것입니다.

그런데 자유주의 신학자들은 예레미야 4:23의 구절을 예로 들며 "창세기를 비롯한 모세오경을 예레미야가 지었다"라고까지 성경을 왜곡하기에 이르렀습니다.

그들은 언제나 성경 사본이 아닌 성경 원본에 집착하거나, 헬라어(그리스어)나 라틴어가 아닌 히브리어를 들먹이며 "현대의 성경은 성경 원래의 구절에서 많이 달라졌다"라고 고고 언어학을 자랑합니다.

그러면서 그들은 성경을 믿지 않는 공통점을 가지지요.

예레미야는 창세기 1:2를 인용한 것인데, 거꾸로 예레미야 4:23을 들먹이며, 이 구절과 내용 및 문체 면에서 유사해 보이는 창세기 1:2를 예레미야가 작성한 것이라는 궤변을 만들기도 하지요.

3

빛이 있으라

태양이 창조되기도 전에 태양 빛이 먼저 있었다는 사실에 주목하시기 바랍니다.

> 하나님이 가라사대 빛이 있으라 하시매 빛이 있었고(창 1:3).
>
> (And God said, Let there be light: and there was light).

"빛이 있으라"는 하나님의 말씀만으로 빛이 창조되었다는 것입니다. 이 구절에서 '창조'(Create)란 단어를 사용하지 않았다고 창조가 아닌 변형(Transformation)으로 해석하는 사람들도 있으나, 이는 잘못된 생각입니다. 그들은 "태양도 없이 어떻게 빛이 있을 수 있느냐"는 진화론적 생각에서 벗어나지 못하고 있습니다.

3절에서도 '무(無)의 세계에서 유(有)의 세계가 창조되는 순간'을 보여줍니다. 이 세상 우주 만물이 오직 하나님의 말씀으로만 지어진 것입니다(히 11:3, 시 33:6).

여호와의 말씀으로 하늘이 지음이(na·ʻă·śū; נַעֲשׂוּ) 되었으며 그 만상이 그 입 기운으로 이루었도다(시 33:6).

(By the word of the LORD were the heavens made[na·ʻă·śū; נַעֲשׂוּ]); and all the host of them by the breath of his mouth).

하나님께서 말씀하셨고, 그 말씀대로 이루어졌습니다(na·ʻă·śū; נַעֲשׂוּ). 첫째 날 아직 땅이 혼돈하고 공허하며 흑암이 깊음 위에 있던 상태에서 하나님께서 말씀하셨습니다. 이 말씀은 곧 진리인데 나중에 성육신하신 예수 그리스도를 가리킵니다.

하나님께서 말씀하시자 혼돈과 흑암의 세계에서 놀라운 변화가 발생했습니다. 그 변화로 빛이 생겨난 것입니다. 이 '빛'은 진화론 신봉자들이 주장하는 우주 탄생을 시작한 빅뱅으로 말미암아 발산했던 최초의 빛이 아닙니다.

이 빛은 지금도 여전히 우리에게 비치는 빛입니다. 이 창조된 빛은 지금도 태양에 의해 발산되어 현재 우리 눈과 피부로 감각되는 빛임에 틀림없습니다.

그런데 '아직 태양이 창조되기도 전에 태양 빛이 먼저 있었다'라는 사실에 주목하시기 바랍니다. 진화론으로 진리의 안목이 어두워진 많은 신학자는 이 빛이 태양 빛이 아니라고 주장합니다.

다메섹 도상에서 사울이란 청년에게 밝은 빛이 임했던 것을 기억합니다. 자유주의 신학자들은 이 빛이 태양 빛이 아닌 다른 밝은 빛으로써 이 빛에 의해 사울이 말에서 떨어졌고, 잠시 잠깐 눈이 멀게 되었다고 주장하지요.

그들은 태양이 있어야 빛이 있다는 논리로 성경을 생각합니다. 하지만 창세기 1:3은 태양이 존재하기도 전에 빛이 먼저 창조되었음을 증거합니다. 이것이 놀라운 사실이며, 그래서 나는 이 빛이 태양에서 복사되어 나오는 태양 빛이라고 말할 수 있습니다. 그 이유로 하나님의 창조의 산물은 지금도 여전히 사람의 눈과 귀와 피부로 느껴지며, 자연을 통해 하나님을 알아가도록 하시는 것이 하나님의 뜻이라고 믿기 때문입니다.

천지창조 첫째 날에 창조한 빛이 태양 빛이 아닌 전혀 다른 빛으로써 우리가 보통 느낄 수 없는 빛이라면, 이는 물질의 세계를 창조하시어 사람으로 하여금 세상을 지배토록 하시려는 하나님의 계획과 상관없게 되기 때문입니다. 태양은 '넷째 날'에 창조됩니다. 그러나 빛은 '첫째 날'에 창조되었습니다.

이 빛은 사도 바울이 봤던 예수 그리스도의 영광스러운 출현의 빛이 아닙니다. 하나님의 영광은 천지창조 이전에도 이미 항상 존재했으니까요. 이 빛은 사람의 마음을 밝게 하는 깨달음의 빛도 아닙니다. 이 빛은 순전히 우리가 시각적으로 지금도 보고 느껴지는 빛입니다.

하나님께서는 태양을 창조하기 전에, 이 세상에서 빛을 필요로 하는 모든 만물에게 가장 적합한 빛의 특성과 역할을 미리 아시고 가장 최적의 빛을 창조하신 것입니다. 이 빛으로 인해 흑암의 깊음이 밝아졌습니다. 우리는 그 빛이 어디로부터 발산되었는지 모릅니다. 단지, 그 빛이 어두움을 밝혀주었다는 것입니다. 이 놀라운 빛이 땅에 비치고 있습니다.

대다수의 진화론적 기독교인들은 하나님의 천지창조가 어마어마한 기간을 두고 이루어졌다고 믿습니다. 그들은 고고학자나 과학자들이 내세운 진화론을 신봉하기 때문이지요. 사람들은 지금의 자연 사물을 관찰하면서 이 대자연이 순간적으로 이루어졌다고 믿기 어려운 것입니다. 그래서 오랜 세월에 걸쳐 서서히 창조되었다고 합니다. 진화론과 창조론을 교묘하게 결합하는 셈이지요.

그들은 하나님이 "빛이 있으라"라고 말씀한 후에 어느 정도의 시간이 흐르면서 우주 대폭발(Big Bang)이 있었고, 3절에 나오는 빛이란 그러한 우주 대폭발에 의해서 발생한 빛이라고 주장합니다. 하나님의 창조에 이성적 논리와 과학적 근거를 덧붙여야 이해가 될 수 있기 때문이라는 것입니다.

우리가 우주 대폭발을 사실로 인정하게 되는 순간부터 성경은 이제 더 이상 믿음의 글이 아닌 논리의 조합으로 바뀌게 됩니다. 성경을 읽을수록 이성적 납득이 우선시 되는 것이지요.

절대 아닙니다. 하나님께서는 오직 그분의 말씀으로만, 그 말씀의 권위와 능력으로만 우주와 지구를 창조하셨으며, 태양이 있기도 전에 빛을 먼저 창조하신 것입니다. 아직 태양이 존재하기도 전에 말입니다.

사람이 눈으로 빛과 빛에 반사된 사물의 형태와 색깔을 인식할 수 있다는 것은 놀라운 '경이'입니다. 하나님의 말씀만으로 빛이 창조됨으로써 밝음과 어두움이 대비되었습니다. 빛이 창조되는 순간부터 밝음과 어두움이 대비되기 시작했습니다.

예수님께서는 우리에게 "이 세상에서 빛과 소금이 되라"라고 비유적으로 가르쳤습니다. 이는 '가장 필요한 사람이 되라'라는 뜻이지요. 빛은 없어서는 안 될 '생명과도 같은 것'입니다. 이 세상의 종말이 오는 순간까지 태초에 처음 창조된 이 빛은 계속 이 세상에 비칠 것입니다. 식물은 빛과 물로부터 광합성 작용을 할 수 있습니다. 사람은 빛과 식물을 절대적으로 필요로 합니다. 하나님께서는 이 세상 만물이 자라는 데 가장 최상의 빛을 태양보다 먼저 창조하셨습니다.

4

낮과 밤

이 하루는 지구가 한번 자전하는 24시간을 의미합니다.

> 그 빛이 하나님의 보시기에 좋았더라 하나님이 빛과 어두움을 나누사(창 1:4).
> (And God saw the light, that it was good: and God divided the light from the darkness).
> 빛을 낮(yō·wm, יוֹם)이라 칭하시고 어두움을 밤이라 칭하시니라 저녁이 되며 아침이 되니 이는 첫째 날(yō·wm, יוֹם)이니라(창 1:5).
> (And God called the light Day[yō·wm, יוֹם], and the darkness he called Night. And the evening and the morning were the first day[yō·wm, יוֹם]).

하나님께서는 창조주이시며, 그래서 완전하고도 전지전능한 신이십니다. 신은 오직 하나님 한 분뿐이십니다. 하나님께서 천지를 창조하실 때, 첫째 날에 만드신 것이 우주와 지구와 빛이었으며, 이 빛은 하나님께서 보시기에도 좋았던 빛이었습니다.

하나님께서 창조하신 빛은 완전한 빛이었습니다. 완전한 빛이기에 하나님 보시기에도 좋았던 것입니다. 하나님께서는 말씀으로 빛을 창조하신 후에 그분의 눈으로 그 만드신 빛을 보시는 것입니다.

말씀으로 창조된 빛은 한 점 오류도 없이 완벽하게 빛으로써의 역할을 다했으며, 그 결과 흑암의 깊음 위에 놓였던 지구의 어두움과 분명히 구별되었습니다. 빛은 어두움의 정반대였으며 어두움에 빛이 비추매 밝음이 찾아온 것입니다. 빛과 어둠을 구별하신 하나님을 주목해야 합니다. 빛과 어둠은 동시에 존재할 수 없습니다.

하나님께서는 빛과 어두움을 구별하셨으며, 각각에 대해 다른 이름을 붙여 주셨습니다. 빛은 '낮'으로, 어두움은 '밤'으로 칭하셨습니다. 빛이 있는 것과 빛이 없는 것을 시간적으로 나눈 것이지요. 빛이 있는 낮 시간과 빛 대신 어두움이 있는 밤 시간으로 시간이 지나가도록 하셨습니다. 낮과 밤이란 이름을 지어주신 분께서도 '하나님'이십니다.

하나님의 첫 번째 창조가 이루어진 후 저녁이 지나고 아침이 오도록 하신 후, 이 시간의 간격을 '하루'로 정하신 것입니다. 어느새 시간이 흐르고 있었지요. 아직 태양이 창조되기도 전에 낮과 밤, 그리고 그 사이에 있는 아침과 저녁이라는 시간 속의 하루를 정의하신 것입니다. 이 하루는 지구가 한번 자전하는 '24시간'을 의미합니다.

시간의 경계를 먼저 세우신 후, 태양계 주변으로 시간의 법칙에 따라 지구가 돌도록 하신 하나님이십니다. 아직 지구가 완전한 형태를 갖추지 않았고, 태양도, 태양계도 만들어지지 않았습니다. 빛에서 어두움으로 바뀌고, 다시 어두움이 빛으로 바뀌는 시점이 오자, 천지창조의 하루가 지나갔음을 선언하신 것입니다.

창세기 1:5의 낮과 날은 모두 'Day'(yō·wm, יוֹם)란 의미를 가집니다. 창세기를 기록한 모세는 또한 출애굽기를 기록하였으며, 출애굽기 20:11은 모세가 하나님께서 직접 돌판에 새기신 십계명 중에서 네 번째 계명을 설명하고 있습니다.

11절에는 3번의 day가 나오는데, 엿새(six days), 제 칠일에(the day), 안식일(day)에서 모두 day가 반복되어 나옵니다. 출애굽기 20:11의 하루(day)는 'Day'(yō·wm, יוֹם)로써 창세기 1:5과 같은 단어를 사용하였습니다.

그러므로 모세는 하나님께서 가르쳐주신 천지창조의 엿새(six days)를 모세 시대의 엿새와 동일한 시간으로 간주하였습니다.

> 이는 엿새(yā·mîm יָמִים) 동안에 나 여호와가 하늘과 땅과 바다와 그 가운데 모든 것을 만들고 제 칠일에(bay·yō·wm בַּיּוֹם) 쉬었음이라 그러므로 나 여호와가 안식일(yō·wm, יוֹם)을 복되게 하여 그 날을 거룩하게 하였느니라(출 20:11).
>
> (For in six days[yā·mîm יָמִים] the LORD made heaven and earth, the sea, and all that in them is, and rested the seventh day[bay·yō·wm בַּיּוֹם]: wherefore the LORD blessed the sabbath day[yō·wm, יוֹם], and hallowed it).

많은 개혁주의 신학자와 목회자들조차 창세기의 천지창조 기간을 엿새로 믿지 못합니다. 그들은 말하기를, "성경이 정확히 엿새라고 말하지 않았다는 이유 때문이다"라고 합니다.

그러나, 출애굽기 20:11은 피할 수 없는 분명한 증거를 보여줍니다. 창세기와 출애굽기를 기록한 동일한 저자(모세)의 성경 구절들에서 '엿새'는 당연히 그가 살았던 시대의 물리적인 엿새였기에, 그는 같은 단어 'Day'(yō·wm, יוֹם)를 사용했던 것입니다.

현대의 개혁주의 신학자들과 목회자들은 그들이 졸업한 신학교에서 가르치는 신학 도그마에 빠져 믿음보다는 전통을 지향하는 것 같습니다. 그들이 믿는 창세기의 천지창조는 자유주의 신학자들이나 진화론 신봉주의 기독교인들과 별 차이가 없어졌습니다.

이미 지나간 과거의 성경 말씀을 믿지 못하는 사람들이 어떻게 앞으로 다가올 미래의 부활을 믿을 수 있을까요?

빛과 어두움은 선과 악의 상징이 아니었습니다. 우주 운행의 원리를 양(陽)과 음(陰)에서 찾으려는 분들이 있습니다. 하나님의 '천지창조 능력'은 사람의 지혜로는 도저히 알 수 없답니다.

하나님의 창조물인 빛은 하나님 보시기에 좋았습니다. 완전했습니다. 이제 천지창조의 첫날이 지나갔습니다.

5

하늘

하나님께서는 오직 말씀의 능력으로 24시간 이내의 짧은 시간에 하늘을 창조하셨습니다.

> 하나님이 가라사대 물 가운데 궁창이 있어 물과 물로 나뉘게 하리라 하시고(창 1:6).
>
> (And God said, Let there be a firmament in the midst of the waters, and let it divide the waters from the waters).
>
> 하나님이 궁창을 만드사 궁창 아래의 물과 궁창 위의 물로 나뉘게 하시매 그대로 되니라 (창 1:7).
>
> (And God made the firmament, and divided the waters which were under the firmament from the waters which were above the firmament: and it was so).
>
> 하나님이 궁창을 하늘이라 칭하시니라 저녁이 되며 아침이 되니 이는 둘째 날이니라 (창 1:8).
>
> (And God called the firmament Heaven. And the evening and the morning were the second day).

천지창조의 첫째 날 시간과 우주 공간, 그리고 지구와 빛을 만드신 후 하나님께서는 둘째 날 지구를 둘러싸는 하늘 공간을 만드셨습니다.

'대기권'이란 하늘 공간이 생성된 것이지요. 아직 우주 공간에는 별도 없고, 해도 없고, 달도 없었습니다. 무한하도록 광대해 보이는 빈 우주 공간을 채웠던 물질이 무엇인지 우리는 모릅니다.

하나님께서는 지구를 뒤덮고 있는 물과 물이 나뉘어 분리되도록 하시면서, 한쪽은 지금의 바다를 형성하셨고, 다른 한쪽의 물과 분리되게 하셨습니다. 다른 한쪽의 물이란 하늘 공간에 걸리는 구름을 가리킵니다.

많은 진화론적 기독교인들은 다른 한쪽의 물이란 노아 홍수 이전에 하늘 위에 존재했던 거대한 구름층이라고 설명합니다. 노아 홍수 당시, 하늘에서 사십 주야로 내린 비가 바로 그 구름층에서 발생한 것이라고 주장하지요. 노아 홍수 이전에는 그 구름층이 외계에서 오는 우주 전파를 차단해 사람들의 노화를 늦출 수 있었고, 그래서 사람들이 장수할 수 있었다고도 합니다. 그러나 이 모두 주장은 성경에서 가르치지 않는 주장들입니다.

성경을 과학적 발견이나 법칙에 맞추려는 시도는 매우 무모하고도 위험한 발상입니다. 현대 교육과 사회는 고고학자나 과학자들이 지어낸 진화론적 우주관에 철저하게 길들여 있어 성경조차도 과학적 근거를 우선시하면서 해석되고 있습니다. 무한해 보이는 우주 바깥 공간이 물로 채워져 있을지도 우리는 모릅니다.

여기 세 구절에서 중요한 영적 교훈은 장차 도래할 하나님의 나라(천국)는 현존하는 유한한 우주 공간에 만들어지지 않을 것이란 것입니다.

예수님께서 십자가에 달려 돌아가시면서 십자가에 매달린 예수님 옆의 다른 죄수에게 하신 말씀을 기억하시나요?

"오늘 네가 나와 함께 낙원에 있으리라."

예수께서 이르시되 내가 진실로 네게 이르노니 오늘 네가 나와 함께 낙원에 있으리라 하시니라(눅 23:43).

하나님의 나라는 먹는 것과 마시는 것이 아니요 오직 성령 안에서 의와 평강과 희락이라(롬 14:17).

그가 낙원으로 이끌려가서 말할 수 없는 말을 들었으니 사람이 가히 이르지 못할 말이로다(고후 12:4).

우리는 그의 약속대로 의의 거하는바 새 하늘과 새 땅을 바라보도다(벧후 3:13).

또 내가 새 하늘과 새 땅을 보니 처음 하늘과 처음 땅이 없어졌고 바다도 다시 있지 않더라 또 내가 보매 거룩한 성 새 예루살렘이 하나님께로부터 하늘에서 내려오니 그 예비한 것이 신부가 남편을 위하여 단장한 것 같더라(계 21:1-2).

    예수님께서 그 죄수에게 말씀하신 천국(하나님의 나라)은 죽어서 가는 세계입니다. 십자가에 달려 죽어가는 죄수의 소망은 예수님께서 계시는 천국에 그도 함께 가기를 원한 것이고, 예수님께서는 그 죄수에게 소원을 그날 이뤄주실 것을 약속하신 것입니다.
    사도 바울이 체험했던 낙원은 이 세상에 속한 공간 영역에 존재하지 않는 세계를 말합니다. 또한, 성경은 성령님이 함께 하시는 성도의 육체가 하나님의 전이라는 상징적인 비유를 말씀하시면서, 하나님의 나라는 곧 성도 안에 있음도 증거하고 있습니다.

> 바리새인들이 하나님의 나라가 어느 때에 임하나이까 묻거늘 예수께서 대답하여 가라사대 하나님의 나라는 볼 수 있게 임하는 것이 아니요 또 여기 있다 저기 있다고도 못하리니 하나님의 나라는 너희 안에 있느니라(눅 17:20-21).

사람이 거듭나고 회개하여 예수님과 연합해 하나님의 백성이 되고 나면, 그는 하나님의 주권적 임재 사상을 가지고 살게 됩니다. 성도에게는 살아서나 죽어서나 항상 하나님과 함께하심으로 인해 이미 심령의 천국에 들어간 것입니다.

여기서 우리가 구별해야 할 것은 성도가 살아있는 동안에 하나님 임재 하에 감화되는 현세의 천국은 성도의 마음에서 이미 이루어진 천국으로 장차 권능으로 도래할 '참 천국의 그림자'와도 같은 것입니다. 성도가 죽게 되면 육체가 잠시 잠자다 예수님의 재림 나팔 소리와 함께 부활하여 영원한 천국에 들어가게 될 것입니다.

이 영원한 천국은 이 유한한 우주 공간 어느 장소에 세워지는 천국이 아닙니다. 예수님의 재림과 함께 이 온 우주 세계는 종말을 맞아 사라지고, 새 하늘과 새 땅이 도래하는데, 곧 하늘의 예루살렘이자 장차 모든 성도가 예수님과 함께 거할 천국이 임하는 것입니다. 이 천국은 사도 바울이 이미 가 본 천국으로써 이미 완성된 천국입니다.

하나님께서는 둘째 날에 하늘 공간을 창조하셨습니다. 그리고 첫째 날 만들었던 빛과 어두움에 의해 나눠진 낮과 밤이 시간에 따라 바뀌면서 둘째 날이 지나간 것입니다. 하나님께서는 지금도 24시간에 한 번씩 바뀌는 아침과 저녁이라는 결코 길지 않은 시간 동안에 우주 공간과 지구를 창조하신 것입니다.

진화론자들이 주장하듯 수십억 년에 걸쳐 우주와 지구를 만든 것이 아닙니다.

만약, 하나님의 천지창조가 수십억 년에 걸쳐야 만들어질 수밖에 없다면, 성도가 소망하는 하늘의 완전한 천국은 얼마나 오랜 세월이 지나야 만들어지겠습니까!

절대 아닙니다. 하나님께서는 오직 말씀의 능력으로만 24시간 이내의 짧은 시간에 천지를 창조하셨습니다.

어떤 사람들은 왜 둘째 날에는 다른 날과는 달리 '하나님의 보시기에 좋았더라'는 구절이 생략되었냐 하면서 이는 하늘은 이미 1절에 창조된 것이고, 둘째 날에는 다만 궁창으로 비유되는 하늘이 지구를 뒤덮는 물과 물을 분리한 정도밖에 안 되기 때문이라고 말합니다. 우주와 지구, 그리고 빛을 창조한 규모에 비해 지구 주변의 대기권 정도 조성한 것은 창조가 아니라 변형이라는 주장이기도 하지요.

나는 앞서 첫째 날 하나님께서 창조하신 지구는 물로 뒤덮여 있었으며, 혼돈과 공허, 그리고 흑암의 상태라고 하였습니다. 그런 지구에 빛이 비쳐졌지요. 이제 하나님께서 준비하신 진흙 덩어리 같은 지구를 빚어 가장 아름답고 경이로운 자연의 산물로 창조하시고자 하십니다.

하나님은 지구에 생물체를 창조하기 전에, 그 생물체가 살아갈 수 있는 지구적 환경을 조성하셨습니다.

이 '조성'이란 창조의 또 다른 표현입니다. 첫째 날의 땅과 물과 빛에 이어 숨을 쉴 수 있는 공기와 온화한 기후, 그리고 적절한 바람과 비구름을 둘째 날에 창조하신 것입니다. 우주선을 타고 달이나 화성에 가보면 땅이 있고 빛이 있고 물의 자취도 있으나, 적합한 대기권이 없어 생물이 살 수 없음을 알게 됩니다.

따라서 둘째 날에 창조하신 하늘 공간은 다음 날 창조하실 식물들이나, 그리고 계속해서 창조되는 동물들이 살아가는 데 가장 필요한 지구적 환경이었습니다. 그러니 결국, 둘째 날 창조된 하늘 공간은 결코 셋째 날이나 넷째 날 등에 비해 절대 덜 중요하거나 소소한 변화 정도가 아닙니다. 왜 하나님께서 '보시기에 좋았더라'는 말씀을 둘째 날에는 하지 않으셨는지 모르면 침묵하면 됩니다.

6

땅과 바다

"하나님 보시기에 좋은" 지구는 완전한 창조물임을 가리킵니다.

> 하나님이 가라사대 천하의 물이 한곳으로 모이고 뭍이 드러나라 하시매 그대로 되니라 (창 1:9).
>
> (And God said, Let the waters under the heaven be gathered together unto one place, and let the dry land appear: and it was so).
>
> 하나님이 뭍을 땅이라 칭하시고 모인 물을 바다라 칭하시니라 하나님의 보시기에 좋았더라(창 1:10).
>
> (And God called the dry land Earth; and the gathering together of the waters called he Seas: and God saw that it was good).

둘째 날 하늘이라는 궁창(firmament)을 경계로 물과 물로 나뉘었습니다. 그리고 셋째 날 하나님께서는 하늘 아래의 물이 한곳으로 모이도록 하시고, 또 물이 고이지 않는 마른 땅이 드러나게 하셨습니다.

1절에 창조되었으나 아직 혼돈하고 공허하며 물로 뒤덮인 지구에 마른 땅이 드러나게 된 것입니다.

9절에서 "뭍이 드러나라"는 말씀을 나는 창조로 생각합니다. 물로 뒤덮여 있던 지구 표면 위로 마른 땅이 드러나는 것도 하나님의 창조 과정 중 하나이기 때문입니다.

하나님께서는 창조 이전부터 미리 모든 창조 계획과 목적을 가지고 계셨습니다. 창조된 우주 만물은 지금도 하나님의 섭리 가운데 자연의 법칙에 따라 운행되고 있습니다. 자연의 법칙을 세우신 분이 바로 하나님이십니다.

하나님께서 지으신 세계에 '우연'이란 없답니다. 모든 사물마다 하나님의 뜻과 목적이 있습니다. 우리가 먹는 음식물과 우리의 발에 밟히는 흙과 작은 벌레들, 그리고 우리 눈과 귀로 보이고 들리는 모든 사물들과 사람들과의 관계, 이 모든 일들에는 결코 '우연'이란 없답니다.

우리의 머리카락 하나까지도 세시며, 우리의 보이지 않는 마음까지도 헤아려 보시는 하나님께서 항상 나의 모든 것의 주재요, 나의 눈동자 되어 주심을 우리는 믿습니다.

이것이 '하나님 임재 사상'(임마누엘, Immanuel)입니다. 참 성도에게는 하나님 임재 사상이 그의 남은 생애를 지배하고 있습니다. 기독교란 종교를 알게 되면 처음부터 끝까지 하나님 임재 사상 안에 성도가 있고, 또 있어야 함을 깨닫게 됩니다.

하나님께서는 천하의 물이 한곳으로 모이도록 말씀하셨습니다. 물이 쓸려 나간 자리에 뭍이, 곧 마른 땅이 드러났습니다. 모인 물은 바다라 칭하셨고, 드러난 뭍은 땅이라 칭하셨습니다.

하나님께서는 창조 이전에 가지셨던 그 분의 계획을 필연적으로 실현하십니다. 하나님의 창조물은 창조 직후부터 질서정연하게 움직이고 있습니다. 이제 하나님께서는 혼돈되고 공허해 보이던 지구를 빚어 좀 더 구체적으로 완전하게 만드셨습니다.

지구를 뒤덮던 물의 일부가 모아져 바다가 되고, 바다가 아닌 위치에 마른 땅을 만드신 겁니다. 무한해 보이는 우주 공간의 크기는 우리의 상상으로도 짐작이 가지 않습니다. 우주에 비해 매우 작아 보이지만 사람이 살기에 적당한 지구 공간을 만드신 것입니다. 지구 겉면의 일부는 땅으로, 다른 일부는 바다로 나뉘어졌습니다.

이 모든 것이 셋째 날 이루어진 것입니다. 땅과 바다는 모두 하늘이라는 궁창을 경계로 우주를 접하고 있으며, 하늘은 우주와 달리 공기가 있어 생물체가 살아갈 수 있게 하셨습니다. 이제 지구에는 빛이 있고, 물이 있고, 땅이 있고, 공기가 있습니다. 생명을 가진 생물체가 살아갈 수 있는 자연조건들이 모두 골고루 갖춰진 셈이지요. 이 모든 것이 하나님 보시기에 좋았습니다.

하나님 보시기에 좋은 지구는 완전한 창조물임을 가리킵니다. 지구에서 벌어질 하나님의 역사 실현이 계속해서 지구상에서 이어질 것입니다. 역사란 History, 즉 His Story, God's Story입니다. 사람들은 자기들에 의해 인류의 역사가 엮어진다고 생각하지요. 인류 역사의 배후에는 하나님의 예정된 계획이 성취되도록 섭리하시는 하나님의 역사와 권능이 있습니다.

자연과학자들은 하나님께서 창조하신 우주 만물의 운행 원리 중 극히 조그마한 사실을 발견했을 뿐입니다. 그 사실들만으로는 도저히 우주의 운행 현상을 설명하기가 불가능합니다. 하나님의 지혜와 지식은 인간의 지혜나 지식의 한도를 무한히 넘어서고 계심을 인정해야 합니다. 사람은 원래 하나님을 경배하고 찬양하도록 지음 받은 존재들입니다.

7

식물

하나님께서 지으신 우주와 지구의 모든 만물은 창조된 순간부터 사람의 안목에 마치 수십억 년이 지난 것처럼 너무나 자연스럽게 보이도록 창조하셨다는 사실입니다.

> 하나님이 가라사대 땅은 풀과 씨 맺는 채소와 각기 종류대로 씨 가진 열매 맺는 과목을 내라 하시매 그대로 되어(창 1:11).
>
> (And God said, Let the earth bring forth grass, the herb yielding seed, and the fruit tree yielding fruit after his kind, whose seed is in itself, upon the earth: and it was so).
>
> 땅이 풀과 각기 종류대로 씨 맺는 채소와 각기 종류대로 씨 가진 열매 맺는 나무를 내니 하나님의 보시기에 좋았더라 (창 1:12).
>
> (And the earth brought forth grass, and herb yielding seed after his kind, and the tree yielding fruit, whose seed was in itself, after his kind: and God saw that it was good).
>
> 저녁이 되며 아침이 되니 이는 세째 날이니라(창 1:13).
>
> (And the evening and the morning were the third day).

하나님 창조의 시간은 계속해서 셋째 날에 이르고 있습니다. 육해공(陸海空), 즉 땅과 바다와 하늘의 경계를 정하신 하나님께서는 이어 땅에서 식물이 나오라 말씀하셨고 그 말씀대로 이루어졌습니다. 땅으로부터 살아있는 생명체, 곧 식물이 나와 자라게 되었습니다.

땅은 풀과 채소와 과목으로 총칭되는 모든 식물을 각기 다른 종류대로 내어주었습니다. 땅이 내어준 식물의 종류는 아직까지도 밝혀지지 않은 것이 많을 것입니다. "땅이 각종 식물을 내어 준다"라는 표현은 이미 창조된 식물을 나타내 보인다는 말이 아니라, 하나님의 말씀에 따라, 땅이 하나님의 뜻에 따라 각종 식물들이 창조되어 드러나도록 한다는 뜻입니다. 땅이 식물을 창조한 것이 아니라 하나님의 "창조하라" 하시는 말씀에 따라 '땅 위에 식물이 창조되었다'라는 말이지요.

빛과 물과 땅과 공기는 식물이 자라는 데 필요한 모든 것을 충족시켜 주고 있습니다.

산에 올라가 보면, 사연이 얼마나 아름다운지요?

자연이 아름다운 이유는 '살아있는 식물이 지구를 덮고 있기 때문'입니다. 생물이 자라지 않는 다른 행성에 가게 된다면, 처음 하루 이틀은 호기심으로 있을 수 있어도 며칠 못가 살아 숨 쉬는 자연이 없는 적막함으로 인해 지쳐버릴 것입니다.

아직 태양은 창조되지 않았지만 식물은 하루 먼저 창조되었습니다. 이런 사실은 창세기를 이해하는 데 매우 중요한 시금석입니다. 하나님의 관심은 인간이 살아가는 지구 창조를 모세라는 인물을 통해 우리에게 전해주는 것입니다.

지구에 식물이 덮이고 나서 식물이 자라는 데 필요한 빛이 발산되는 태양을 창조하셨지요. 하루 먼저 창조된 식물들이 하루 동안 햇빛을 못 본다고 죽지는 않습니다. 지구의 땅 위에는 각양각색의 식물들로 가득 찼을 것입니다. 어두컴컴해 보이는 동굴 안에도 이름 모를 이끼가 자라게 되었습니다. 이 모든 것이 하나님의 말씀대로 24시간 이내의 시간에 완성되었습니다.

진화론을 신봉하는 과학자들은 "수많은 식물들이 땅에 묻히고 썩어서 석탄이 되고, 수많은 동물들이 땅에 묻히고 썩어서 석유로 변했다"라고 주장합니다. 지구 내부의 높은 압력이 그렇게 만들었으며 그렇게 만들기까지 수억 년의 세월이 지나갔다고 말합니다.

그러나 성경 중심의 창조론은 다르게 설명합니다. 하나님께서는 지구를 만드시면서 깊은 땅속에 석탄과 석유도 함께 창조하시어 매장시켜 놓으셨다고요. 하나님께서는 석탄과 석유가 나중에 인류에게 필요할 것이란 사실을 처음부터 아셨기에 석탄도 석유도 이미 만들어 놓으셨습니다.

식물 중 나무가 초기에는 연료로 사용되었지만, 더 많은 인류가 살기에는 부족하기 때문이었습니다. 과학자들은 어떻게 해서든지 지구와 우주의 역사를 수십억 년씩 늘리고자 다양한 진화론적 이론들을 만듭니다. 그리고 결론에 가서는 하나님을 부인하려고 합니다.

어둠침침한 깊은 동굴에서도 이끼가 자라고 이름 모를 동식물이 자라듯이 하나님께서 물에서부터 뭍을 분리하시며 땅을 만드셨다는 구절은 땅 위의 모든 산과 언덕, 강과 바위, 계곡과 들판, 사막과 온천, 남극과 북극 등등 모든 지구상의 자연을 하나님께서 창조하셨음을 부연합니다.

전지전능한 하나님이시기에 이 모든 것이 순식간에 창조될 수 있었던 것입니다. 과학자들의 주장처럼 수억 수십억 년의 세월에 걸쳐 조성된 것이 아닙니다. 그렇다면 당신은 이런 질문을 던질 수 있을 것입니다.

그러면, 어째서 이 자연은 오랜 세월 동안 변화되어 온 것 같고, 실재로 고고학적으로도 변화된 명백한 증거가 있지 않습니까?

이에 대한 대답은 너무나도 간단합니다.
하나님께서 지으신 우주와 지구의 모든 만물은 창조된 순간부터 사람의 안목에 마치 수십억 년이 지난 것처럼 너무나 자연스럽게 보이도록 창조하셨다는 사실입니다.
창조의 순간부터 마치 오래전부터 지켜온 자연의 법칙을 계속 준수해 가는 것처럼 보이도록 창조하셨다는 것입니다. 처음에는 원석을 창조하였는데 세월이 지나면서 풍화되고 변화되게 하신 것이 아니라 처음부터 오랜 세월 동안 변화된 모습으로 창조하신 것입니다.
하나님의 천지창조 이후에도 태초에 창조된 만물의 대부분이 하나님께서 정하신 자연의 법칙에 따라 계속해서 변화 과정을 밟고 있는 셈이지요. 이렇게 자연스러워 보이는 우주 만물이 하나님 보시기에 좋아 보였던 것입니다.
그런데 진화론적 과학자들은 "자연의 상태가 오래되었다"라는 이유로 도리어 하나님의 창조를 부인하고 있습니다. 오래된 상태로 자연스럽게 보이도록 하나님께서 우주 만물을 창조하시되 순식간에 창조하신 것입니다. 그분의 전지전능한 능력의 말씀이 그렇게 되도록 할 수 있었던 것입니다. 자연을 보며 하나님께서 지으신 세계의 장엄함과 하나님의 위대하심을 찬양하라 하였건만 진화론적 과학자들은 자연을 보며 하나님의 창조 능력을 부인하게 되었습니다.

　우리가 자연을 관찰할 때 발견할 수 있는 자연의 오래되어 보이는 모습에서 '하나님의 영원한 속성을 깨달으라'라고 하신 것인데, 과학자들은 이를 잘못 이해했습니다.

　자연을 통해 하나님의 영원한 속성을 투영해 보이는 것은 마치 우리의 '양심의 법'으로 하나님께서 우리가 서로 어떻게 살아야 할지 깨닫게 하시는 것과 일반입니다. 유대인들에게는 구체적인 모세의 율법을 주셨지만, 이방인들에게는 양심의 법으로도 하나님의 원하시는 도덕적 기준과 사회적 규범을 알 수 있었던 것입니다.

　땅이 창조되고 식물이 창조되는 창조의 시간은 계속 흘러서 셋째 날이 지나갔습니다. 아직 해도, 달도, 별도, 우주 공간에는 없습니다. 빛과 물과 땅과 공기에 이어 식물이 창조된 것입니다.

8

해와 달과 별

과학자들은 '태양이 있어야 태양 빛이 있다'라고 생각합니다. 그러나 성경은 빛이 먼저 있고, 그 빛을 내는 태양이 창조되었음을 강조합니다. 이는 단지 관점의 문제가 아니라 믿음의 기조를 보여줍니다.

> 하나님이 가라사대 하늘의 궁창에 광명이 있어 주야를 나뉘게 하라 또 그 광명으로 하여 징조와 사시와 일자와 연한이 이루라(창 1:14).
>
> (And God said, Let there be lights in the firmament of the heaven to divide the day from the night; and let them be for signs, and for seasons, and for days, and years:)
>
> 또 그 광명이 하늘의 궁창에 있어 땅에 비취라 하시고 (그대로 되니라)(창 1:15).
>
> (And let them be for lights in the firmament of the heaven to give light upon the earth: and it was so).
>
> 하나님이 두 큰 광명을 만드사 큰 광명으로 낮을 주관하게 하시고 작은 광명으로 밤을 주관하게 하시며 또 별들을 만드시고(창 1:16).
>
> (And God made two great lights; the greater light to rule the day, and the lesser light to rule the night: he made the stars also).

하나님이 그것들을 하늘의 궁창에 두어 땅에 비취게 하시며(창 1:17).

(And God set them in the firmament of the heaven to give light upon the earth,).

주야를 주관하게 하시며 빛과 어두움을 나뉘게 하시니라 하나님의 보시기에 좋았더라 (창 1:18).

(And to rule over the day and over the night, and to divide the light from the darkness: and God saw that it was good).

저녁이 되며 아침이 되니 이는 네째 날이니라(창 1:19).

(And the evening and the morning were the fourth day).

과학자들은 '태양이 있어야 태양 빛이 있다'라고 생각합니다. 그러나 성경은 빛이 먼저 있고, 그 빛을 내는 태양이 창조되었음을 강조합니다. 이는 단지 관점의 문제가 아니라 믿음의 기조를 보여줍니다.

천지창조 넷째 날, 하나님께서는 드디어 해와 달과 별들을 만드셨습니다. 하늘의 궁창(firmament)은 "물(바다)과 물(구름)을 나누는 경계였다"라고 설명했습니다. 하늘의 궁창은 대기권도 포함하는 셈이지요. 이런 하늘의 궁창이 만들어진 후, 우주 공간에 해와 달과 별들을 만드셨습니다. 이 무한해 보이는 우주 공간에서 사람이 살 수 있는 곳은 오직 지구뿐입니다.

과학자들은 광대한 우주에는 지구와 같은 별들이 수없이 많을 것이라고 확률적으로 추정합니다. 하나님께서는 지구를 위해 우주를 만드셨기에 우주에 또 다른 지구가 있지는 않습니다. 광활한 우주 공간에 위치한 해와 달과 수많은 별에게서 빛이 나오게 하시고, 그 빛이 땅에 비치도록 하셨습니다. 사람들은 그 빛을 보고 징조와 사시와 일자와 연한을 세울 수 있도록 하신 것입니다.

천지창조 첫째 날, 빛이 창조되었고, 빛은 낮이라 칭해지고, 밤이라 칭해진 어두움과 구별되었습니다.

천지창조 넷째 날 비로소 해와 달을 하시며, 해는 낮, 달은 밤을 주관하게 하시면서 해와 달로써 빛(낮)과 어두움(밤)을 나뉘게 하셨습니다. 여기서 해와 달이 창조되기 이전에 빛이 먼저 창조되었음을 절대 놓치지 말아야 합니다.

하나님의 아들 예수 그리스도께서 태어날 당시에 동방의 세 박사들이 큰 별의 발생과 이동을 따라 베들레헴에까지 찾아온 것을 기억합니다. 이처럼 하나님께서는 별들의 생성과 운행과, 그리고 소멸을 주관하시면서 사람들에게 일어날 징조를 미리 보여주시고자 하셨습니다.

아브라함에게는 그의 자손들이 하늘의 별들과 바닷가의 모래알같이 많이 번성할 것임을 예고하여 주셨습니다. 어쩌면 천체 과학자들은 천체를 관찰하며 하늘로부터 오는 징조를 사람에게 알리는 일들을 맡았는지도 모릅니다. 하지만 지금 그들은 천체를 보며 하나님을 부인하고 있습니다.

우주 공간에 만들어진 해와 달과 별들은 분명 지구의 생명체들과 사람들에게 절대적으로 필요해서 만들어 주신 '하나님의 권능'입니다. 이 하나님의 권능으로 창조된 해와 달과 별들도 인류 종말의 때가 오면 다 떨어지고 맙니다.

그리고 다시 창조의 시간이 흘러 저녁이 되고 아침이 되매 넷째 날이 지나갔습니다.

> 그 날 환난 후에 즉시 해가 어두워지며 달이 빛을 내지 아니하며 별들이 하늘에서 떨어지며 하늘의 권능들이 흔들리리라(마 24:29).

9

물고기와 새

하나님께서는 사람이 자연을 통해 하나님의 영원하신 속성을 깨닫게 되기를 원하셨습니다

하나님이 가라사대 물들은 생물로 번성케 하라 땅위 하늘의 궁창에는 새가 날으라 하시고(창 1:20).

(And God said, Let the waters bring forth abundantly the moving creature that hath life, and fowl that may fly above the earth in the open firmament of heaven).

하나님이 큰 물고기와 물에서 번성하여 움직이는 모든 생물을 그 종류대로, 날개 있는 모든 새를 그 종류대로 창조하시니 하나님의 보시기에 좋았더라(창 1:21).

(And God created great whales, and every living creature that moveth, which the waters brought forth abundantly, after their kind, and every winged fowl after his kind: and God saw that it was good).

하나님이 그들에게 복을 주어 가라사대 생육하고 번성하여 여러 바다 물에 충만하라 새들도 땅에 번성하라 하시니라(창 1:22).

(And God blessed them, saying, Be fruitful, and multiply, and fill the waters in the seas, and let fowl multiply in the earth).

저녁이 되며 아침이 되니 이는 다섯째 날이니라(창 1:23).

(And the evening and the morning were the fifth day).

우주와 지구, 그리고 해와 달과 별들이 만들어졌고 하늘에는 빛과 공기가 땅에는 물과 식물로 가득 채워졌습니다. 하나님께서는 다섯째 날 움직이는 동물로써 먼저 물 속에 사는 물고기들과 하늘을 나는 새들을 각양각색 종류대로 창조하셨습니다.

그 종류는 헤아리기 어려울 정도로 무궁무진한 종류이었을 것입니다. 어류(魚類) 다음으로 파충류(爬蟲類)나 양서류(兩棲類), 그리고 포유류(哺乳類)는 순서대로 창조하시지 않으시고 하늘을 날아다닐 수 있는 조류(鳥類)를 먼저 창조하셨음에 유의하시기 바랍니다.

창세기를 통해 진화론이 입증되기를 기대해서는 안 됩니다.

바다에는 큰 물고기(Great Whales)도 창조되었는데, 이 큰 물고기들의 뼈들이 노아의 대홍수를 거치면서 어딘가에 묻혔고 전 세계 곳곳에 일부 발견될 수도 있겠습니다. 과학자들은 "지하에서 발견되는 커다란 뼈들을 근거로 거대한 공룡이 실존하였다"라고 주장하지만, 하나님의 창조 기록에는 언급되지 않으며, "만약 공룡도 하나님께서 창조하셨다"라면 노아의 방주에 의해 보존되고 오늘날까지 번식되었을 것입니다. 공룡이 아닌 물속에 사는 큰 물고기들의 뼈가 노아의 홍수에 일어난 지각 변동의 아수라장 가운데 땅속에 묻혀 극히 일부가 화석이 되었을 수도 있을 것입니다.

어떤 기독교인들은 노아의 홍수 이전에는 커다란 공룡들이 지상에서 살았고, 노아의 홍수 과정을 통해 화석이 되었다고 주장합니다. 노아의 대홍수 과정에서 죽었던 큰 물고기들이 매우 짧은 시간 동안에 화석으로 변화된 것도 하나님의 창조라고 할 수 있습니다.

나는 "하나님께서 커다란 뼈 모양을 가진 화석도 창조하셨다"라고 믿습니다. 오랜 세월에 걸쳐 자연스럽게 형성된 화석이 아니라, 하나님의 말씀만으로 순식간에 창조된 화석들을 세계 곳곳에 흩뿌려 놓았을 것이라고 충분히 생각합니다.

그러므로 지구의 창조는 마치 오랜 세월에 걸쳐 만들어진 것처럼 매우 자연스러워 보이게 됩니다. 우주의 창조는 순식간에 조성되었지만, 그 자연의 광경은 너무도 오래되어 보이도록 하신 것이지요.

왜 그렇게 할만 한 이유가 있었을까요?

나는 사람이 자연을 통해 하나님의 영원하신 속성을 깨닫기를 하나님께서 원하셨다고 생각합니다. 또한 자연을 통해 도리어 하나님을 부정하는 사람들에게 스스로 걸림돌이 되도록 하시려는 하나님의 의지를 묵상해 봅니다.

그들에게 땅속에 묻힌 화석들은 우주의 역사를 수십억 년으로 되돌림으로써 하나님의 창조를 부정하고 하나님의 존재를 부인하게 만들려는 하나님의 예정 섭리가 그들로 하여금 하나님을 믿지 못하게 만들어 버립니다.

> 이사야의 예언이 저희에게 이루었으니 일렀으되 너희가 듣기는 들어도 깨닫지 못할 것이요 보기는 보아도 알지 못하리라 이 백성들의 마음이 완악하여져서 그 귀는 듣기에 둔하고 눈은 감았으니 이는 눈으로 보고 귀로 듣고 마음으로 깨달아 돌이켜 내게 고침을 받을까 두려워함이라 하였느니라 (마 13:14-15).

현대의 역사 교육은 창조론을 철저히 부인하고 진화론을 진리로 믿게 만듭니다. 진화론에 일조하는 것이 '공룡 화석들'이지요. 진화론자들이 주장하는 대로 성도가 공룡의 존재를 인정하게 되면, 결국 성경 자체를 부인해야 하는 데까지 밀려날 수밖에 없습니다.

　공룡은 사람이 지어낸 상상의 동물입니다. 그런데 많은 기독교인들 중에서 공룡의 존재를 인정하는 분들이 많습니다. 그들은 공룡에 대해 별 거부감을 가지질 않지요. 공룡 이론 뒤에는 진화론자들의 커다란 음모가 도사리고 있습니다. 현대에 와서 공룡은 상업적 매스컴과 영화/만화로 만들어져 친근하고 귀엽게 묘사되고 있습니다. 성경에는 용에 대한 단어들이 간혹 나오는데 모두 사탄의 무리를 총칭하는 단어입니다. 공룡은 처음부터 없었습니다.

　하나님의 선지자 요나가 하나님의 음성을 피해 달아났을 때, 그는 하나님에 의해 준비된 큰 물고기에게 삼키어져 사흘 주야를 그 물고기 뱃속에 있었음을 요나서에서 알 수 있습니다. 따라서 큰 물고기는 창조 당시에 뿐만 아니라 요나 시대에도 대양(지중해) 어디선가 존재했던 것입니다.

　요나 선지자가 물고기 배 속에서 사흘 동안 갇힌 사건은 나중에 예수님께서 십자가 죽음 후에 무덤 동굴에 사흘 동안 매장된 것과 동일한 의미를 우리에게 줍니다.

　사람을 삼키고도 사흘 동안 사람으로 하여금 뱃속에서 숨 쉴 수 있게 할 만큼 커다란 물고기가 창조되었고, 요나 시대에도 존재하였습니다.

　하나님께서 물고기들과 새들을 창조하신 후에 물고기들에게는 복을 주어 가라사대 "생육하고 번성하여 여러 바닷물에 충만하라"라고 하셨고, 새들에게는 "새들도 땅에 번성하라"라고 축복하시는 것을 볼 수 있습니다.

　"여러 바다"란 오대양을 말하는 것입니다. 물고기들과 새들이 오대양 육대주에 두루 편만하고 생육하고 번성하는 것이 하나님의 뜻이었습니다.

　이렇게 하나님께서 지으신 대자연이 각양각색의 물고기들과 새들로 가득 채워져 가며 하나님 창조의 다섯째 날이 지나갔습니다.

10

동물

창조된 짐승들 사이에는 양육강식이란 것이 없었으며 모두가 풀을 먹으며 함께 공존하였습니다.

> 하나님이 가라사대 땅은 생물을 그 종류대로 내되 육축과 기는 것과 땅의 짐승을 종류대로 내라 하시고 (그대로 되니라)(창 1:24).
> (And God said, Let the earth bring forth the living creature after his kind, cattle, and creeping thing, and beast of the earth after his kind: and it was so).
> 하나님이 땅의 짐승을 그 종류대로, 육축을 그 종류대로, 땅에 기는 모든 것을 그 종류대로 만드시니 하나님의 보시기에 좋았더라(창 1:25).
> (And God made the beastof the earth after his kind, and cattle after their kind, and every thing that creepeth upon the earth after his kind: and God saw that it was good).

하나님께서는 천지창조의 마지막 여섯째 날에 땅에서 공기로 호흡하는 모든 동물들을 각양각색의 종류대로 창조하셨습니다. 커다란 코끼리부터 눈에 보이지 않는 박테리아에 이르기까지 창조하신 동물의 수는 헤아릴 수 없었습니다. 거대한 메뚜기 떼며 함께 협동하는 개미들의 행렬, 그리고 동굴에 사는 박쥐와 사막에 사는 전갈 등 하나님의 창조 능력은 우리의 상상을 초월하고 있습니다.

개와 고양이, 닭과 돼지와 같은 육축뿐만 아니라 사자와 하마, 원숭이와 노루 같은 짐승들, 그리고 도마뱀과 개구리, 지렁이와 거미와 같이 땅을 기어가는 수많은 동물이 순식간에 창조되었습니다. 그들은 창조되자마자 마치 오랜 세월을 그렇게 살아온 마냥 유사한 무리끼리 짝을 지어가며 생육하고 번식해 가는 것이었습니다.

동물들의 세계에는 상호 간의 질서와 법칙이 지켜지도록 지어졌습니다. 이 질서와 법칙이 모두 하나님의 뜻 아래서 분명하게 지켜질 수 있었습니다. 모든 생물과 자연은 뚜렷한 자연법칙에 따라 운행되었으며 지구의 땅과 바다, 그리고 하늘은 수많은 동식물로 가득하게 채워졌습니다. 이 모든 광경을 지켜보신 하나님께서 보시기에 모든 것이 좋았던 것입니다.

창조된 짐승들 사이에는 약육강식이란 것이 없었으며 모두가 풀을 먹으며 함께 공존하였습니다. 사자와 토끼가 함께 어우러져 놀기도 하고 서로를 살펴주는 공생만이 그들에게 있었습니다. 나중에 첫 사람 아담의 타락 이후로 땅이 저주받으면서 짐승들이 서로를 잡아먹으며 잡아 먹히는 약육강식의 처절한 생존을 위한 다툼이 생겨나게 되었습니다.

11

사람

사람이 창조된 목적은 하나님과 인격적 교제를 나누며 창조주 되신 하나님을 영원토록 찬양하고 기뻐하기 위해서였습니다.

하나님이 가라사대 **우리**의 형상을(bə·ṣal·mê·nū בְּצַלְמֵנוּ) 따라 **우리**의 모양대로(kiḏ·mū·ṯê·nū; כִּדְמוּתֵנוּ) **우리**가 사람('ā·ḏām אָדָם)을 만들고(na·'ă·śeh נַעֲשֶׂה) 그로 바다의 고기와 공중의 새와 육축과 온 땅과 땅에 기는 모든 것을 다스리게 하자 하시고(창 1:26).

(And God said, Let **us** make[na·'ă·śeh נַעֲשֶׂה] man['ā·ḏām אָדָם] in **our** image[bə·ṣal·mê·nū בְּצַלְמֵנוּ], after **our** likeness[kiḏ·mū·ṯê·nū; כִּדְמוּתֵנוּ]: and let them have dominion over the fish of the sea, and over the fowl of the air, and over the cattle, and over all the earth, and over every creeping thing that creepeth upon the earth).

하나님이 자기 형상 곧 하나님의 형상대로 사람을 창조(way·yiḇ·rā וַיִּבְרָא)하시되 남자와 여자를 창조(bā·rā בָּרָא)하시고(창 1:27)

(So God created[way·yiḇ·rā וַיִּבְרָא] man in his own image, in the image of God created[bā·rā בָּרָא] he him; male and female created[bā·rā בָּרָא] he them).

창세기 1:26을 보면, "우리"(Us, Our)란 단어가 나옵니다. 이 단어로 인해 삼위일체란 교리가 만들어질 수밖에 없었는지 모릅니다. 태초 이전에 하나님 이외의 다른 신이 없었음에도 불구하고 "우리"란 용어가 사용된 것입니다. 하나님께서는 한 분이시면서, 삼위로 존재하시는 '유일신'이십니다.

그 삼위란 '하나님=예수님=성령님'이란 말입니다. 하나님께서는 그 삼위의 형상을 따라 그 삼위의 모양대로 사람을 창조하시되 남자와 여자를 창조하셨습니다. 창세기 2장에 부연되듯이 남자를 먼저 창조하시고 남자로부터 여자를 창조하셨습니다.

하나님의 인간 창조는 '천지창조의 백미'와도 같았을 것입니다. 천지창조 최후의 작품이 바로 '아담'(사람)이었습니다. 인간 아담은 하나님의 형상을 따라 하나님의 모양대로 만들어진 최고, 최선의 작품이었습니다. 사람은 하나님의 창조물로써 하나님의 형상을 닮은 가장 중요한 존재입니다.

첫 사람 아담은 가장 완전하게 창조되었습니다. 그 아담은 '죄가 전혀 없는 존재였다'라는 의미입니다. 인간이 존귀한 가장 큰 이유는 그가 하나님의 형상을 닮았기 때문입니다. 아무리 미천해 보이는 사람일지라도 그는 사람이기에 다른 어느 피조물보다도 존귀히 여김을 받아야 합니다.

사람은 육체(마음(혼)+육)와 영의 두 부분이 완벽하게 조화를 이루었습니다. 영은 눈에도 보이지 않고 귀에도 들리지 않으며 마음으로도 느껴지지 않는 존재입니다. 사람이 느끼며 생각하고 상상하는 모든 정신의 영역은 정신(혼)의 범주 안에서 이루어집니다. 첫 사람 아담은 성숙된 어른으로 창조되었습니다.

사람이 창조된 목적은 하나님과 인격적 교제를 나누며 창조주되신 하나님을 영원토록 찬양하고 기뻐하기 위해서였습니다. 여기서 "영원토록"이란 말에 유의해야 합니다. 창조된 이 세상에 태어난 첫 사람 아담은 원래 영원토록 이 세상에서 하나님을 경배하며 하나님과 교제하는 목적으로 창조되었습니다.

아담이 창조되고 얼마나 많은 시일이 지났는지 모르지만, 후일에 아담의 범죄로 말미암아 죄가 이 세상에 들어오고 죄가 이 세상에 관영(貫盈)해짐으로, 그러한 "영원토록"의 의미가 퇴색되고 부패하고 말았습니다. 이 모든 타락과 죽음의 문제를 근원적으로 해결하기 위해 창세 전부터 준비된 것이 예수님입니다. "영원토록"이란 의미는 이제 이 세상에서가 아닌 미래에 새롭게 창조된 천국에서 사용될 것입니다.

하나님께서는 사람에게 지구상의 모든 생물과 피조물들을 다스리는 역할을 주셨습니다. 아담은 그 일을 충실하게 순종하였습니다. 그에게는 부족한 것이 전혀 없었습니다. 사람과 사람 사이의 관계에 대해서도 어떻게 해야 하는지에 대해서도 하나님께서는 가르쳐 주셨습니다(창 4:7). 하나님과 사람과의 수직적이며 인격적 관계의 연장으로 사람과 사람도 수평적이며 인격적 관계 속에서 하나님이 지어주신 선하고 아름다운 성품으로 서로를 사랑하며 거룩한 존재로서 하나님께 세워져 가도록 하는 데 있습니다.

하나님께서는 이를 위해 남자를 닮은 여자 하와를 만들어 주셨습니다. 여자도 하나님의 형상을 닮은 존재로서 하나님의 말씀을 배우며 하나님과 교제를 나누고 살아갈 사람이었습니다. 여자는 남자를 돕는 자이자 남자를 하나님과 더 가까이 이끌어 주는 동반자였습니다.

12

완전한 창조

사람은 하나님께서 맡기신 지구와 우주의 모든 피조물을 다스리는 것만으로 삶의 목적이 있는 것이 아닙니다.

하나님이 그들에게 복을 주시며 그들에게 이르시되 생육하고 번성하여 땅에 충만하라, 땅을 정복하라, 바다의 고기와 공중의 새와 땅에 움직이는 모든 생물을 다스리라 하시니라(창 1:28).
(And God blessed them, and God said unto them, Be fruitful, and multiply, and replenish the earth, and subdue it: and have dominion over the fish of the sea, and over the fowl of the air, and over every living thing that moveth upon the earth).
하나님이 가라사대 내가 온 지면의 씨 맺는 모든 채소와 씨 가진 열매 맺는 모든 나무를 너희에게 주노니 너희 식물이 되리라(창 1:29).
(And God said, Behold, I have given you every herb bearing seed, which is upon the face of all the earth, and every tree, in the which is the fruit of a tree yielding seed; to you it shall be for meat).
또 땅의 모든 짐승과 공중의 모든 새와 생명이 있어 땅에 기는 모든 것에게는 내가 모든 푸른 풀을 식물로 주노라 하시니 그대로 되니라(창 1:30).

(And to every beast of the earth, and to every fowl of the air, and to every thing that creepeth upon the earth, wherein there is life, I have given every green herb for meat: and it was so).

하나님이 그 지으신 모든 것을 보시니 보시기에 심히 좋았더라 저녁이 되며 아침이 되니 이는 여섯째 날이니라(창 1:31).

(And God saw every thing that he had made, and, behold, it was very good. And the evening and the morning were the sixth day).

천지창조의 마지막 날 아담과 하와를 만드신 후 그들에게 하나님께서는 복을 주셨습니다. 하나님께서 주신 복으로 인해 지구의 모든 피조물은 함께 복을 받았고, 더욱 힘 있게 번성하며 땅에 충만해질 수 있었습니다.

사람이 '복의 근원'이 된 것입니다. 이로써 사람은 땅과 바다와 하늘의 모든 생물을 다스리는 역할을 담당하게 되었습니다. 생명을 가진 모든 생물이 살아가는 데 필요한 양식으로써 푸른 풀과 씨 맺는 모든 채소와 씨 가진 열매 맺는 모든 나무가 풍성하도록 땅과 바다에서 자라날 수 있었습니다.

상상해 보세요. 푸른 풀을 뜯어 먹는 사자와 어린양이 함께 뛰놀며 사람들과 어울리는 모습을!

동물들끼리 서로를 해치지 않고 서로를 도와주며 죽지 않고 영원히 번성하며 살아가는 대자연의 아름다운 낙원을 하나님께서는 완전한 형태와 기능으로 창조하셨습니다.

하나님께서는 첫 사람 아담에게 명령하셨습니다.

생육하라!(be fruitful)

번성하라!(multiply)

충만하라!(replenish)

정복하라!(subdue)

다스리라!(have dominion)

이 일련의 명령들은 이 땅의 주인이 사람임을 강조하신 단어들입니다. 사람에게만 이 특별한 권한을 주시며 모든 생물을 다스리라고 명령하셨습니다. 이를 위해 하나님께서는 사람에게 권위를 허용하셨습니다.

사람은 하나님께서 맡기신 지구와 우주의 모든 피조물을 다스리는 것만으로 삶의 목적이 있는 것이 아닙니다. 사람은 자신을 창조하신 하나님을 경외함으로 예배드리는 데 삶의 목적을 두고 있습니다. 이것이 계속해서 창세기 2장에 언급됩니다.

모든 동물이 푸른 풀만으로도 배부를 수 있었고, 그들은 절대 과식하지 않았으며, 족한 줄 알았습니다. 병과 죽음이 없는지라 다치지도 않고 아프지도 않고. 늙지도 않고, 그렇다고 무료하지도 않고. 항상 즐겁고 유쾌한 생활의 연속일 뿐이었습니다.

창세기 1:31에서 하나님께서는 자신의 창조 결과에 대해 "심히 좋았다"라고 평하셨습니다. 이는 가장 완전한 창조의 결과였으며, 죄도 죽음도 그 어떤 권력도 명예도 돈도 없었습니다. 왜냐하면, 필요가 없었으니까요.

창조의 마지막의 날은 휘황찬란한 저녁노을과 함께 서서히 저물어 갔습니다.

13

안식

'안식'이 있어야 사람은 세상을 다스릴 힘을 얻게 됩니다.

천지와 만물이 다 이루니라(창 2:1).

(Thus the heavens and the earth were finished, and all the host of them).

하나님의 지으시던 일이 **일곱째 날이**(bay·yō·wm בַּיּוֹם) 이를 때에 마치니 그 지으시던 일이 다하므로 일곱째 날에(bay·yō·wm בַּיּוֹם) 안식하시니라(창 2:2).

(And on the seventh day [bay·yō·wm בַּיּוֹם] God ended his work which he had made ['ā·śāh; עָשָׂה]; and he rested on the seventh day [bay·yō·wm בַּיּוֹם] from all his work which he had made).

하나님이 일곱째 날(yō·wm יוֹם)을 복 주사 거룩하게 하셨으니 이는 하나님이 그 창조하시며(bā·rā בָּרָא) 만드시던(la·'ă·śō·wt. לַעֲשׂוֹת) 모든 일을 마치고 이 날에 안식하셨음이더라"(창 2:3).

(And God blessed the seventh day [yō·wm יוֹם], and sanctified it: because that in it he had rested from all his work which God created [bā·rā בָּרָא] and made [accomplished, la·'ă·śō·wt. לַעֲשׂוֹת]).

6일 동안의 천지창조가 끝나고 7일째 되는 날 하나님께서는 '안식'하셨습니다. 피곤하고 쉬고 싶어서가 아니라 창조가 예정된 대로 성취되었기 때문이지요.

진화론적 기독교인들이 주장하듯이, 천지창조는 수십억 년에 걸쳐 자연 발생한 것이 아닙니다. 하나님께서 24시간씩 6일 동안에 모든 우주 만물을 창조하신 후에 하루를 안식일로 선포하셨습니다.

그리고 하나님께서는 안식일 자체에 복을 주시고 거룩하게 구별하셨습니다. 매일 매일이 거룩한 날이지만, 특별히 안식일은 구별하셨습니다. 이날은 쉬는 '안식의 날'입니다. 모든 노동을, 이날을 거룩하게 선포하셨던 '하나님을 경배하는 날'이기도 합니다.

하나님께서 안식일을 선포하셨기에 이 세상 어느 권력자도 안식일을 없앨 수 없습니다. 한때 중국의 공산주의자들은 안식일(주일)을 없애려고 했지요. 그 결과, 인민들에게 피로 현상이 발생하여 생산 효율이 급격하게 떨어지는 것을 체험하고는 다시 주일을 지성하였습니다. 안식은 사람에게 절대적으로 필요한 날입니다. 성도는 안식일을 쉬면서 천지창조 직후 제7일째 날 안식하신 하나님을 기억하려고 합니다. 안식이 있어야 사람은 세상을 다스릴 힘을 얻게 됩니다.

광야에서 사십 년을 지내던 이스라엘 백성에게 6일 동안은 하늘에서 만나가 내려 매일 매일의 음식물로 사용하였고, 6일째 되는 날에는 이틀분의 식량을 준비하였습니다. 왜냐하면 7일째 안식일에는 만나가 내리지 않았기 때문입니다. 하나님께서는 사람에게 안식일의 중요성을 가르치기도 하고 체험하게도 인도하셨습니다.

한때 이스라엘 백성은 안식일만 거룩한 날인 줄 생각하였으나 성도에게는 매일 매일이 거룩한 날이요 성회의 날이기도 합니다. 두세 성도들이 모여 성회를 이루고 함께 경배드리게 됩니다. 성도가 안식일(주일)을 특별히 지정하여 모이는 이유는 많은 성도가 동시에 모이기 위해서지요. 성도에게는 매일 매일이 안식일이요 성회의 날입니다.

14

안개에 적셔진 땅

창세기 2:4-6은 하나님의 창조 과정을 다시 설명하고 있지 않습니다. 그럴 필요도 없었습니다. 바로 앞 장에서 창조에 관한 모든 것을 순차적으로 설명하였기 때문입니다.

여호와 하나님이 천지를 창조하신('ă·śō·wṯ עֲשׂוֹת) 때에(bə·yō·wm, בְּיוֹם) 천지의 창조된(bə·hib·bā·rə·'ām; בְּהִבָּרְאָם) 내력이(ṯō·wl·ḏō·wṯ תּוֹלְדוֹת) 이러하니라(창 2:4).

(T These are the generations [ṯō·wl·ḏō·wṯ תּוֹלְדוֹת] of the heavens and of the earth when they were created [bə·hib·bā·rə·'ām; בְּהִבָּרְאָם], in the day [bə·yō·wm, בְּיוֹם] that the LORD God made ['ă·śō·wṯ עֲשׂוֹת] the earth and the heavens).

여호와 하나님이 땅에 비를 내리지 아니하셨고 경작할 사람도 없었으므로 들에는 초목이 아직 없었고 밭에는 채소가 나지 아니하였으며(창 2:5).

(And every plant of the field before it was in the earth, and every herb of the field before it grew: for the LORD God had not caused it to rain upon the earth, and there was not a man to till the ground).

> 안개만 땅에서 올라와 온 지면을 적셨더라(창 2:6).
>
> (But there went up a mist from the earth, and watered the whole face of the ground).

 이 세 구절들의 중요성에 대해 대부분의 성도들은 그냥 지나쳐 버리기 쉽습니다. 그러나 신학적 해석의 관점에서 이 구절들은 매우 신중하게 짚고 넘어가야 합니다. 이 세 구절들을 잘못 해석함으로 인해 많은 자유주의, 신정통주의 신학자들은 하나님의 천지창조 자체를 부인하고 진화론적 과학과 이성주의적 철학을 맹신하게 되었습니다.

 그들은 지금까지 창세기 1:1에서 2:3까지의 구절들은 이른바 상징적인 의미일 뿐이라고 일축합니다. 그 이유로는 "태양이 있기도 전에 빛은 있을 수 없으며, 태양이 있기 전에 식물이 먼저 발생할 수 없다"라는 것입니다. 우주와 별과 태양, 그리고 지구의 순서로 만들어지는 것이 자연과학적 순리이므로 이러한 순서가 뒤죽박죽 된 창세기 1:1에서 2:3까지는 다만 상징적 표현일 뿐이란 것입니다.

 그들은 항상 온 우주의 탄생은 수십억 년 아니면 수백억 년에 걸쳐 서서히 자연 발생학적으로 나타난 것이라고 주장합니다. 그러면서 그들은 오히려 창세기 2:4부터가 순차적이라고 설명합니다. 그러다 보니 자연스럽게 "하나님이 정말로 천지를 창조하였겠는가"라는 질문과 함께 결론적으로 신을 부정하고 맙니다.

> 여호와는 하늘을 창조하신 하나님이시며 땅도 조성하시고 견고케 하시되 헛되이 창조치 아니하시고 사람으로 거하게 지으신 자시니라 그 말씀에 나는 여호와라 나 외에 다른 이가 없느니라(사 45:18)

(For thus saith the LORD that created the heavens; God himself that formed the earth and made it; he hath established it, he created it not in vain, he formed it to be inhabited: I am the LORD; and there is none else).

그들은 창세기 2:4의 "Day"란 히브리어 원어에서 24시간 하루 개념이 아닌 '기간'(때) 개념이므로 천지창조의 하루를 굳이 지구 자전 24시간의 하루로 볼 필요가 없으며, 따라서 천지창조의 기간은 수십억 년이라 해도 옳다고 주장합니다.

예수님께서 가나 혼인 잔치에서 물을 포도주로 변화시킨 역사가 있었지요. 물이 포도주로 변화된 시간은 불과 30분도 걸리지 않았습니다. 이 사건은 '기적'이었습니다. 마찬가지로 천지창조도 순식간에 이뤄진 '기적'입니다.

여기 창세기 2장은 사람을 창조하시면서 하나님과 사람과의 관계, 특히 언약의 관계가 주요 의제로 나누어지는 상이기에 4절에서 6절까지는 다시 창조의 나날 중에서 둘째 날과 셋째 날의 일부를 묘사하고 있습니다. 그때 하나님께서는 하늘과 바다와 육지를 만드셨습니다.

창세기를 구전한 모세는 2장 앞부분을 이렇게 묘사함으로써 사람이 무(無)에서 흙으로부터 창조되었음을 강조한 것입니다. 모세는 특히 사람이 나온 '땅'(흙)을 강조하고 있습니다. 하늘과 바다와 육지가 만들어졌을 때 아직 어떤 생물도 만들어지지 않은 땅을 묘사한 것입니다. 비 대신에 안개만이 땅에서 올라와 온 지면을 적시는 모습을 묘사한 것입니다.

창세기 2:4-6은 하나님의 창조 과정을 다시 설명하고 있지 않습니다. 그럴 필요도 없었습니다. 바로 앞장에서 창조에 관한 모든 것을 순차적으로 설명했기 때문입니다. 이제 창세기 2:4-6은 사람에게 초점을 맞추고 있습니다.

성경이 쓰인 이유는 '사람'을 위해서입니다. 그래서 천지창조에 대한 설명이 끝나자마자 바로 사람에게로 초점이 쏠리게 했습니다. 첫 사람 아담이 땅(흙)으로 만들어지는 것을 설명하기 위해 4-6이 필요했던 것입니다.

뿌연 안개는 기후의 온도 차이에 의해 발생합니다. 안개가 온 대지를 덮고 안개에 포함된 작은 물 분자에 의해 땅이 적셔진 상태로 있었습니다. 사람이 창조되는 구절은 바로 다음 2:7인데 그 구절을 구전하기 전에 땅의 상태를 수사학적으로 표현하고 있는 셈입니다. 이 세 구절은 다음 7절을 위한 배경 설명이라고 할 수 있습니다.

15

생령

성도 즉 하나님의 사람은 누구나 중생(거듭남)의 과정을 거칩니다. 중생이란 죽은 것과 같은 영이 다시 살아나는 것입니다.

> 여호와 하나님이 흙으로 사람을 지으시고 생기를 그 코에 불어넣으시니 사람이 생령(lə·ne·p̄eš לְנֶפֶשׁ)이 된지라 (창 2:7).
> (And the LORD God formed man of the dust ['a·p̄ar עָפָר] of the ground, and breathed into his nostrils the breath of life; and man became a living soul [lə·ne·p̄eš לְנֶפֶשׁ]).

모세는 바로 이 말씀을 이스라엘 백성에게 속히 전하고 싶었습니다.

하나님께서 사람을 창조하셨노라!

그들은 거친 광야를 지나고 있었습니다. 비 한 방울 내리지 않는 사막을 지나기도 하였습니다. 광활한 대자연 속에서 그들은 도저히 살아남을 수 없는 존재들이었습니다.

하지만 하나님께서는 그들을 인도하고 계셨습니다. 모세는 그들이 절망적으로 바라보는 대자연과 그 거친 광야와 사막을 창조하신 분께서 바로 그들을 애굽에서 해방시키시고, 여기까지 인도하신 하나님이시라고 역설하고 있습니다. 그러면서 하나님의 창조 목적이 바로 사람에게 있음을 설명하고 싶었습니다.

땅(흙)에서 사람이 만들어졌다고 말하고자 했던 것입니다. 이스라엘 백성이 매일 같이 바라보는 거친 땅이 사실은 살아있고 숨 쉬는 땅이었습니다. 그 땅에서 사람이 만들어졌습니다. 하나님께서 가능케 하신 것입니다.

모든 인류는 첫 사람 아담의 혈통적 자손들입니다. 그 첫 사람 아담이 흙에서 만들어졌음은 식물과 동물을 포함한 모든 생물과 일반이었습니다. 다른 모든 생물도 땅에서 나왔기 때문이다.

그런데 하나님께서는 유독 사람에게만 '생기'를 코에 불어 넣으셨습니다. '생기'란 살아 숨 쉬는 기운을 말합니다. 그러자 사람은 '생령'이 되었습니다. 이는 '살아있는 영혼'이란 뜻입니다. 땅(흙)에서 나온 사람이 생령이 된 것입니다. 우리는 다시 한번 사람의 구성 요소를 되새겨 볼 필요가 있습니다.

사람은 육+마음(혼)과 영으로 이루어져 있습니다. 구약 시대의 이스라엘 사람은 사람의 구성을 육과 영으로만 구분하나, 나는 육을 다시 물리적 육체와 정신적 마음으로 재차 구분하고 있습니다. 그러나 육체와 마음은 육이라는 하나의 범주에 들어갑니다. 흙으로 육체가 만들어졌지만, 생명이 없었습니다. 하나님께서는 생명 없는 육체에 생기를 불어넣으심으로 살아있는 존재가 되게 하신 것입니다.

사람이 "생령이 되었다" 하는 것은 육체와 마음(혼)뿐만 아니라 영(soul)

이 더해진 것입니다. 구약이나 신약 성경에서 영에 대한 표현이 'soul'과 'spirit'으로 때로는 구분 없이 사용되고 있습니다. 마음은 지(知), 정(情), 의(意)의 정신으로 사물을 보고 듣고 느끼며 스스로 창의적인 생각을 할 수 있는 능력을 포함합니다.

사람은 이에 머물지 않고 영을 가지고 있는데 사람이 다른 생물과 다른 점은 바로 이 영을 가지고 있는 존재란 것입니다(사 31:3). 이사야 31:3의 영 (rū·aḥ; רוּחַ)은 창세기 6:17, 7:15, 7:22의 기식(氣息, 호흡)과 같은 어근을 가집니다. 또한, 이는 창세기 8:1의 바람과도 같은 어근입니다. 그리고 창세기 26:35의 마음과 같은 어근입니다. 그뿐만 아니라, 창세기 41:38의 (하나님의) 신, 창세기 45:27의 기운과 같은 어근입니다. 그 밖에도, 영(rū·aḥ; רוּחַ)이 구약에서 사용되는 다른 예는 205개가 나오는데, 이를 종합해 보면, 영(soul)으로 요약됩니다.

영은 사람이 볼 수도, 들을 수도, 느낄 수도, 대화할 수도 없지만 하나님과 영적 교감을 가질 수 있습니다.(요 3장의 예수님은 니고데모에게 거듭남을 설명하시면서, 영의 거듭남을 바람이 임의로 불매 사람이 알 수 없는 것으로 가르치심) 또한, 영은 영원히 죽지 않는 하나님의 속성을 닮고 있습니다. 하나님의 형상대로 창조된 인간의 존엄성은 그래서 고귀한 것입니다. 그러나 사람이 하나님으로까지 발전할 수는 절대 없습니다.

> 애굽은 사람이요 신('êl, אֵל)이 아니며 그 말들은 육체(bā·śār בָּשָׂר)요 영(rū·aḥ; רוּחַ) 이 아니라 여호와께서 그 손을 드시면 돕는 자도 넘어지며 도움을 받는 자도 엎드러져서 다 함께 멸망하리라(사 31:3).

창조 이후 사람은 육신의 배를 식물로 채우고 마음으로 생각하며 만물을 다스리는 삶을 부여받았습니다. 첫 사람 아담은 완전한 성인으로 창조되었습니다. 그러면서 사람은 영적으로 하나님과 인격적 교제를 하고, 하나님을 스스로 경외하며 찬양하는 생물체였습니다.

그러나 나중에 더욱 자세히 설명하겠지만, 아담이 에덴동산에서 범죄함으로 말미암아 죄가 세상에 들어오면서 아담을 비롯한 모든 인류는 영적으로 죽어 버렸습니다. 즉, 더 이상 하나님과의 영적인 교감이나 교제가 불가능해 진 것입니다.

여기서, '영적 죽음'이란 하나님과의 영원한 단절을 의미하나, 실제로 사람에게서 영이 사라진 것은 아닙니다. 영적으로 죽을 수밖에 없었던 이유는 사람 안에 죄가 들어 왔기 때문이었습니다. 아담의 타락 이후로 모든 인류는 육신과 마음(혼)만을 가지고 태어나고 살아가다가 죽는 것이라고도 표현할 수 있습니다. 그의 영이 더 이상 하나님과 교통할 수 없기 때문이지요.

그리고 사람이 죽음(육체적 사망)과 동시에 그는 계속해서 영원히 하나님과 단절되는 것입니다. 그들의 육체와 영은 영원히 지옥에서 하나님과 단절된 채 영벌을 받게 됩니다. 육체가 죽음으로 마음(혼)도 더 이상 역사할 수가 없습니다. 마음(혼)은 육체가 살아있을 때만이 활동하기 때문입니다. 육체의 죽음은 마음(혼)의 죽음도 포함합니다. 육체가 썩어가듯이 마음(혼)도 존재하지 않게 됩니다.

성도, 즉 하나님의 사람은 누구나 중생(거듭남)의 과정을 거칩니다. '중생'이란 죽었던 영이 다시 살아나는 것입니다. 비로소 하나님과의 영적 교감이 가능해지는 것입니다. 하나님의 음성(말씀)을 들었을 때, 그 말씀이 이해되고 믿어질 수 있는 것입니다.

예수님께서 니고데모란 유대인 선생을 만났을 때, "하나님의 나라를 볼 수 있는 자는 먼저 거듭나야 한다"라고 하셨습니다. 그러면서, "거듭남이란 바람이 임의로 불매 어디서 오고 어디로 가는지 알지 못함과 같다"라고 하셨습니다.

'중생'은 전적으로 하나님의 창조 섭리인 것입니다. 중생하지 않고는 어느 사람이든지 하나님의 말씀을 들어도 믿어지지 않습니다. 사람이 언제 중생 하는지 누가 중생 하는지 아무도 모릅니다.

아담의 타락으로 인해 사람은 영이 존재하나 사실상 죽은 것과 같은 상태에서 육신과 마음(혼)을 가지고 태어나고 살다가 죽습니다. 잠깐 동안의 역사적 공간과 시간 공백을 채우고 살다가 죽고 나면 영원히 하나님과 단절된 영적 상태로만 머무르는 것이 아닙니다.

성경에 의하면 모든 인류는 다시 원래의 육신과 마음(혼)을 회복하는 몸(육체)의 부활을 가지는 날이 올 것이라고 합니다. 그리고 중생하지 못하여 영적으로 죽은 자는 영원한 불의 심판을 받는 영벌의 부활로 다시 태어나는 것이며, 중생하여 하나님을 믿음으로 하나님의 자녀가 된 자는 영원토록 하나님과 함께 천국에 사는 영생의 부활로 다시 태어나는 것입니다.

이 사실은 엄청난 소식이며, 모든 인류가 듣고 속히 돌이켜 하나님께 회개하여야 할 내용입니다. "하나님께 회개한다"고 함은 이제까지 하나님 모르고 살던 것을 멈추고 돌이켜 하나님을 바라보는 데로 방향을 180도 바꾸어 믿음으로 사는 것입니다.

16

에덴동산

선과 악은 우리가 선택하며 제어할 수 있는 범주 안에 있지 않습니다. 오히려 선보다는 악이 더 강하게 우리를 더 악한 상태로 이끌어 가게 됩니다.

> 여호와 하나님이 동방의 에덴에 동산을 창설하시고 그 지으신 사람을 거기 두시고 (창 2:8).
> (And the LORD God planted a garden eastward in Eden; and there he put the man whom he had formed).
> 여호와 하나님이 그 땅에서 보기에 아름답고 먹기에 좋은 나무가 나게 하시니 동산 가운데에는 생명나무와 선악을 알게 하는 나무도 있더라 (창 2:9).
> (And out of the ground made the LORD God to grow every tree that is pleasant to the sight, and good for food; the tree [wə·'êṣ וְעֵץ] of life [ha·ḥay·yîm הַחַיִּים] also in the midst of the garden, and the tree [wə·'êṣ וְעֵץ] of knowledge [had·da·'aṯ הַדַּעַת] of good [ṭō·wḇ טוֹב] and evil [wā·rā' וָרָע]]).

강이 에덴에서 발원하여 동산을 적시고 거기서부터 갈라져 네 근원이 되었으니 (창 2:10).

(And a river went out of Eden to water the garden; and from thence it was parted, and became into four heads).

첫째의 이름은 비손이라 금이 있는 하윌라 온 땅에 둘렸으며(창 2:11).

(The name of the first is Pison: that is it which compasseth the whole land of Havilah, where there is gold;).

그 땅의 금은 정금이요 그 곳에는 베델리엄과 호마노도 있으며(창 2:12).

(And the gold of that land is good: there is bdellium and the onyx stone).

둘째 강의 이름은 기혼이라 구스 온 땅에 둘렸고(창 2:13).

(And the name of the second river is Gihon: the same is it that compasseth the whole land of Ethiopia).

셋째 강의 이름은 힛데겔이라 앗수르 동편으로 흐르며 넷째 강은 유브라데더라 (창 2:14).

(And the name of the third river is Hiddekel: that is it which goeth toward the east of Assyria. And the fourth river is Euphrates).

창세기 2:4 이후의 구절들을 천지창조의 과정으로 생각하게 되면 혼동이 생기며 결국에는 천지창조 자체를 부인하는 데까지 이르게 됩니다. 천지창조의 과정은 1장에 비교적 상세히 묘사되어 있습니다.

창세기 2장은 흙으로 만들어진 첫 사람 아담에게 초점이 맞춰져 있습니다. 따라서 2장은 시간적 사건 전개로 보면 안 되고 하나님께서 무엇을 말씀하시고자 하는지에 초점을 맞춰야 합니다. 하나님께서는 아담과 하와를 위해 특별한 장소를 마련하셨습니다. 그 장소는 "동방에 있다"라고만 말할 뿐, 구체적으로 어디인지는 나오지 않습니다.

하나님께서는 동방의 에덴에 동산을 창설하셨습니다. 에덴동산을 창조하신 것이지요. 하나님께서 정원사처럼 에덴동산을 가꾼 것이 아닙니다. 창조한 것입니다. 하나님의 창조 역사는 지금도 계속되고 있습니다. 그리고 그 에덴동산에 아담과 하와가 살도록 하셨습니다. 그러니까 에덴은 인류의 고향과도 같은 곳이지요.

에덴동산은 낙원과도 같은 곳이었을 것입니다. 그 땅에는 아름답게 보이고, 먹기 좋아 보이는 열매 맺는 나무들이 있었고, 그 동산의 가운데에는 생명나무와 선악을 알게 하는 나무도 만들어 두셨습니다. 이끼가 진화되어 생명나무로까지 변화된 것이 아니라 처음부터 각기 다른 종류대로 창조되었습니다.

생명나무는 사람이 영원토록 살게 하는 열매를 맺는 신비로운 나무였고, 선악을 알게 하는 나무의 열매는 그것을 먹는 자마다 선과 악을 모두 알게 하는 지혜로운 나무였습니다.

선과 악을 안다는 것은 무엇일까요?

아직 아담과 하와는 악이 무엇인지조차 모르고 있었습니다. 그들은 하나님의 형상을 닮아 창조된 사람으로서 하나님의 선하신 성품을 가지고 있었습니다. 악은 선과 정반대로 구별되는 속성입니다. 선이 하나님의 거룩함을 지향한다면 악은 하나님을 대항하려고 하지요.

하나님에게는 악이라고는 전혀 없는데, 어떻게 악이 만들어졌을까요?

이에 대해 정통적인 성경학자들은 하나님께서 창조하신 천사들이 타락하면서 악한 사탄의 세력이 만들어졌고 악은 사탄과 그의 무리들의 속성이라고 가르칩니다. 우리는 어떻게 천사가 타락할 수 있고 어떻게 선하게 창조된 천사에게서 악이 나올 수 있었는 전혀 아는 바가 없습니다. 우리는 모르는 것에 대해 침묵합니다.

우리는 천사들과 사탄(마귀)이 존재하는 것을 믿으며, 천사와 사탄이 아담의 타락 이후보다는 적어도 아담의 타락 이전에 존재했다고 믿습니다. 천사와 사탄은 영원히 죽음이 없는 영적 피조물이며, 우리는 그들의 세계에 대해서는 거의 잘 알지 못합니다. 다만, 천사는 하나님의 충직한 종들이요, 사탄은 하나님을 대항하는 반역의 무리라고만 믿고 있습니다.

그래서 선과 악을 안다는 것은 선하게 사는 것과 악하게 사는 것을 모두 알게 된다는 것이며, 우리가 선하게도, 악하게도 살 수 있게 된다는 의미를 내포합니다.

나중에 나오지만 아담과 하와는 사탄의 유혹에 넘어가 선과 악을 알게 하는 나무의 열매를 먹고 그들 안에 선과 악을 모두 품게 되었습니다. 선과 악을 모두 알면 선만 행하게 되지 못합니다. 선에 못지않게 악도 악을 더 악하게 하는 능력을 가지고 있기 때문입니다. 선과 악은 우리가 선택하며 제어할 수 있는 범주 안에 있지 않습니다.

오히려 선보다는 악이 더 강하게 우리를 더 악한 상태로 이끌어 가게 만듭니다.

> 그러므로 주께서 친히 징조로 너희에게 주실 것이라 보라 처녀가 잉태하여 아들을 낳을 것이요 그 이름을 임마누엘이라 하리라 그가 **악을 버리며 선을 택할줄** 알 때에 미쳐 뻐터와 꿀을 먹을 것이라 대저 이 아이가 **악을 버리며 선을 택할줄** 알기 전에 너의 미워하는 두 왕의 땅이 폐한바 되리라 (사 7:14-16).

이사야 7:14-16을 보면, 예수님께서 점점 자라면서 선과 악을 구별하게 되어 가는 것을 예언하고 있습니다. 예수님께서는 악이 전혀 없으신 하나님의 아들이셨습니다. 그러나 인간의 몸과 마음(혼)을 가지고 태어나셨기에 몸과 마음으로 죄짓게 하는 악함이 무엇인지를 자라시면서 아시게 되셨다는 것입니다.

그러면서도 100퍼센트 죄를 짓지 않고 선하게 자라셨습니다. 예수님께서 100퍼센트 선하게 사실 수 있던 것은 그분이 하나님의 독생자이면서 삼위일체 하나님의 본체였기에 가능했던 것입니다.

하지만 선과 악을 알게 하는 열매를 맺는 나무는 선과 악을 알게만 하는 데 머무르지 않고 선이 무엇인지 알면서도 오히려 더 고의적으로 악을 행하게 하는 결과를 가져오게 하는 나무였습니다. 하나님께서는 그 선악을 알게 하는 나무를 에덴동산의 가운데 만들어 놓으셨습니다. 어쩌면 하나님께서 창조하신 천사들에게도 선과 악을 알게 하는 나무와 같은 것이 있었는지 모릅니다.

이는 다만 나의 추측일 뿐 아무도 악이 만들어진 과정을 알지 못합니다. 중요한 것은, 하나님께서는 '악이 조금도 없으시며, 악을 미워하시고, 정죄하신다'는 것입니다. 악은 하나님과 결코 동등할 수 없는 속성입니다.

아담과 하와는 후에 선악과를 따먹고 실제로 선과 악을 모두 알게 되었습니다. 그리고 그들은 선악과를 따먹지 말라는 하나님의 명령을 불순종한 결과, 영적 죽음을 포함하는 사망을 선고받았습니다.

에덴에서 발현한 네 개의 강이 있는 데, 비손강과 기혼강은 지금의 나일강 상류를 일컬으며, 힛데겔강과 유브라데강은 메소포타미아 평원을 가로지르는 강들을 일컫습니다. 그렇지만 에덴동산이 어디쯤 있는지에 대해 아무도 모릅니다. 우리에게 에덴동산은 더 이상 존재하지 않습니다. 그러나 우리는 에덴동산보다 더 나은 본향을 사모하며 기다립니다. 우리가 고대하는 하나님의 도성, 천국이지요.

에덴동산은 땅(흙) 위에 세워진 장소였으나, 하나님의 도성은 '새 하늘, 새 땅과 함께 장차 임할 영원한 낙원'을 가리킵니다.

17

선악을 알게 하는 나무의 실과

우리가 진정 사모해야 할 생명 과실은 에덴에 있지 않고, 십자가에 달려 계신데, 곧, '예수 그리스도'이십니다.

> 여호와 하나님이 그 사람을 이끌어 에덴 동산에 두사 그것을 다스리며 지키게 하시고(창 2:15).
>
> (And the LORD God took the man, and put him into the garden of Eden to dress it and to keep it).
>
> 여호와 하나님이 그 사람에게 명하여 가라사대 동산 각종 나무의 실과는 네가 임의로 먹되(창 2:16).
>
> (And the LORD God commanded the man, saying, Of every tree of the garden thou mayest freely eat:).
>
> 선악을 알게 하는 나무의 실과는 먹지 말라 네가 먹는 날에는 정녕(mō·wṯ מָוֹת) 죽으리라 하시니라(창 2:17).
>
> (But of the tree of the knowledge of good and evil, thou shalt not eat of it: for in the day that thou eatest thereof thou shalt surely [mō·wṯ מָוֹת] die).

이 구절에는 왜 하나님께서 아담과 하와가 에덴동산에 살게 하셨는지에 대해서 언급됩니다. 그 이유는 에덴동산을 다스리며 지키기 위해서였습니다. 이 구절은 우리로 하여금 많은 것을 생각하게 만듭니다.

에덴동산은 일하지 않고 편히 살면서 배고프면 여러 다른 과실로 배를 채울 수 있는 과실나무가 풍성한 곳입니다. 그런데 하나님께서는 아담과 하와가 그저 무위도식하면서 막연히 살게 하지 않으셨다는 것입니다. 그들은 에덴동산을 다스리며 지켜야 했습니다. "자연보다 더 좋은 정원사는 없다"라고 하지요.

그런데 왜 사람이 동산을 다스리며(가꾸며) 지키게 하셨을까요?

여기에는 여러 다른 학설들이 있습니다. 하나님께서는 이미 사람의 타락을 알고 계시어 그들에게 미리 어떻게 자연을 다스리며 자연으로부터 자신을 지키며 보호해야 하는 지를 가르치고자 하신 것 같습니다.

아담의 타락 이전에 에덴동산은 굳이 지켜질 필요가 있었을까요?

에덴동산을 지킨다 함은 외부의 침입으로부터 보호한다는 뜻입니다.

그 당시 외부의 어떤 침입자가 있었을까요?

아직 모든 생물이 저주받지 않았던 때에 말입니다.

에덴동산의 나무들은 아담의 손길이 미치지 않아도 스스로 하나님의 축복으로 잘 자라고 있었던 때에 말입니다. 아담과 하와는 하나님의 뜻에 순종하여 에덴의 동산을 가꾸고 지키는 일들을 하면서 대자연의 섭리와 자연 속에서 어떻게 살아가야 하는 지를 배웠을 것입니다.

아마도 그들은 자연의 가장 아름답고 좋은 것으로 하나님께 드리며 하나님께 감사드렸을 것입니다. 그들은 가만히 쉬고 있지만 않고 부지런히 움직이며 에덴동산의 이곳 저곳을 돌아보았을 것입니다.

하나님께서는 아담과 하와에게 에덴동산을 다스리고 지키다가 배고프고 목마르면 그 어떤 나무의 실과라도 따먹어도 좋되, 다만 동산 가운데 있는 "선악을 알게 하는 나무의 실과만은 먹지 말라"라고 명령하셨습니다. 그 나무의 실과를 왜 따먹으면 안 되는지에 대한 설명도 없었습니다. 그 어떤 분석도 해 주지 않으셨습니다. 다만 만약에 하나님의 명을 어기고, 그 실과를 먹으면 "정녕(반드시) 죽는다"라고 경고하셨습니다.

하나님께서는 날개도 없는 아담이 아무것도 모른 채 높은 절벽에서 새처럼 날기 위해 뛰어내리려고 시도하였다면, "사람은 새처럼 날 수 없다"라는 것을 가르쳐 주셨을 것입니다. 강물에 들어가 숨을 쉬려고 하면 사람은 "물고기처럼 물에서는 숨을 쉴 수 없다"라고 가르치셨을 것입니다. 그리고 "또 다시 절벽에서 뛰어내리려고 하지 말라"라고 경고하셨을 것입니다.

다시 말하면, 아담과 하와는 하나님의 경고가 주는 교훈을 잘 알고 있었을 것입니다. 하나님의 경고를 무시하면 어려움을 가지게 됨을 알았을 것입니다. 하나님의 경고는 단순히 말만으로 끝나지 않음도 알았을 것입니다.

이제 그들은 하나님께서 그들에게 하신 엄중한 경고를 들었습니다. 그들이 한 번도 먹어보지 못한 동산 가운데 위치한 저 선악을 알게 하는 나무의 실과를 미처 하나님의 경고를 듣기 전에 따먹지 않았을 만큼 더 맛 좋아 보이고 더 아름다운 열매들이 곳곳에 즐비했을 것입니다.

그들은 분명 하나님의 명령을 들었고 그 말씀의 중요성을 인식하였을 것입니다. 하나님의 명령은 "선악을 알게 하는 나무의 실과(선악과)를 결코 먹지 말라"라는 것입니다. '왜 하필이면 그 나무만 먹으면 안 되는지 그 이유는 가르쳐 주지 않은 채 말'입니다. 하나님께서는 이 경고를 통해 하나님의 말씀에 순종하고 그 말씀대로 지켜야 하는 사람의 본분을 가르치고 계셨습니다.

하나님께서 창조하신 생물들 중에서 하나님의 형상을 닮도록 만든 사람만 하나님의 명령을 직접 들을 수 있었고, 그 명령을 온전히 지킬 수 있었습니다. 이 하나님의 명령은 하나님의 공의를 가르치고 있습니다. 하나님의 말씀은 추호도 소홀함이 없다는 것이지요.

이런 질문을 던지시는 분들이 계십니다.

선악과도 먹고 생명 과실도 먹었다면 어떻게 되었을까?

창세기 3장에도 언급됩니다. 영원히 살게 되는 겁니다. 생명 과실을 먹었으니까요. 하지만 동시에 영원히 하나님과의 관계가 단절되는 영적 죽음도 갖게 됩니다. 몸과 마음은 영원히 살게 되나 영은 죽어버린 것이지요.

그리고 하나님 없는 몸과 마음이란 허무와 무의미일 뿐만 아니라 영원한 하나님의 진노(영벌) 가운데 사는 것입니다. 예수님을 믿지 않고 죄 가운데 죽은 사람들의 최후가 바로 그와 같은 것입니다. 그들에게 예비 된 영원한 지옥에서 부활한 몸과 마음이 영원토록 고통하며 신음하는 것입니다. 에덴동산의 생명 과실로 영원히 살고 싶어 한다면 대단한 착각입니다. 장차 모든 사람이 부활될 날이 옵니다. 성도는 영생의 부활로, 비신자는 영벌의 부활로 다시 태어나는 것이지요.

우리가 진정 사모해야 할 생명 과실은 에덴에 있지 않고, 십자가에 달려 있는데, 이는 곧 예수 그리스도이십니다. 예수님에게서 오는 참 생명수와 참 생명의 떡을 마시고 먹기를 주님의 이름으로 기도드립니다.

18

돕는 배필

"생육하고 번식하여 땅에 충만하라" 하신 하나님의 명령 속에는 아담이 자손을 퍼뜨리고 땅 위에 번성할 유일한 방법으로 여자가 필연적인 것은 자명했습니다.

여호와 하나님이 가라사대 사람의 독처하는 것이 좋지 못하니 내가 그를 위하여 돕는 배필을 지으리라 하시니라(창 2:18).

(And the LORD God said, It is not good that the man should be alone; I will make him an help meet for him).

여호와 하나님이 흙으로 각종 들짐승과 공중의 각종 새를 지으시고 아담이 어떻게 이름을 짓나 보시려고 그것들을 그에게로 이끌어 이르시니 아담이 각 생물을 일컫는 바가 곧 그 이름이라(창 2:19).

(And out of the ground the LORD God formed every beast of the field, and every fowl of the air; and brought them unto Adam to see what he would call them: and whatsoever Adam called every living creature, that was the name thereof).

아담이 모든 육축과 공중의 새와 들의 모든 짐승에게 이름을 주니라 아담이 돕는 배필이 없으므로(창 2:20).

(And Adam gave names to all cattle, and to the fowl of the air, and to every beast of the field; but for Adam there was not found an help meet for him).

창세기 2:19를 보면, "흙으로 각종 들짐승과 공중의 각종 새를 하나님께서 지으셨다"라고 말하니, 모든 생물이 흙에서 만들어졌음에 유의해야 합니다.

그리고 그들 각종 생물을 아담에게로 이끌어 오시고, 아담이 그들에게 이름을 붙이도록 하셨습니다. 하나님께서 동물들을 직접 아담에게로 이끌어 오셨기에 이름을 짓는 데 많은 시간이 걸리지 않았을 것입니다.

동물들이 하나둘씩 아담에게 나오는 모습은 상상만 해도 에덴동산이 얼마나 평화스러운 꿈의 낙원과도 같은 곳인지 엿볼 수 있습니다. 어른으로 창조된 아담은 태어날 때부터 상당한 수준의 지적 능력과 본능도 함께 가지고 태어났습니다. 언어의 구사와 생각, 그리고 대화가 가능했던 것이다.

우리처럼 어린 시절을 거치고 교육 과정을 통해 지혜와 지식을 쌓아가기보다는 이미 가진 채로 창조된 것입니다. 아담의 지식 정도를 우리가 가늠해 볼 수는 없지만 이 세상을 살아가는 데는 충분했으리라 짐작되며, 더군다나 모든 만물을 다스리는 영장으로서의 지식을 온전히 구비했으리라 짐작됩니다. 그래서 아담은 각종 육축과 공중의 새와 들의 각종 짐승에게 이름을 지어줄 수 있었습니다.

하나님에 의해 아담에게 이끌려 온 각종 짐승은 짝이 있었습니다. 혼자가 아닌 둘이 있으므로 번식도 하고 외롭지 않을 수 있었습니다. 그러나 아담에게는 하나님이 대화 상대였습니다. 하나님만이 아담의 깊은 속의 토로를 들으실 수 있었습니다. 각종 동물은 아담으로부터 자신들의 이름을 지어 받았지만, 막상 아담의 이름을 부르시는 분은 창조주 하나님뿐이셨습니다. 이에 하나님께서는 아담이 "홀로 독처하는 것이 좋지 못하다" 하시고, 아담에게 필요하고 아담을 돕는 배우자를 지어주리라 하셨습니다.

아담 자신이 자신을 돕는 배우자의 필요성을 가졌는지 우리는 모릅니다. 하지만 세상의 역사를 미리 아시는 하나님께서는 남자에게 여자가 있도록 하신 것입니다. 하나님께서 여자를 만드신 이유는 남자를 '돕는 사람'이 필요했기 때문이었습니다.

여자가 없었더라면 에덴동산에서의 아담의 타락이 없었을 수 있었겠습니다. 그러나 "생육하고 번식하여 땅에 충만하라"라고 하신 하나님의 명령 속에는 아담이 자손을 퍼뜨리고, 땅 위에 번성할 유일한 방법으로 여자가 필연적인 것은 자명하였습니다. 아담의 독처하는 것이 불쌍하고 애처로워 보였던 것이 하나님께서 아담에게 여자를 만들어주신 이유가 아닙니다.

하나님께서 "사람이 홀로 독처하는 것은 좋지 못하다"라고 하시면서 원래부터 예정하신 하나님의 뜻을 이루셨다고 보는 것이 바른 견해입니다. 사람도 혼자가 아닌 둘로 짝을 이루고 사는 것이 하나님 보시기에 좋은 것입니다.

아담과 그의 첫 여자가 함께 하나님을 경배함으로써 벌써 가정과 사회가 형성되고 있습니다. 여자가 만들어진 날은 창세기 1장에 증거된 대로 여섯째 날이었습니다.

19

여자

남편이나 아내나 서로 상대방이 하나님 보시기에 티나 주름 잡힌 것이 없이 거룩하고 흠이 없게 하는 것이 부부가 되는 목적이라는 사실입니다.

여호와 하나님이 아담을 깊이 잠들게 하시니 잠들매 그가 그 갈빗대 하나를 취하고 살(bā·śār בָּשָׂר)로 대신 채우시고(창 2:21).
(And the LORD God caused a deep sleep to fall upon Adam, and he slept: and he took one of his ribs, and closed up the flesh(bā·śār בָּשָׂר) instead thereof;).

여호와 하나님이 아담에게서 취하신 그 갈빗대로 여자를 만드시고(way·yi·ḇen וַיִּבֶן) 그를 아담에게로 이끌어 오시니(창 2:22).
(And the rib, which the LORD God had taken from man, made[way·yi·ḇen וַיִּבֶן] he a woman, and brought her unto the man).

아담이 가로되 이는 내 뼈 중의 뼈요 살 중의 살이라 이것을 남자에게서 취하였은즉 여자('iš·šāh, אִשָּׁה)라 칭하리라 하니라(창 2:23).
And Adam said, This is now bone of my bones, and flesh of my flesh: she shall be called Woman('iš·šāh, אִשָּׁה), because she was taken out of Man.

이러므로 남자가 부모를 떠나 그 아내와 연합하여 둘이 한 몸을 이룰찌로다(창 2:24).

(Therefore shall a man leave his father and his mother, and shall cleave unto his wife: and they shall be one flesh).

아담과 그 아내 두 사람이 벌거벗었으나 부끄러워 아니하니라(창 2:25).

(And they were both naked, the man and his wife, and were not ashamed).

창세기 1장에서 천지창조 여섯째 날 하나님께서 남자와 여자를 만드셨다고 하셨습니다. 이는 하나님의 창조는 순식간의 일이었음을 보여줍니다. 여자보다 먼저 창조된 아담은 각종 동물의 이름을 지으며 고작 몇 시간을 보내다가 깊이 잠들게 되었습니다. 하나님께서 아담으로 하여금 깊이 잠들게 하신 것입니다.

아직 창조의 여섯째 날이니까 아담이 잠을 자게 된 것은 그때가 처음이었을 것입니다. 아담은 꿈속에서 자기의 짝을 만나는 꿈을 꾸었는지도 모릅니다. 잠자는 아담의 몸속에서 하나님께서는 갈빗대를 하나 취하고 그 자리를 살로 메우셨습니다.

그리고 그 갈빗대로 여자를 창조하셨습니다. 아담이 흙에서 지어진 만큼 아담의 갈빗대도 흙의 속성을 가지고 있습니다. 그리고 다른 동물들과 마찬가지로 아담으로 하여금 이름을 짓게 하시려고 여자를 이끌어 오셨습니다.

아담은 다른 동물들과 달리 자기를 닮은 여자를 보고 하나님께 여쭤보았을 것입니다.

이 동물은 다른 동물과는 전혀 다르네요?

그 때 하나님께서는 그 여자가 아담의 갈빗대로 지어진 아담을 돕는 사람이라고 가르쳐 주었을 것입니다. 아담은 말했습니다.

> 이는 내 뼈 중의 뼈요 살 중의 살이라 이것을 남자에게서 취하였은즉 여자라 칭하리라 (창 2:23).

여자란 이름은 하나님께서도 좋으셨던 이름이었습니다. 하나님께서는 남자와 여자가 어른이 되면 "부모를 떠나 연합하여 한 몸을 이루는 것"이 순리라고 가르치셨습니다. 여기서 '연합'이란 단어는 예수님과 나와의 관계를 설명하는 데 가장 중요한 핵심 단어가 됩니다.

아담은 하와를 아내로 맞이하였습니다. 그들은 서로 벌거벗었으되 전혀 부끄러운 줄 몰랐습니다. 아직 그들은 선과 악이 무엇인지도 모른 때였기 때문입니다. 여자도 아담과 마찬가지로 어른으로 창조되었기에 아담과 대화할 수 있는 지식과 지혜, 그리고 여성스러움이 아담으로부터 사랑받을 만했습니다. 창조의 여섯째 날은 아담과 하와를 비롯한 모든 창조가 완성된 날이었습니다.

> 아내들이여 자기 남편에게 복종하기를 주께 하듯하라 이는 남편이 아내의 머리 됨이 그리스도께서 교회의 머리 됨과 같음이니 그가 친히 몸의 구주시니라 그러나 교회가 그리스도에게 하듯 아내들도 범사에 그 남편에게 복종할찌니라 남편들아 아내 사랑하기를 그리스도께서 교회를 사랑하시고 위하여 자신을 주심 같이 하라 이는 곧 물로 씻어 말씀으로 깨끗하게 하사 거룩하게 하시고 자기 앞에 영광스러운 교회로 세우사 티나 주름잡힌 것이나 이런 것들이 없이 거룩하고 흠이 없게 하려 하심이니라 이와 같이 남편들도 자기

> 아내 사랑하기를 제몸 같이 할찌니 자기 아내를 사랑하는 자는 자기를 사랑하는 것이라 누구든지 언제든지 제 육체를 미워하지 않고 오직 양육하여 보호하기를 그리스도께서 교회를 보양함과 같이 하나니 우리는 그 몸의 지체임이니라 이러므로 사람이 부모를 떠나 그 아내와 합하여 그 둘이 한 육체가 될찌니 이 비밀이 크도다 내가 그리스도와 교회에 대하여 말하노라 그러나 너희도 각각 자기의 아내 사랑하기를 자기 같이 하고 아내도 그 남편을 경외하라(엡 5:22-33).

위의 에베소서에 쓰인 구절은 예수 그리스도와 교회와의 관계를 남편과 아내의 관계로 설명하는 구절입니다. 예수 그리스도는 '오직 한 분'이시고 몸 된 교회가 '오직 하나'이듯, '한 사람의 남편'에게는 '오직 한 사람의 아내만이 존재'할 뿐입니다.

여기서 중요한 구절은 남편이나 아내나 상대방이 하나님 보시기에 티나 주름 잡힌 것 없이 거룩하고 흠 없게 하는 것이 부부가 되는 목적이라는 사실입니다.

마가복음 10장에서도 예수님께서 말씀하셨습니다.

> 창조시로부터 저희를 남자와 여자로 만드셨으니 이러므로 사람이 그 부모를 떠나서 그 둘이 한몸이 될찌니라 이러한즉 이제 둘이 아니요 한몸이니 그러므로 하나님이 짝지어 주신 것을 사람이 나누지 못할찌니라 하시더라(막 10:6-9).

예수님께서도 하나님의 창조를 사실로 인정하셨으며, 남자와 여자를 창조하셨음에 대해서도 강조하셨습니다.

어떤 이들은 이 구절을 인용하면서, 남자가 그의 부모를 떠나는 것을 유독 강조하려고 합니다. 그러나 오히려 강조되어야 할 내용은 그들이 "한 몸을 이룬다"라는 것입니다.

여자를 마지막으로 창조하시고, 아담과 하와가 한 몸을 이루었을 때는 어느새 해가 서쪽으로 지면서 황금 같은 경이로운 자연의 아름다움으로 세상을 장식했을 것입니다. 각종 동물이 자신들의 이름을 지어 받았습니다. 아담도 짝을 가지게 되었고, 모든 것이 완전한 창조의 마지막 날이었습니다.

20

뱀

뱀은 하나님의 명령을 그대로 인용했습니다. 그러나 '단 한 단어'를 바꾸었습니다.

> 여호와 하나님의 지으신 들짐승 중에 뱀이 가장 간교하더라 뱀이 여자에게 물어 가로되 하나님이 참으로 너희더러 동산 모든 나무의 실과를 먹지 말라 하시더냐(창 3:1).
> (Now the serpent was more subtil than anybeast of the field which the LORD God had made. And he said unto the woman, Yea, hath God said, Ye shall not eat of every tree of the garden?)

창세기 2장과 3장 사이에 얼마나 많은 시간이 흘렀는지는 모릅니다.

아담과 하와가 서로 벌거벗고도 부끄러운 줄 모르고 연합하여 한 몸을 이룬 것이 창세기 2장의 마지막이었습니다. 그런데 3장에서는 갑작스런 사건의 전개가 벌어지고 있습니다. 그 사건은 바로 인류 최초의 범죄가 사건의 내용이었습니다.

소위 "실낙원"이라 불리는 인간의 타락을 보여주는 성경 구절들입니다.

모든 인류가 창세기 3장을 읽어야 하고 들어야 합니다. 왜냐하면, 여기에 모든 인류의 궁금점과 해결점이 들어 있기 때문입니다.

인간이 누구인지, 사람이 어디에서 오고 어디로 가는지, 생로병사의 까닭이 무엇인지, 왜 사람은 반드시 죽어야 하는지, 죽으면 모든 것이 끝인지, 죽음 후에는 어떤 일이 벌어질 것인지, 왜 자연은 가혹한지, 약육강식의 자연이 그 자체로 정말 자연스러운 것인지, 우리가 무엇 때문에 살아야 하는지, 우리가 가야 할 길은 무엇인지, 사랑은 무엇이고, 평화는 무엇인지, 전쟁은 왜 생기고 사람들은 왜 경쟁해야 하는지…', 왜, 왜'에 대한 모든 답이 바로 여기 창세기 3장에 쓰여 있습니다.

여기 인류 최초의 조상 아담과 하와의 '첫 범죄'가 나옵니다. 이 범죄로 말미암아 아담과 하와는 육적으로나, 정신적으로나, 영적으로 완전히 '타락'하고 말았습니다. 그리고 그 두 사람의 범죄는 그 두 사람에게만 해당되지 않고, 그들에게서 태어나는 모든 자손이 그들의 범죄의 결과를 유입으로 이어받아야 했습니다.

왜냐하면, 아담과 하와는 모든 인류의 시조였기 때문입니다. 그들의 자손도 동일한 죄와 타락의 결과를 받아야 한다고 선언하신 분께서는 하나님이셨습니다. 이는 단순히 유전적 형질의 변형과 같은 차원의 이야기가 아닙니다. 창조주 하나님의 심판인 것입니다. 이미 심판은 시작되었고, 그 결과는 가혹했습니다. 아담과 하와는 그들의 범죄가 얼마나 저주스러운 영벌의 결과를 가져올지 몰랐는지도 모릅니다.

그러나 '죄는 죄'입니다. 그들은 하나님께서 그들에게 명하신 명령을 어김으로 해서 하나님께 반역하는 첫 범죄를 저지르고 말았습니다.

그들은 그들이 저지른 범죄가 얼마나 가공할 만한 것인지도 살아서 체험하게 됩니다. 나중에 그들은 병들고 늙으며 죽어야 했습니다. 그들의 죽음은 비단 육체의 썩음과 마음의 중단만이 아니었습니다.

'죽음'이란 단순히 영원한 잠이 아닙니다. 영적 죽음, 곧 영원한 하나님과의 단절을 의미합니다.

아담과 하와의 첫 범죄는 매우 순식간에 그것도 아주 단순한 방법으로 발생했습니다. 여자인 하와가 뱀에게 유혹을 받는 방법이었습니다. 마침 그녀는 홀로 있을 때였고, 그녀에게 나타난 들짐승 중 가장 간교한 뱀이었습니다. 일반적으로 성경에서 '뱀'은 사탄의 상징물로 표현됩니다. 사탄이 뱀으로 둔갑하여 그녀에게 나타났습니다. 뱀이 사탄을 대신해서 말할 수 있도록 한 후 그녀에게 접근했습니다.

뱀과 여자와의 대화!

이 대화 자체가 신비로운 것입니다.

어떻게 들짐승 뱀이 사람과 말할 수 있었을까요?

동물과 사람과의 대화가 에덴동산에서 살던 시절에는 가능했단 말인가요?

그때는 아직 땅이 저주받지 않았던 시기였습니다. 동물과 사람하고의 대화가 성경의 다른 곳에서도 나옵니다.

> 여호와께서 나귀 입을 여시니 발람에게 이르되 내가 네게 무엇을 하였기에 나를 이같이 세번을 때리느뇨 발람이 나귀에게 말하되 네가 나를 거역하는 연고니 내 손에 칼이 있었더면 곧 너를 죽였으리라 나귀가 발람에게 이르되 나는 네가 오늘까지 네 일생에 타는 나귀가 아니냐 내가 언제든지 네게 이같이 하는 행습이 있더냐 가로되 없었느니라 때에 여호와께서 발람의 눈을 밝히시매 여호와의 사자가 손에 칼을 빼어들고 길에 선 것을 보

고 머리를 숙이고 엎드리니(민 22:28-31).

"이스라엘 백성을 저주해 달라"라는 발락왕의 청탁을 받고 이교도 제사장인 발람은 발락왕에게 가는 노정에서 나귀의 입을 통해 사람의 말소리를 듣게 됩니다. 하나님께서 나귀의 입을 여셨기 때문에 가능했던 것입니다. 뱀이 하와를 유혹한 당시에도 이와 같지 않았나 생각해 봅니다.

그러나 뱀으로 하여금 말을 하도록 만든 것은 사탄이었습니다. 하나님께서는 동물이 아닌 사람만을 하나님의 형상대로 지으셨기에 사람은 사람과 하나님과는 말소리에 의한 대화가 가능했을 것이기 때문입니다. 그럴진대 하와에게 사람의 말소리를 내며 나타난 뱀은 결코 평범한 일이 아니었음에도 불구하고, 하와는 적어도 남편 아담을 부르거나 하나님을 먼저 찾으려 하지 않았습니다.

이것이 그녀의 첫 번째 치명적 실수였습니다. 그녀는 그녀 스스로 그 이상한 대화를 시작하는 들짐승과 홀로 상대해 버린 것입니다. 이로써 그녀는 그녀를 방어할 그 어떤 도움도 그녀 가까이 갖지 못한 상태였습니다. 그리고 하나님께서는 이 모든 것을 아시면서도 그녀에게 자신을 나타내 주시거나 아담에게 속히 경고해 주시지도 않았습니다.

하나님께서는 그녀가 스스로 선택하도록 하심을 알 수 있습니다. 이것이 잘못 오해되면 네덜란드에서 생겨난 알미니아니즘 신봉자들의 주장대로 하나님의 구원을 선택하는 것도 '인간의 자유 의지'라는 주장이 나오게 됩니다.

개혁주의 복음주의 교리는 하나님의 절대 주권적인 예정론이 성경적 임을 믿습니다. 하나님께서는 하와가 뱀의 유혹에 넘어가 범죄를 저지를 것을 이미 예정하셨습니다. 그런데 그 범죄의 동기까지 하나님께서 부여하신 것은 아닙니다. 하나님께서는 죄의 저자가 아닙니다.

뱀으로 가장한 사탄의 유혹에 하와가 넘어가 선악 과실을 먹게 된 것이고, 아담은 아내 하와가 건네준 선악 과실을 먹게 된 겁니다.

왜 하나님께서 하와가 시험당할 즈음에 침묵하셨는가?

이에 대한 대답은 우리가 믿는 예정 교리에서만 설명이 가능합니다. 이 모든 일의 시작과 끝이 하나님의 경륜과 섭리의 예정 가운데 일어난 것이며 하나님께서는 악이 조금도 없으시기에 하와가 죄를 범하도록 부추기거나 방조하거나 동기를 유발한 적이 없습니다.

하와는 철저히 사탄의 시험에 넘어가 버린 것입니다. 사탄도 강제로 하와에게 선악과를 먹이지 않았습니다. 사탄은 하와를 악의적으로 유혹했을 뿐이고 선택과 실행은 하와가 내렸습니다. 그리고 하나님께서는 하와의 선택을 보시면서도 말리지 않으셨습니다. 왜냐하면, 하나님께서는 하와가 스스로 바른 것을 선택하기를 바라셨고 기다리셨기 때문입니다. 하나님께서는 일어날 모든 일을 아실 뿐 아니라 이미 예정하셨습니다. 하와는 선악 과실을 따 먹도록 예정되었습니다.

그런데 그 예정된 일의 선택을 사람이 하는 대로 내버려 두심도 알 수 있습니다. "과연 하와가 스스로 선한 것을 선택할 능력이 있었겠는가"라고 반문하실 분이 있을 것입니다.

또한, "과연 하와가 사탄과의 대적에서 이길 수 있었겠는가"라는 질문과 동일합니다. 몸이 벗어진 채로 있어도 부끄러운 줄 모르고 살던 아담과 하와였습니다. 하지만 그들은 매일 하나님과 동행하며 인격적 교제를 했을 겁니다. 왜냐하면, 사람을 창조하신 하나님의 목적이 사람으로부터 영광을 받으시길 원하셨기 때문입니다.

아담과 하와는 어른으로 하나님의 형상을 닮아 창조되었기 때문에 하나님의 선하심을 가지고 있었으며 선으로만 살고 있었습니다. 따라서 하와는 하나님과 함께 동행하고 있는 상태에서는 사탄을 이길 수 있었습니다.

그러나 그녀가 하나님과 동행하고 있지 않았을 때 그녀는 사탄의 시험어린 유혹에 넘어가 버린 것입니다. 하와가 사탄의 시험에 넘어가는 것을 보시면서도 하나님은 침묵하셨습니다. 왜냐하면 인간을 하나님 임의대로 제어하는 것은 '하나님의 선하신 인간 창조 섭리'에서 어긋나기 때문이었을 것입니다.

하나님 형상을 닮아 선하게 창조된 사람마저 사탄에게 유혹되어 넘어갈 만큼 사탄의 유혹은 간교했습니다. 먼저 사탄은 자신의 정체를 숨긴 채 들짐승 뱀의 형상으로 사람의 말을 하면서 하와에게 나타났습니다.

말하는 뱀을 보고 그녀가 미처 놀라기도 전에 뱀은 하와에게 먼저 말을 걸었습니다.

> 하나님이 참으로 너희더러 동산 모든 나무의 실과를 먹지 말라 하시더냐(창 3:1).
> (hath God said, Ye shall not eat of every tree of the garden?)

뱀(사탄)은 하나님의 이름을 먼저 언급하면서 하나님께서 하신 말씀을 인용했습니다. 그렇게 뱀을 향한 하와의 경계를 늦추도록 한 것입니다. 마치 자신도 하나님을 신봉하는 것 같은 무리의 일부로 가장한 것입니다.

일찍이 하나님께서 아담과 하와에게 경고하신 명령입니다.

> 선악을 알게 하는 나무의 실과는 먹지 말라 네가 먹는 날에는 정녕 죽으리라 하시니라 (창 2:17).
> (But of the tree of the knowledge of good and evil, thou shalt not eat of it: for in the day that thou eatest thereof thou shalt surely die).

뱀은 하나님의 명령을 그대로 인용하면서 단어 하나만을 바꾸었습니다. 하나님께서는 "선악을 알게 하는 나무의 실과 만"을 가리키셨는데 반해, 뱀은 "에덴동산의 모든 나무"라고 말을 바꾸었습니다.

뱀의 말이 보기에는 매우 작아 보이는 평범한 단어를 선택한 것과 같지만 실제로는 하와의 심중에서 즉각 나올 수 있는 답변을 미리 넌지시 던져 준 미끼 와도 같은 것입니다. 이는 마치 영어권 사람들이 문장을 쓰거나 말을 할 때 같은 단어가 반복되는 것을 피하는 것과 같은 뉘앙스를 비춥니다. 그러나 이 단어의 변형은 가공할 만한 독을 품고 있었습니다.

소위 이단들은 믿지 않는 사람은 말할 나위도 없고 하나님을 믿는 성도에게 이같이 접근하기를 좋아합니다. 먼저 자신을 감춘 채 자신도 성도와 같이 "하나님을 믿고 있다"라고 강조합니다. 그러면서 성도와의 대화에서 말꼬리를 내린 채 어휘의 변화를 은근히 시도하려고 합니다. 그 변화의 과정이 느리고 집요하게 때문에 기도와 말씀에 깨어 있지 않으면 쉽게 넘어가고 맙니다.

여기서 한 가지 짚고 넘어갈 것은, 성도에게 오는 사탄의 유혹과 시험과 시련에 대해서 성도는 그들을 스스로 물리치고 이길 힘을 가지지 못한다는 겁니다. 오직 내주하시는(indwelling) 하나님의 도움으로만 이길 수 있습니다. 사탄의 시험을 이기기 위해서는 항상 하나님의 말씀을 읽고 묵상하고 외우며 말씀과 하나님의 뜻에 깨어 있어야 합니다.

말씀을 사용한 사탄의 시험에는 말씀으로 대항하되, 모르는 부분은 침묵할 줄 아는 '지혜'가 필요합니다. 사탄을 이기려고 하지 말고 피해야 합니다. 나의 목숨까지도 책임져 주시는 하나님께 모든 것을 먼저 묻고, 의뢰하고, 기도하며, 기다리는 것이 중요합니다.

때때로 사탄은 뱀처럼 간교하게, 때로는 사자처럼 울부짖으며 성도에게 다가옵니다. 그래서 성도는 부지런히 말씀과 기도에 깨어 있어서 막상 사탄의 시련과 시험과 유혹이 왔을 때 진리의 전신 갑주로 대항해야 합니다. 하나님의 능력은 결코 성도가 사탄에게 영원히 지도록 하지 않으심을 믿어야 합니다.

> 뱀이 그 간계로 이와를 미혹케 한것 같이 너희 마음이 그리스도를 향하는 진실함과 깨끗함에서 떠나 부패할까 두려워하노라(고후 11:3).

21

'죽으리라'에서 '죽을까'로

여자가 뱀에게 말하되 동산 나무의 실과를 우리가 먹을 수 있으나(창 3:2).
(And the woman said unto the serpent, We may eat of the fruit of the trees of the garden).
동산 중앙에 있는 나무의 실과는 하나님의 말씀에 너희는 먹지도 말고 만지지도 말라 너희가 죽을까 하노라 하셨느니라(창 3:3).
(But of the fruit of the tree which is in the midst of the garden, God hath said, Ye shall not eat of it, neither shall ye touch it, lest ye die).

뱀의 유혹은 물의 흐름과도 같이 매우 자연스러워 보였습니다. 매우 다정해 보이기까지 합니다. 하와는 뱀에게 답변하기를 주저하지 않았습니다. 성경 말씀이 "일점일획도 오류가 없다"라고 믿는 성도라면, 창세기 3장이 모세에 의해 구술되고 구전되면서 단어의 선택이 매우 정교하도록 완벽했음을 믿습니다.

그리고 성경 말씀의 일점일획에도 우리가 각별하고도 세심한 주의를 기울이지 않으면 자칫 잘못된 해석을 범하기 쉽습니다. 성도가 같은 구절의 성경을 해석하는 것에서 각각 자기 신앙의 정도에 따라 해석이 조금씩 다를 수 있음을 인정해야 합니다.

그리고 심지어 잘못된 해석을 내릴 수 있음도 알아야 합니다. 문제는 자신이 잘못된 해석을 내렸음을 주의받았을 때 주저 없이 재고하고, 그래도 잘못된 것이 분명하면 즉시 수정할 줄 알아야 합니다. 성경은 언제나 성경을 참고하며 인용하면서 해석해야 합니다.

> 먼저 알 것은 경의 모든 예언은 사사로이 풀 것이 아니니(벧후 1:20).

그래서 이처럼 베드로는 일찍이 성경을 "사사로이 해석하지 말라"라고 했습니다. 이 말은 '성도가 함부로 성경을 해석하지 말라'라는 뜻이 아니고, '신약과 구약 말씀의 검증과 인용 없이 개별적인 구절만을 가지고 해석하지 말라'라는 뜻입니다.

성도가 성경을 읽으면서 모두 완벽하게 그 의미가 깨달아지지 않는 것은 당연합니다. 그렇지만 성도는 성경을 읽으면서 끊임없이 해석하려는 자세를 가져야 정상입니다. '해석한다'라는 것은 말씀이 성경 전체를 통해 다른 말씀과 상반되지 않게 헤아리면서 묵상한다는 것이며, 묵상하면서 깨달아지는 것을 노트에 적으며, 깨달음 대로 삶에서 성실하게 실천하려는 자세가 무엇보다 중요하다는 것입니다.

의외로 많은 성도들이 성경 해석하기를 두려워하고, 교회 목회자들의 의향과 의견을 먼저 묻고자 하는 경향이 있습니다. 이는 말씀과 성령의 조명을 의지하지 않고, 사람을 의지하는 잘못된 자세일 수 있습니다.

구약의 다윗왕이 성경 말씀을 묵상할 때 다른 선지자들의 의견과 해석을 묻지 않았습니다. 하나님의 가르침을 기다렸고 하나님께서는 분명히 답변해 주셨습니다. 사람들은 이단으로 빠질까 두려워 다윗왕처럼 하지 못한다고도 합니다. 하나님을 알고자 하는 갈구는 그러한 두려움을 이깁니다.

앞서간 성도들의 깨달음을 참고하는 것도 매우 유익합니다. 때로는 다른 성도들과 대화하는 것도 유익합니다. 하지만 무엇보다도 자신이 먼저 말씀을 깊이 묵상하며 깨달으려고 하는 마음이 있어야 합니다. 하나님께서는 성도를 결코 그릇되어 가도록 내버려 두지 않으십니다.

하와의 답변을 살펴봅시다.

하와는 "동산 나무의 실과는 먹을 수 있으나 동산 중앙에 있는 나무의 실과는 하나님의 말씀에 먹지도 말고 만지지도 말라 너희가 죽을까 하노라"(창 3:2-3)라고 답했습니다.

어느새 하와가 뱀의 간교함을 닮아가고 있습니다. 그녀도 하나님의 말씀을 바꾸고 있는 겁니다. 그러나 하나님은 분명히 말씀하셨습니다.

> 선악을 알게 하는 나무의 실과는 먹지 말라 네가 먹는 날에는 정녕 죽으리라 하시니라(창 2:17).
> (But of the tree of the knowledge of good and evil, thou shalt not eat of it: for in the day that thou eatest thereof thou shalt surely die).

하나님께서는 "선악을 알게 하는 나무의 실과를 먹지 말라"라고 하셨지, "만지지도 말라"라고는 말씀하지 않으셨습니다. 선악과는 사람의 호기심으로 만져볼 수는 있었을 것입니다. 그러나 먹으면 안 되는 것입니다.

우리는 이런 유추를 해볼 수 있습니다. 하와는 아담에게 선악과에 대해 호기심을 가지고 물어보았을지도 모릅니다.

먹지는 않아도 만져 나 보자고요!

그때 아담은 하와에게 "선악과를 만지게 되면, 혹시 먹을 수도 있으니까 아예 만지지도 말라"라고 답변했을 수도 있습니다. 하와의 말에서 '평소에 하와가 선악과에 대한 호기심을 가지지 않았을까'라고 생각해 볼 수 있어 생각해 본 유추입니다. 왜냐하면, 뱀에게 답한 하와의 말에는 선악과를 만지지도 말라는 구절이 더해졌기 때문입니다.

여기서 중요한 것은 '하와도 하나님의 말씀을 인용했다'라는 것입니다. 그러나 인용을 넘어서 말씀을 변형시키고 있습니다. 하나님께서 하지 않으신 말씀까지 더한 것입니다. '먹지 말라'에서 '먹지도 말고 만지지도 말라'로 바꾼 것입니다.

선악과를 만져보고 싶은 하와의 호기심이 그렇게 답변하도록 만들었을지도 모릅니다. 하와에게 호기심이 있었다면, 이는 호기심을 넘어서서 하나님을 시험하는 데까지 가고 말았습니다.

하나님께서는 "선악과를 먹는 날에는 정녕 죽으리라"(shalt surely die)라고 말씀하셨습니다. 그러나 하와는 "죽을까 하노라"(lest ye die)로 말을 바꾸었습니다. 우리는 이런 질문들을 던져볼 수 있습니다.

아담과 하와는 죽음이란 구체적으로 무엇인지 알았을까요?

아담과 하와가 첫 범죄를 저지르기 전에 이 세상에는 죽음이란 것이 없었습니다. 자연도, 동물과 식물도 모두 죽지 않고 번식하며 살았습니다. 그런데 자연이 너무 번식하기도 전에 아담과 하와에 의해 이 세상에 죽음이 생겨났습니다.

죽음에 대해 겪어 보지 못한 아담과 하와는 죽음이란 단어조차 호기심이었을 것입니다. 죄를 범하기 전에, 아담과 하와가 가진 인간 본능은 탁월했으며, 그들의 지각에는 호기심도, 의심도, 의구심도, 욕구도 가졌습니다.

죄가 없었을 때, 그들의 인간 본능은 그들의 선한 의지에 의해 제어될 수 있었습니다. 자연을 관찰하는 호기심, 먹고 싶은 욕구, 자연을 더 알려고 하는 지적 욕구는 선한 의지 상태에서는 문제가 되지 않았습니다.

하나님에 대해서도 호기심을 가졌음 직합니다. 그들은 궁금한 것을 하나님께 여쭤보고 답을 얻거나 자연 속에서 경험을 통해 지혜를 터득했을 수도 있습니다. 그들에게는 삶의 막연한 두려움이 없었지만, '아름답지만 위험한 낭떠러지를 피해야 한다'라는 의구심은 가졌을 것입니다.

또 다른 질문은, "도대체 무엇이 악이 없는 하와로 하여금 하나님의 말씀을 왜곡시키게 만들었을까?"

이런 질문도 있는데, "어떻게 선 밖에 모르는 하와가 거짓을 말할 수 있게 되었을까?"

하와가 죽음에 대해 잘 몰라서 "죽을까 하노라"라는 변형된 답변을 뱀에게 한 것일까?

하와의 거짓말은 '뱀(사탄)의 유혹에서 비롯됐다'라고 보는 것이 옳습니다. 하와는 이미 사탄의 유혹에 넘어가고 있었던 것입니다. 뱀의 유혹은 단순히 말만이 아닌 상대방이 거짓말을 하게 만드는 능력까지 가지고 있었습니다. 비록 하와가 선으로 악을 이기려 해도 혼자의 힘만으로는 사탄의 유혹에 넘어갈 수밖에 없었을 것입니다.

하나님께서 첫 사람들에게 주신 인간의 의지의 한계가 어디까지였는지 우리는 모릅니다. 분명한 것은 '사람이 비록 선하더라도, 그 선한 의지로 하나님을 거역하고 배반할 수 있었다'라는 것입니다. 하와가 애초부터 사탄의 시험을 받지 않았으면 좋을 뻔했습니다.

> 인자는 자기에게 대하여 기록된대로 가거니와 인자를 파는 그 사람에게는 화가 있으리로다 그 사람은 차라리 나지 아니하였더면 제게 좋을뻔 하였느니라(마 26:24).

그러나 하나님께서는 하와가 사탄의 시험을 받는 것을 막지 않으셨습니다. 오히려 하나님의 허락하심 속에서 사탄이 하와를 시험했다고 보는 것이 더 정확할 것입니다. 선과 악도 모르는 하와가 사탄의 시험을 분명 이길 수 없음도 하나님께서는 아셨습니다. 이 모든 것이 하나님의 경륜과 예정하신 섭리에 따라 발생한 것입니다.

그러나 하나님께서는 악이 조금도 없으심을 분명히 인식하고 있어야 합니다. 하나님의 예정론을 배제한 채로는 도저히 성경을 이해하기 어렵습니다. 성경은 여러 부분에서 다양한 말씀을 통해 하나님의 예정론을 언급하고 있습니다. 하나님께서는 죄의 저자가 아니십니다.

하나님께서 아담에게 "선악을 알게 하는 나무의 실과를 따 먹지 말라"라고 명령하시면서 따 먹는 날에는 "정녕 죽으리라"라는 생명의 언약을 맺으시고는 아담을 위해 하와를 만드셨습니다. 하나님의 특별한 은총이 아담과 하와에게 항상 함께하실 때, 뱀(사탄)은 하와를 유혹조차 할 수 없었습니다.

그런데 어느 날, 즉 하나님께서 창조 전에 미리 예정하신 날 하나님께서는 아담과 하와에게 함께 하시던 하나님의 특별한 은총의 일부를 잠시 거두셨습니다. 그러자 뱀으로 둔갑한 사탄이 하와를 시험했고, 악이 전혀 없었던 선한 하와였을지라도 사탄의 시험을 이기지 못하고 선악 과실을 따 먹게 되었습니다.

그리고 뒤이어 아담도 하와가 건네준 선악 과실을 먹게 됩니다. 아담이 하와가 건네준 열매가 선악 열매인지 알고 먹었는지는 성경에 명확하지는 않지만, 그가 하나님께 했던 대답에서 유추해 보면, 그는 알고 있었던 것 같습니다.

하나님과 맺어진 생명의 언약을 어긴 최초의 인류 아담과 하와는 하나님의 정죄로 말미암아 에덴동산에서 쫓겨나고 영적 죽음이라는 선고를 받게 됩니다. 그로부터 전 인류는 죄악으로 잉태되어 태어나서 살다가 죽게 됩니다. 아담과 하와의 타락을 예정하신 분은 하나님이시지만, 죄를 저지른 사람은 아담과 하와였습니다.

하나님께서는 그분의 절대 주권 하에 예정하신 섭리에 따라 아담과 하와에게 함께하던 특별한 은총의 일부를 잠시 거두신 것뿐이지요. 하나님께서 선하게 창조된 사람에게서 특별한 은총의 일부를 잠시 거두는 것 자체가 죄가 될 수는 없습니다. 하나님께서 특별 은총을 성도에게 잠시 거두시는 것 자체가 성도가 죄를 범하는 동기가 될 수 없습니다.

죄란 법을 어기는 데서 오는 것이기 때문입니다. 해가 구름에 가려진다고 해서 해가 없어진 것도 아니요, 세상이 잠시 어두워졌다고 사람이 죄를 저지르는 이유가 될 수 없습니다.

지금도 모든 성도는 내외적으로 다양한 사탄의 시험을 받고 삽니다. 우리의 힘만으로는 도저히 사탄을 이길 수 없음을 우리는 알고 인정해야 합니다. 그러나 우리에게 내주하시는(indwelling) 성령님으로 인하여 우리는 사탄을 이길 수 있는 것입니다. 사탄을 대적할 능력은 하나님에게서 옵니다.

그리고 그 하나님의 능력이 우리가 모든 시험에서 이길 수 있기를 기도해야 합니다. 성도도 사탄에게 지고 말 때가 허다합니다. 때로는 비참과 암울이 우리를 뒤덮을 때도 있습니다.

> 하지만 우리는 첫 사람 아담과 하와와는 한 가지 분명히 다른 점이 있습니다. 그것은 우리에게는 죄로부터 우리를 구원하실 수 있는 '대속자로 오신 예수 그리스도가 계시다'라는 사실입니다.

악에게 지지 말고 선으로 악을 이기라(롬 12:21).

하나님 한분 외에는 선한 이가 없느니라(눅 18:19).

아담과 하와에게는 그때까지(선악과를 따먹기 전) 죄가 없었기에 대속자가 필요 없었고, 그래서 그들의 죄에서 그들을 구원할 구세주를 바라보지 않았다는 차이입니다. 우리가 사탄의 시험을 받게 되면 성령님이 친히 간구하심으로 우리는 그 시험을 피하거나 이길 수 있습니다.

> 사람이 감당할 시험 밖에는 너희에게 당한 것이 없나니 오직 하나님은 미쁘사 너희가 감당치 못할 시험 당함을 허락지 아니하시고 시험 당할 즈음에 또한 피할 길을 내사 너희로 능히 감당하게 하시느니라(고전 10:13).

그러나 아담과 하와에게는 그러한 중보자가 그들 안에 계시지 않았습니다. 그들은 분명 하나님과 교제할 수는 있었습니다. 그들에게 죄가 없는 상태였기에 말입니다. 그러나 그들이 뱀(사탄)의 시험(유혹)을 받는 시점에서 하나님께서는 침묵하셨습니다.

여기서 우리가 생각해 볼 수 있는 것은 '첫 사람들 아담과 하와와 하나님과의 관계는 무죄한 선한 피조물과 창조주와의 관계였으며, 사람들에게 죄가 없어야 유지될 수 있는 관계였다'라는 것입니다. 그 관계는 하나님이 사람들이 받는 유혹에서 그들을 무조건 건져야 하는 피보호자와 보호자의 관계는 아니었던 것입니다.

사람은 하나님의 명령을 온전히 지켜야만 하는 관계였으며 그 명령을 지키기 위해 이차적으로 필요한 경고나 다른 도움을 주고받는 관계는 아니었던 것입니다. 사탄과 악이 존재하는 상황에서 사람들의 순전 무구함이 언제까지나 존속될 수 없었는지도 모릅니다.

하지만 하나님께서는 아담과 하와에게 선악과를 따먹지 말라는 명령으로 하나님께 대한 순종을 요구하셨습니다. 그러면서도 이 명령을 순종하도록 하나님께서는 그 사람들을 강제로 이끌지는 않으셨습니다.

세상의 역사가 시작되고 많은 인류가 출현한 사실만 보더라도 아담과 하와가 선악과를 따먹는 것은 이미 예정된 하나님의 섭리였음에 분명합니다. 하나님의 창조가 사람의 불순종으로 허무해지거나 무너진 것은 아닙니다.

하나님께서는 이미 처음부터 예수 그리스도를 통한 대속을 계획하셨고 예수님을 믿어 구원에 이르는 자들 또한 선별하셨던 것입니다.

우리는 누가 선택된 자인지 모릅니다. 우리는 다만 복음의 진리를 전파할 뿐이고, 누구든지 하나님의 예정된 자들은 때가 되면 복음을 믿고 "예수님을 하나님의 아들"이라고 고백하게 될 것입니다.

22

하나님과 같이 되어

철저히 기도하며 살아간 신앙 선배들의 한결같은 고백은 "기도하지 않을 때마다 얼마나 많은 사탄의 시험과 유혹과 곤고와 낙담을 가졌는지 모른다"라는 것입니다.

> 뱀이 여자에게 이르되 너희가 결코 죽지 아니하리라(창 3:4).
> (And the serpent said unto the woman, Ye shall not surely die).
> 너희가 그것을 먹는 날에는 너희 눈이 밝아 하나님과 같이 되어 선악을 알줄을 하나님이 아심이니라(창 3:5).
> (For God doth know that in the day ye eat thereof, then your eyes shall be opened, and ye shall be as gods, knowing good and evil).

여자 하와의 왜곡된 답변을 뱀은 기다리고 있었습니다. 뱀은 "너희가 결코 죽지 아니하리라"(shall not surely die)라고 거짓을 말했습니다. 하나님께서는 그들이 하나님의 명령을 거역하면 "정녕 죽으리라"(shalt surely die)라고 하셨던 분입니다.

여기서 '죽는다'는 뜻은 하나님과의 관계가 단절되는 영적 죽음과 육체 및 마음(혼)의 사망을 의미합니다. 물론, 아담과 하와가 선악과를 따먹는 순간 죽지 않았습니다. 선악과를 따먹은 후, 하나님의 심판의 말씀이 있고 난 뒤에야 그들은 영적 단절을 가졌으며, 그 후 에덴을 떠나 종신토록 땀을 흘리다가 필경에는 흙으로 되돌아간 것입니다.

이제, 뱀은 서서히 자신의 음모를 노골적으로 드러내고 있습니다. 하나님을 거짓말쟁이로 만들고 있습니다. 사탄과 그의 무리들은 하나님의 말씀을 거부하고 그 말씀이 사람들에게 제대로 전달되지 않도록 하거나 말씀의 능력이 나타나지 못하도록 힘씁니다.

그래서 사람들의 마음과 신경을 되도록 말씀에서 멀어지도록 온갖 방해를 시도하고 있습니다. 그들은 언제나 하나님의 말씀이 '진실된 진리'임을 사람들이 깨닫지 못하게 만듭니다.

오히려 하나님의 말씀이 거짓되고 불충분하고 변질돼 버렸다고 강변합니다. 과학과 고고학과 역사와 예술까지 농원해서 성경에 많은 오류가 있다고 가르칩니다. 성경의 권위를 어떻게 해서든지 무시되게 만듭니다. 현대주의 및 자유주의 신학자들과 그들의 추종자들은 그러한 사탄의 궤계에 놀아나고도 자신들이 무엇을 추구하고 있는지조차 모릅니다.

뱀(사탄)은 하와와 아담이 선악과를 따먹어도 "결코 죽지 않는다"라고 주장했습니다. 그리고 하와는 그의 주장에 유혹되고 말았습니다. 아니, 이미 유혹에 넘어가 버렸습니다. 뱀의 부연 설명은 하와가 뱀의 주장이 옳다고 생각하게끔 만들어 버렸습니다. 뱀은 "너희가 선악 과실을 먹는 날에는 너희 눈이 밝아 하나님과 같이 되어 선악을 알게 될 줄로 하나님께서 아시기 때문에 선악과를 못 따먹게 하신 것이다"라는 어처구니없는 거짓말을 했습니다.

도대체 선악과를 만드신 분이 누구신가요!

만약, 하나님께서 그러한 질투심을 가지실 분이셨다면, 선악 과실을 맺는 나무조차 에덴동산에 아예 만들어 놓지 않았을 것입니다.

뱀의 유혹에서 설득력이 있는 구절은 아담과 하와가 선악 과실을 먹으면 눈이 밝아지고 하나님과 같이 될 뿐만 아니라, 선악을 알게 될 것이라는 내용입니다. '죽음'이 아직 무엇인지조차 모르는 그들에게는 눈이 밝아지는 것이 무슨 체험인지는 모르지만, 새로운 것처럼 느껴질 만했습니다. 자신들과 교제하는 "창조주 하나님과 같이 된다"라는 구절은 하와의 호기심을 자극했을 것입니다.

인간이 하나님과 같이 되다니!

네, 그녀의 탐욕은 그랬습니다.

그녀가 처음 가졌던 선한 의지의 호기심과 의욕과 욕구는 탐욕으로 변하고 있었습니다. 사탄은 하와의 심령에 탐욕을 불어넣은 것입니다. 그 탐욕은 전 우주를 창조하신 하나님과 바꿀만한 탐욕이었습니다.

어느새 하와의 심령은 흑암으로 가득 차 버렸습니다. 지금까지 가져온 하나님과의 관계와 하나님 앞에서의 자신의 모든 신분과 처지를 모두 망각하였습니다. 자신이 누구인지조차 잊어버렸습니다. 가련한 피조물 인간의 존재였던 하와였습니다. 흙으로 만들어진 피조물이었던 그녀였습니다.

철저히 기도하며 살아간 신앙 선배들의 한결같은 고백은 기도하지 않을 때마다 그들이 얼마나 많은 사탄의 시험과 유혹과 곤고와 낙담을 가졌는지 모른다는 것입니다. '기도'란 하나님과의 영적 교제입니다. 기도를 통해 성도는 자신의 문제를 하나님께 고백하고 하나님의 도우심을 바라게 됩니다.

하와는 뱀의 간교한 속임수에 이미 영적 어둠 속에 빠져들었습니다. 하나님을 떠난 마음이 얼마나 쉽게 무너지는지 모릅니다. 사탄에게 하나님 없는 사람만큼 속이기 쉬운 사람은 없습니다. 또한 하나님을 알되 우리와 하나님과의 관계가 서원해지면 사탄은 우리에게서 드러나는 영적 틈새를 파고들어 버립니다. 어떻게 해서든지 우리와 하나님과의 관계를 이간질하고 멀어지게 만들려고 혈안이 되어 있습니다.

하와는 뱀과의 대화를 허용하면서부터 이제 하나님보다는 자신과 사탄의 말을 더 믿게 되어 버렸습니다.

이 얼마나 짧은 시간의 대화였던가요!

뱀은 하와의 심령을 완전히 농락하고 말았습니다. 하와는 자신과 아담에게 얼마나 무서운 결과를 초래할지 모를 사탄의 시험에 대해 별 깊은 심사숙고조차 하지 않았습니다. 눈에 보이고 귀에 들리는 대도 단순하게만 생각하였습니다.

23

인류의 첫 범죄

욕심이 잉태한즉 죄를 낳고, 죄가 장성한즉 사망을 낳게 된 것입니다.

여자가 그 나무를 본즉 먹음직도 하고 보암직도 하고 지혜롭게 할만큼 탐스럽기도 한 나무인지라 여자가 그 실과를 따먹고 자기와 함께한 남편에게도 주매 그도 먹은 지라(창 3:6).
(And when the woman saw that the tree was good for food, and that it was pleasant to the eyes, and a tree to be desired to make one wise, she took of the fruit thereof, and did eat, and gave also unto her husband with her; and he did eat).
이에 그들의 눈이 밝아 자기들의 몸이 벗은 줄을 알고 무화과나무 잎을 엮어 치마를 하였더라(창 3:7).
(And the eyes of them both were opened, and they knew that they were naked; and they sewed fig leaves together, and made themselves aprons).

뱀의 말은 더 이상 없었습니다. 할 필요가 없었습니다.
다만 인류 최초의 범죄를 지켜볼 뿐이었습니다. 뱀의 유혹으로 하나님을 망각해 버린 하와의 눈에는 선악 과실이 에덴동산의 그 어떤 다른 과실보다도 더 먹음직스러워 보였습니다.

이것은 그녀의 육적 타락을 보여줍니다. 보면 볼수록 그녀의 눈을 즐겁게 만들었습니다. 전에는 동산 한 가운데 오는 것조차 두려워했고, 선악 과실을 보는 것은 상상도 하지 않았던 하와였을 것입니다.

그러나 이제는 선악 과실을 당당히 보면서 내심 즐거운 미소를 짓고 있었습니다. 그녀의 '정신적 타락'이었습니다. 더구나 그 과실을 먹기만 하면 자신이 하나님과 같게 되어 선과 악을 구별할 만큼 지혜롭게 될 것만 같았습니다. 그만큼 탐스러워 보인 것입니다. 그녀의 '영적 타락'을 보여 줍니다.

영적으로 눈먼 하와에게 더 이상 지체할 이유도 없었습니다. 자신이 선악과 나무 앞에 서 있는 모습을 하나님께 들키기만 해도 다시는 저 나무의 과실을 먹을 기회가 없을 것만 같았습니다.

기회가 또 오랴?

그녀는 서둘렀습니다. 아무런 두려움도 없이 오직 자신의 변화될 모습만 상상하며 결국 선악 과실을 따 먹고 말았습니다.

그 과실의 맛이 어떠했는지 하와가 미처 느끼기도 전에, 하와는 후회와 오욕이 함께 자신의 심사를 뒤틀어 버리고 있음을 경험했을 것입니다. 하와는 이제야 자신이 무엇을 했는지 알게 되었습니다. 하나님의 명령을 거역한 것입니다.

하와는 하나님보다는 남편 아담을 먼저 찾았습니다. 그리고 하와는 자신을 꾀었던 뱀처럼 아담을 꾀었을 것으로 유추됩니다. 하나님께서 따먹지 말라던 선악 과실이 실제로는 하나님과 같이 되어 선과 악을 알게 할 것이라고 말했을 것입니다. 그러면서 처음에는 안 먹은 것처럼 주저하다가, 자신은 이미 선악 과실을 따 먹어 버렸음을 이야기했을 것입니다. "먹어보니 아무렇지도 않다"라고 꾀었을 것입니다.

뼈 중의 뼈요 살 중의 살인 아내가 '하나님의 명령을 거역했다'라는 사실에 아담은 매우 당혹스러웠을 수 있습니다. 그러나 아담은 당혹감과 함께 하와의 손위에 놓인 선악 과실을 보고 '자신도 하와처럼 그 과실을 먹어야겠다'라고 판단했습니다.

어떤 이들은 "아담이 속마음으로는 하나님의 명령을 어기지 않고자 했으나 하와의 설득을 이기지 못해 선악 과실을 먹었다"라고 말합니다. 또한, 어떤 이들은 "이미 하나님의 명령을 어기고 죽게 될 하와에 대한 동정과 미련을 못 이겨 선악 과실을 먹었다"라고 말합니다. 다른 어떤 이들은 "이 모든 것이 우리의 운명인가보다 하고 생각하며 체념으로 선악 과실을 먹었다"라고 말합니다.

그러나 나는 아담도 하와처럼 선악 과실을 먹으면 눈이 밝아져서 하나님과 같이 되어 선과 악을 알게 될 것이라는 하와의 말을 듣고 '자신의 욕심에 이끌려 선악 과실을 먹었으리라'라고 생각합니다.

욕심이 잉태한즉 죄를 낳고, 죄가 장성한즉 사망을 낳게 된 것입니다. 그들은 그들의 허황된 욕심에 이끌려 선악 과실을 따 먹은 것입니다. 하나님께서 그들이 선악 과실을 먹도록 유도하거나 분위기를 조성한 것이 아닙니다. 하나님께서는 악이 조금도 없으신 창조주이십니다.

거의 대부분의 기독교 신학자들은 "아담과 하와가 선악과를 먹은 후에 죄가 세상에 들어왔다"라고 합니다. 그러나 뱀으로 둔갑한 사탄의 유혹과 그에 따른 하와와 아담의 유혹에 넘어가는 과정을 살펴보면, 그들이 선악과를 먹기 전에, 이미 그들 마음속에 탐욕이 생겨났음을 알 수 있습니다. 사람처럼 말하는 뱀의 유혹에 대응하면서부터 이미 그들은 뱀의 유혹에 넘어가 있었습니다.

그들이 결과적으로 선악과를 먹게 된 것은 사탄의 유혹에 넘어가, 이미 하나님과 같이 된다는 탐욕이 생성된 상태에서 나타난 마지막 증거일 뿐입니다. 예수님께서 하신 말씀이 저의 주장을 뒷받침해 줍니다.

> 또 간음치 말라 하였다는 것을 너희가 들었으나 나는 너희에게 이르노니 여자를 보고 음욕을 품는 자마다 마음에 이미 간음하였느니라(마 5:27-28).

아직 간음을 실행하지 않았어도, "그 마음에 음욕을 품는 것만으로도 이미 간음했다"라는 것이 예수님의 판단입니다. 그 동일한 판단이 아담과 하와에게도 적용된다고 생각합니다.

선악 과실을 먹은 후, 아담과 하와의 심령에는 여러 가지 혼잡한 생각들이 밀려들었습니다. '하나님의 명령을 어겼다'는 생각, '이미 저지른 죄를 어떻게 수습할지 하는 생각', '무엇이라고 하나님께 변명해야 할지 하는 생각' 등 갖가지 생각들이 그들의 심령을 어지럽게 만들었을 것입니다. 그리고 서서히 그들의 눈이 밝아지는 것을 느꼈습니다.

그러면서 그들은 자신들이 벌거벗은 몸뚱이로 서 있음을 알게 되었습니다. 전에는 몰랐던 '수치심'이 느껴졌습니다. '분노'도 느껴졌고, 서로에 대한 '배신감'마저 느껴졌습니다.

그들에게 있었던 사랑과 신뢰감은 없어지고, 대신에 '미움'과 '적개심'이 일어났습니다. 벗고 있는 자기 모습이 부끄럽고 초라해 보였습니다. 곧 바로 주위에 널린 무화과나무 잎을 모아 엮어서 자신들의 수치스러워 보이는 부분을 가려야 했습니다. 전에도 그들은 무화과나무의 잎사귀들을 모아서 엮어 본 적이 있었습니다. 그때 그들은 무화과나무 잎으로 먹고 남은 과실을 모아두려고 한 적이 있었는지 모릅니다.

그러나 지금은 다릅니다. 아담과 하와는 서로의 존재에 대해 이질감을 가졌고, 서로를 감추고 싶었고, 각자 보호할 필요성을 느꼈습니다. 그들은 그들의 심령이 얼마나 신속하게 변해가는지 미처 수긍조차 할 수 없었습니다.

너무나 급작스러운 변화가 그들에게 일어난 것입니다.

24

하나님의 낯을 피하여

진리의 빛이 밝아오면 죄와 악은 숨어 버립니다.

그들이 날이 서늘할 때에 동산에 거니시는 여호와 하나님의 음성을 듣고 아담과 그 아내가 여호와 하나님의 낯을 피하여 동산 나무 사이에 숨은지라(창 3:8).
(And they heard the voice of the LORD God walking in the garden in the cool of the day: and Adam and his wife hid themselves from the presence of the LORD God amongst the trees of the garden).

하와와 아담이 하나님의 명령을 차례로 어기고 선악 과실을 따 먹는 그때, 하나님께서는 그 모든 것을 보시고 알고 계셨습니다. 하나님께서는 자신의 형상을 닮게 만든 선한 사람들이 자신들의 지어진 목적과 본분을 망각한 채, 하나님의 권위에 도전하는 것을 보고 계셨습니다.

하나님께서는 자유로운 존재로 창조된 사람들이 그들의 선한 의지를 가지고 선보다는 악을 선택하는 과정을 지켜보시면서 그들을 말리지 않으셨습니다.

그들이 그들의 욕심대로 행하는 것을 침묵하며 보고만 있었습니다. 비록 그들의 선택이 하나님의 예정된 섭리였지만, 사람이 악해지는 것은 하나님의 성품과 반하는 것이었습니다.

아담과 하와는 하나님의 명령을 어김으로써 죄를 저질렀습니다. 그들이 먼저 하나님과 인간과의 관계를 끊어버린 겁니다. 그들에게 심어진 선한 양심과 하나님의 형상을 닮은 성품을 가지고도 악의 유혹을 끝내 이기지 못한 것입니다.

하나님께서는 그들에게 즉각 나타나지 않으셨습니다.

그들이 비록 범죄하고 타락하였을지라도 후회하고 다시 하나님께 돌이켜 회개하기를 바라셨을까요?

범죄한 아담과 하와가 죄를 회개하고 하나님께 온 심령을 다해 하나님의 용서하심을 빌 수 있었을까요?

죄의 권세는 너무나 광활하고 깊습니다. 죄에 빠진 아담과 하와는 자신들의 죄로부터 스스로 빠져나올 수 없었습니다. 죄는 더 죄 되게 할 뿐이었습니다. 하나님께서는 그들이 회개하게 만드는 특별한 은총을 끝내 허락하지 않으셨습니다.

한낮의 뜨거운 태양이 지면서 날이 서늘해지기 시작했습니다. 아담과 하와는 평소처럼 그 시간에 하나님께서 그들에게 오셔서 함께 교제하시기를 원하심을 알고 있었습니다. 동산을 거니시는 하나님의 음성이 들렸습니다.

아담아, 아담아!

전 같으면 속히 달려갈 사람들이었으나 그날은 달랐습니다. 그들은 하나님의 얼굴을 볼 수 없었습니다.

그래서 동산 나무 사이에 숨고 말았습니다. 진리의 빛이 밝아지면 죄와 악은 숨어 버립니다. 아담과 하와는 도저히 하나님 앞에 나설 수 없었습니다. 자신들의 범죄로 말미암아 하나님이 두려워진 것입니다. 더구나 자신들의 벌거벗은 몸들이 더더욱 하나님 앞에 나오기 힘들게 만들었습니다. 어둠은 빛과 함께 할 수 없었습니다.

장차 예수 그리스도께서 재림하시어 인류 역사의 종지부를 찍는 날이 올 것입니다. 그때도 하나님을 알지 못하고 하나님을 거역하던 모든 사람들은 하나님의 영광의 빛 앞에 자신을 드러낼 수가 없어 이렇게 말할 날이 온다고 했습니다.

산과 바위여, 내 위에 엎어져 나를 덮어다오!

죄악은 언젠가 하나님의 심판을 받을 것입니다.
누가 하나님의 심판을 벗어날 수 있겠는가?
아무도 없습니다.
오직 예수 그리스도의 대속의 피를 믿은 성도들만이 하나님 앞에 울며 나올 것입니다. 그들이 그토록 기다리고 기다리던 만군의 여호와 하나님 앞에 말입니다. 그 심판의 날이 다른 모든 인류에게는 '저주와 수치의 날'이건만, 오직 성도들에게만은 '축복과 기쁨의 날'인 것입니다.

그날은 진리의 빛이 모든 가려진 죄악을 드러낼 것입니다. 하나님의 심판이 도래하는 그날에 말입니다.

25

여호와 하나님

하나님께서는 그들이 뱀으로부터 유혹받은 죄의 동기보다는 "선악 과실을 따 먹었느냐"라는 죄의 결과를 묻고 계십니다.

여호와 하나님이 아담을 부르시며 그에게 이르시되 네가 어디 있느냐(창 3:9).

(And the LORD God called unto Adam, and said unto him, Where art thou?)

가로되 내가 동산에서 하나님의 소리를 듣고 내가 벗었으므로 두려워하여 숨었나이다(창 3:10).

(And he said, I heard thy voice in the garden, and I was afraid, because I was naked; and I hid myself).

가라사대 누가 너의 벗었음을 네게 고하였느냐 내가 너더러 먹지 말라 명한 그 나무 실과를 네가 먹었느냐(창 3:11).

(And he said, Who told thee that thou wast naked? Hast thou eaten of the tree, whereof I commanded thee that thou shouldest not eat?)

전지전능한 하나님께서 사람을 찾으신다는 것 자체가 이상한 일일 것입니다. 회교도들은 거룩한 알라신과 사람과의 인격적 관계란 그 자체로써도 상상할 수조차 없다고 믿습니다. 그러나 그들에게도 예외는 있습니다. 바로 선지자 '모하메드'입니다. 그러면서 그들은 '모하메드만이 알라신으로부터 유일하게 직접 계시를 받았다'라고 믿습니다.

거짓 종교의 특색 중 하나는 바로 특정한 인물만이 신을 알현할 수 있거나, 다른 보통 사람들이 직접적으로 신에게 가까이 가는 것 자체를 금지한다는 것입니다. 불교의 경우는 각각의 사람이 신의 자리에까지 이르려는 것이니 더 말할 나위도 없습니다. 그러나 기독교의 하나님은 다른 종교들의 신과 전혀 다릅니다.

우주 만물을 말씀의 능력만으로 창조하실 수 있으신 전지전능한 유일신 하나님께서는 보통 사람과 인격적 관계를 맺기를 선하게 여기고 기뻐하십니다.

사람이 그 무슨 수로 신께 나아갈 수 있겠습니까?

하지만 기독교의 하나님께서는 친히 사람을 찾으시고 만나주시기를 기뻐하십니다. 피조물 사람이 창조주 하나님을 만난다는 것 자체가 진실로 경이롭고 놀라운 사건입니다.

왜, 어떻게 그럴 수 있을까요?

하나님께서 천지를 창조하신 주된 목적이 사람과 관계를 맺으면서 그 사람들로부터 영광을 받고자 함이었기 때문입니다. 비록 그 사람이 죄가 많고 거짓되고 어리석고 부패했어도 말입니다.

하나님께서는 범죄한 아담과 하와의 이름을 부르시며 그들을 찾으셨습니다. 그들이 어디 있는지 몰라서가 아닙니다. 그러나 아담과 하와는 나무 사이로 숨어 자신들을 감추고 있었습니다.

더 이상 그들이 자신들을 감출 수 없게 되자, 아담은 하나님께 대답했습니다. 자신이 벗은 몸이기에 하나님이 두려워서 숨었다고.

범죄하기 전에는 벗었어도 전혀 부끄러운 줄 몰랐고, 하나님을 두려워할 이유도 없었습니다. 그러나 이제는 다릅니다. 하나님이 두려워진 것입니다. 그들에게 선만 있을 때는 두려움이 없었으나, 죄악이 들어오매 그들에게 두려움이 생긴 것입니다. 뱀(사탄)은 그들이 하나님과 같이 선과 악을 알게 될 것이라 유혹했으나, 그들은 선과 악을 아는 것만이 아니라 그 악으로 인해 두려움과 근심까지 생긴 것입니다. 뱀의 유혹은 거짓되고 악의에 찬 유혹이었습니다.

하나님께서 아담에게 말씀하시며 물으셨습니다.

네가 어떻게 벗은 것을 알게 되었느냐?

이는 필경 하나님께서 "먹지 말라"라고 명령하신 "선악 과실을 먹은 때문이냐"라고 물으신 것입니다. 하나님의 말씀에는 군더더기가 없습니다.

단도직입적으로 선악 과실을 따 먹었는지에 대해 물으셨습니다. 물론 하나님께서는 아담이 선악 과실을 먹은 것을 아십니다. 그러나 물으셨습니다.

왜 그랬을까요?

하나님께서는 날이 서늘해 지자 동산으로 거니시면서,

첫째, 아담의 이름을 부르셨습니다.
둘째, 네가 어디 있느냐?
즉, 자신을 감추지 말고 나오라고 하셨습니다.
셋째, 네가 정녕 선악 과실을 따 먹었느냐?

이처럼 이미 다 아시는 것을 물으셨습니다. 이같이 계속되는 하나님의 부르심은 아담과 하와의 죄로부터의 '회개를 촉구'하시는 것입니다.

여기서 하나님께서는 그들이 뱀으로부터 유혹받은 죄의 동기보다는 '선악 과실을 따 먹었느냐'라는 죄의 결과를 묻고 계십니다. 그러니 이 구절은 하나님께서 아담과 하와에게 죄에 대한 회개를 촉구한 것으로 보는 것이 타당할 것입니다.

하나님께서는 아담 이후의 다른 인류에게뿐만 아니라, 정작 아담 자신에게까지도 보편적 원칙을 가르치십니다. 죄를 지은 자가 그 죄를 하나님께 자복하고 회개하는 원칙 말입니다.

아담도 예외가 아니었습니다. 그래서 아담을 재차 부르시면서 기다리신 것입니다.

그와 그의 아내의 회개를!

26

변명

　이제 하나님께서는 그들의 대답을 모두 친히 그들의 입으로부터 들으셨습니다. 그리고 그들의 대답을 가지고 그들을 판결하십니다.

> 아담이 가로되 하나님이 주셔서 나와 함께하게 하신 여자 그가 그 나무 실과를 내게 주므로 내가 먹었나이다(창 3:12).
>
> (And the man said, The woman whom thou gavest to be with me, she gave me of the tree, and I did eat).
>
> 여호와 하나님이 여자에게 이르시되 네가 어찌하여 이렇게 하였느냐 여자가 가로되 뱀이 나를 꾀므로 내가 먹었나이다(창 3:13).
>
> (And the LORD God said unto the woman, What is this that thou hast done? And the woman said, The serpent beguiled me, and I did eat).

　하나님께서는 뱀에게 범죄 동기를 묻지 않으셨습니다. 오직 사람들에게만 물으셨습니다. 먼저 아담에게 물었고, 이어 하와에게 물으셨습니다. 그러나 아담과 하와는 범죄를 뉘우치고 회개하는 어조로 답하지 않았습니다.

그들의 답변은 어리석은 변명에 지나지 않았습니다. 그들이 차라리 범죄의 동기를 고백했더라면 좋을 뻔했습니다. 하지만 그들은 처음부터 자신들을 합리화하였습니다. 자신들의 행동이 어쩔 수 없었음을 정당화하였습니다. 아담의 대답은 "여자가 선악 과실을 주므로 그냥 먹었다"라는 식입니다. 마치 자신은 모르고 먹었다는 뜻입니다.

그러면서 오히려 자신의 갈비뼈로 여자를 만드신 하나님을 원망하는 어투입니다. "왜 여자를 내게 주셔서 범죄케 했느냐"는 항의였습니다. 그러자 다시 하나님께서는 하와에게 물으셨습니다.

네가 어찌하여 이 지경에 이르게 하였느냐?

그러자 하와의 대답은 "뱀이 자기를 꾀니까 그만 넘어가 버렸다"라는 푸념이었습니다. 뱀이 자신을 꾀어서 자기도 모르게 선악 과실을 먹게 된 것뿐이라는 변명입니다. 그러면서도 그들은 하나님께 자신들의 범죄함을 회개하려 들지 않았습니다. 오히려 하나님께 화살을 돌리고 있습니다.

사람들의 변명은 끝이 없다고 합니다. "죄는 죄를 낳는다"라고 합니다. 자신을 감추고 정당화하기 시작하면 거짓을 거짓으로 메워야 하며, 그 끝이 한도가 없습니다. 아담과 하와의 변명은 이미 자신들이 악으로 채워져 있음을 나타내 보입니다.

악이 없을 당시의 그들의 모습과는 전혀 다릅니다. 죄를 짓고도 적반하장의 태도로 하나님께 대드는 형국입니다. 이제 하나님께서는 그들의 대답을 모두 친히 그들의 입으로부터 들으셨습니다. 그리고 그들의 대답을 가지고 그들을 '판결'하십니다.

> 네 말로 의롭다 함을 받고 네 말로 정죄함을 받으리라(마 12:37).

> 주인이 이르되 악한 종아 내가 네 말로 너를 판단하노니 너는 내가 두지 않은 것을 취하고 심지 않은 것을 거두는 엄한 사람인 줄을 알았느냐(눅 19:22).

> 기록한바 의인은 없나니 하나도 없으며 깨닫는 자도 없고 하나님을 찾는 자도 없고 다 치우쳐 한가지로 무익하게 되고 선을 행하는 자는 없나니 하나도 없도다 저희 목구멍은 열린 무덤이요 그 혀로는 속임을 베풀며 그 입술에는 독사의 독이 있고 그 입에는 저주와 악독이 가득하고 그 발은 피 흘리는데 빠른지라 파멸과 고생이 그 길에 있어 평강의 길을 알지 못하였고 저희 눈앞에 하나님을 두려워함이 없느니라 함과 같으니라 우리가 알거니와 무릇 율법이 말하는 바는 율법 아래 있는 자들에게 말하는 것이니 이는 모든 입을 막고 온 세상으로 하나님의 심판 아래 있게 하려 함이니라(롬 3:10-19).

'대 심판의 날', 많은 사람이 하나님의 공의를 불공평하다고 불평하며 입을 열어 하나님께 대항할 것입니다. 하지만 그날, 하나님의 능력은 모든 사람의 입을 봉쇄하고, 오직 하나님의 심판의 언도 만을 듣게 하실 것입니다.

오직 하나님의 선택을 받은 그분의 백성만이 입을 다문 채 하나님의 은혜만을 기다릴 것입니다.

27

뱀의 심판

하나님의 심판의 말씀이 있자, 그때부터 뱀은 배로 땅을 기어다니며 땅의 낮은 것을 잡아먹으며 살게 되었습니다.

여호와 하나님이 뱀에게 이르시되 네가 이렇게 하였으니 네가 모든 육축과 들의 모든 짐승보다 더욱 저주를 받아 배로 다니고 종신토록 흙을 먹을지니라(창 3:14).
(And the LORD God said unto the serpent, Because thou hast done this, thou art cursed above all cattle, and above every beast of the field; upon thy belly shalt thou go, and dust shalt thou eat all the days of thy life).
내가 너로 여자와 원수가 되게하고 너의 후손도 여자의 후손과 원수가 되게 하리니 여자의 후손은 네 머리를 상하게 할 것이요 너는 그의 발꿈치를 상하게 할 것이니라 하시고 (창 3:15).
(And I will put enmity between thee and the woman, and between thy seed and her seed; it shall bruise thy head, and thou shalt bruise his heel).

하와를 유혹했던 간교한 뱀이 먼저 죄의 심판을 받았습니다. 다른 모든 들짐승보다 더욱 저주받아 배로 다니며 종신토록 흙을 먹게 된다는 판결입니다. 이 판결이 나기 전에 뱀은 배로 다니지도 않았고, 땅을 기어 다니며 흙을 먹지도 않았을 것입니다.

그때까지는 모든 들짐승이 풀을 먹으며 살았습니다. 하지만 하나님의 심판의 말씀이 있자, 그때부터 뱀은 배로 땅을 기어다니며, 땅의 낮은 것을 잡아먹으며 살게 되었습니다. 이와 아울러 땅의 모든 들짐승도 아울러 심판을 받게 되었습니다. 아담의 범죄로 인해 그와 아내뿐만 아니라 그들이 조성된 땅도 함께 저주받게 된 것입니다.

땅에는 약육강식의 처절한 정글의 법칙이 생긴 것입니다. 사자는 울부짖기 시작했고, 수많은 들짐승이 풀이 아닌 다른 동물을 공격하여 잡아먹고, 잡아 먹히는 '적자생존의 원리'가 자연의 보통 명사로 되어 버린 것입니다. 들짐승들은 사람 을 공격하고, 사람은 들짐승을 잡으려 했습니다.

자연을 관리하고 다스리는 사람이 아닌 피의 정복자가 되어 버린 것입니다. 사람들의 심령이 황폐해진 것처럼 자연도, 모든 생물도, 원래의 자연이 아닌 자연의 파괴 상태로 돌변하였습니다.

하나님께서는 사탄이 뱀의 형태로 나타났음에도 불구하고 사탄을 지칭하지 않고 뱀을 지칭했습니다(14절). 하지만 다음 구절(15절)에서 뱀은, 곧 사탄과 그의 세력을 의미하고 있습니다. "뱀(사탄의 세력)과 여자(아담의 자손) 사이가 원수 관계가 되며, 여자의 후손은 뱀(사탄)의 머리를 상하게 할 것이요, 뱀(사탄)은 그의 발꿈치를 상하게 할 것이다"라고 예언했습니다.

머리는 분명 발꿈치보다 더욱 중요한 몸의 한 부위입니다. 궁극적으로 아담의 후손으로 명시되는 예수 그리스도께서 사탄과 그의 세력을 그분의 발밑에 굴복시킬 것을 미리 예언하신 것입니다. 아담과 하와는 이런 뱀에 대한 하나님의 저주와 예언을 하나도 빠짐없이 기억했고, 그 말씀을 그들이 낳은 다음 자손들에게 전해 주었습니다.

그들은 하나님의 천지창조와 인간의 창조, 에덴동산, 선악 과실, 생명 과실, 뱀의 유혹과 인류의 첫 범죄에 대한 모든 이야기들을 자세히 그들의 자녀에게, 그리고 그들의 자녀들은 다음 세대에 구전했고 전했습니다. 왜냐하면, 아담과 하와는 그들이 저지른 범죄가 얼마나 가혹스럽고 처참한 죄악인가를 깨달았기 때문입니다.

그들의 범죄는, 곧 자신들을 창조하신 '거룩한 창조주 하나님'에 대한 반역이기 때문이었습니다. 사람이 하나님같이 되려고 시도한 것 자체가 결코 용서받기 어려운 영벌의 범죄였던 것입니다.

이스라엘 민족이 애굽에서 나와 하나님의 인도하심에 따라 광야를 건널 때 그들에게서 하나님을 시험하는 불평, 불만이 끊이지 않았습니다. 그러자 하나님에게서 온역이 발생하여 많은 사람이 불뱀에 물려 죽어가고 있었을 때, 하나님께서는 그들의 지도자 모세에게 명하여 구리뱀을 나무에 매달아 동산 위에 세워 놓으라 하셨습니다.

그리고 말씀하시기를 "누구든지 동산 위 나무에 매달린 구리뱀을 보는 자마다 병이 나을 것이다"라고 약속하셨고, 실재로 그 구리뱀을 본 자마다 나았습니다.

이 사건은 창세기 3:15와 긴밀한 관계를 가집니다. 후일에 예수 그리스도께서 십자가에 달려 죽으셨습니다. 그리고 오순절 성령 강림 이후로 예수 그리스도를 믿는 믿음이 예루살렘과 온 유대와 사마리아와 땅끝까지 퍼지게 되었습니다.

그 믿음이 우리에게 이르렀으니, 곧 "십자가 나무에 매달린 예수 그리스도를 바라보는 자들은 구원을 받게 된다"라는 것입니다.

예수님께서는 더 이상 십자가에 달려 계시지 않습니다. 십자가의 진리란 예수 그리스도께서 나의 죄를 대속하시기 위해 나 대신 십자가를 지셨다는 사실입니다.

그 분께서는 부활하셨습니다. 광야에 세워진 구리 뱀과 마찬가지로 십자가에 달리신 예수 그리스도는 우리 구원의 징표입니다.

예수님께서는 하와를 유혹했던 뱀(사탄)의 머리를 상하게 하시어 더 이상 사탄은 예수 그리스도의 공력에 대항할 수조차 없게 되었습니다. 사탄은 가롯 유다를 비롯해 유대인의 무리들과 이방인 본디오 빌라도를 사용하여 예수님의 발꿈치를 상하게 했지만, 십자가 죽음 이후 삼일 만에 부활하심으로 영광의 구주가 되신 것입니다.

> 사망아 너의 이기는 것이 어디 있느냐 사망아 너의 쏘는 것이 어디 있느냐 사망의 쏘는 것은 죄요 죄의 권능은 율법이라(고전 15:55-56).

예수님께서는 사망의 권세를 이기시고 부활의 첫 열매가 되심으로 그 분에게 맡겨진 모든 하나님의 백성을 광명의 길로 인도하실 수 있게 되었습니다.

뱀의 시험으로 비롯된 인류 첫 조상의 타락과 땅의 저주는 하나님의 천지창조의 끝이 아니었습니다. 하나님의 놀라운 구원의 섭리는 수천 년의 세월에 걸쳐 조성되었으며 십자가에서 완성된 것입니다.

28

여자의 심판

하나님의 사람들은 언제나 그들의 자녀에게 하나님의 말씀을 구전하며 가르쳤습니다.

> 또 여자에게 이르시되 내가 네게 잉태하는 고통을 크게 더하리니 네가 수고하고 자식을 낳을 것이며 너는 남편을 사모하고 남편은 너를 다스릴 것이니라 하시고(창 3:16).
> (Unto the woman he said, I will greatly multiply thy sorrow and thy conception; in sorrow thou shalt bring forth children; and thy desire shall be to thy husband, and he shall rule over thee).

뱀 다음으로 하와가 심판을 받았습니다. 자녀를 낳는 고통과 남편에게 매이며 남편의 다스림을 받는 판결이었습니다. 하와는 홀로 뱀에게 시험을 받았으며 악을 인간의 선으로는 이길 수 없었습니다. 사탄의 시험을 이겨 승리하는 길은 오직 선한 목자 되신 예수님께 의지하는 것뿐입니다.

이제 그녀와 같은 모든 여자는 남편의 지배를 받게 되는 슬픔을 안게 되었습니다. 원래 여자는 남편의 갈비뼈로 만들어진 만큼 남자를 돕는 자의 역할을 가지고 태어났습니다. 남자의 가슴 일부는 여자로 채워짐으로써 둘이 온전해지도록 했습니다. 그 숙명적 역할은 계속될 테지만 하와가 받은 판결은 '이제 남자와 동등한 격이 아니다'라는 것입니다. 남편의 지배를 받아야 하는 구도인 것입니다.

물론, 여자는 남편을 사모(존경)하고, 남편은 아내를 사랑으로 보호하는 것이 하나님의 뜻입니다. 여자는 그 남편과 사별하고 나서야 비로소 홀로 자유로울 수 있게 된 것입니다. (아내와 남편과의 관계에 대해서는 에베소서 5장에 자세히 언급됩니다.)

예수님께서 십자가를 지시고 골고다 언덕을 향하실 때 예루살렘의 많은 여자들이 예수님께 가까이 와서 울었습니다. 그때 예수님께서는 이렇게 말씀하셨습니다.

> 예수께서 돌이켜 그들을 향하여 가라사대 예루살렘의 딸들아 나를 위하여 울지 말고 너희와 너희 자녀를 위하여 울라 (눅 23:28).

통계적으로도 예수 그리스도를 믿는 사람 중에 여자들이 남자들보다 많은 것이 사실입니다. 그 이유 중의 하나는 여자는 남편에게 복종하는 신분임에도 불구하고 오히려 그 순종의 미덕으로 예수 그리스도께 더 열심히 매달린다는 것입니다.

'부모가 자녀를 낳는다'는 것은 키우며 양육하는 것을 의미합니다. 그들은 자녀를 양육하면서 창세기 사건들을 이야기하며 자녀들에게 하나님을 가르치는 것입니다. 하나님의 명령과 순종, 그리고 심판과 사랑의 모든 일련의 사실들을 부지런히 가르치는 것입니다.

창세기가 쓰인 것은 에덴동산에서의 타락 이후로 수천 년의 세월이 흐른 후였습니다. 하지만 하나님의 사람들은 언제나 그들의 자녀에게 하나님의 말씀을 구전하며 가르쳤습니다. 인쇄술의 발달로 예전처럼 많은 구절들을 외워가며 구전하지 않게 되었지만, 중세에 오기 전까지 '성경은 입에서 입으로 전해진 것이 사실'입니다.

현대의 산업화된 사회의 여성들은 자아실현을 위해 아이를 낳고 양육하는 것을 꺼려 '저출산'이 보편화되어 평생 잉태하는 고통을 갖지 않기도 합니다. 신문과 매스컴의 뉴스에는 아내가 남편을 사모하고 존경하는 것이 오히려 새로운 뉴스거리로 등장하고 있습니다.

남편이 아내를 다스리던 시대는 과거의 이야기가 되어가고 있으며, "{남녀평등을 넘어 여성 상위 또는 성 역차별 시대 도래했다"라고 흥분합니다.

그러나 성경적 원리에 나타난 하나님의 뜻은 '가정에서 아내는 남편의 지배 아래에 있으며, 부부가 함께 자녀를 낳고, 그 자녀를 말씀과 기도를 통해 하나님의 사람으로 키워 가는 것'입니다.

초대 교회 당시에 누룩과 같이 걷잡을 수 없는 속도로 번져가던 기독교 이단들의 출현을 말씀의 검으로 추상같이 몰아쳤던 성 어거스틴(Augustinus, 354-430)을 낳은 모니카(Monica, 332년 - 387년)의 기도가 위대한 어거스틴을 만들었습니다.

29

남자의 심판

사람이 한 번(필경) 죽는 것은 이 때 정하신 하나님의 뜻입니다.

아담에게 이르시되 네가 네 아내의 말을 듣고 내가 너더러 먹지 말라한 나무 실과를 먹었은즉 땅은 너로 인하여 저주를 받고 너는 종신토록 수고하여야 그 소산을 먹으리라 (창 3:17).
(And unto Adam he said, Because thou hast hearkened unto the voice of thy wife, and hast eaten of the tree, of which I commanded thee, saying, Thou shalt not eat of it: cursed is the ground for thy sake; in sorrow shalt thou eat of it all the days of thy life).
땅이 네게 가시덤불과 엉겅퀴를 낼 것이라 너의 먹을 것은 밭의 채소인즉(창 3:18).
(Thorns also and thistles shall it bring forth to thee; and thou shalt eat the herb of the field).
네가 얼굴에 땀이 흘러야 식물을 먹고 필경은 흙으로 돌아 가리니 그 속에서 네가 취함을 입었음이라 너는 흙이니 흙으로 돌아갈 것이니라 하시니라(창 3:19).
(In the sweat of thy face shalt thou eat bread, till thou return unto the ground; for out of it wast thou taken: for dust thou art, and unto dust shalt thou return).

뱀과 하와에 이어 아담이 하나님의 심판을 받았습니다. 하나님께서는 아담이 아내의 말을 듣고 하나님의 명령을 어겨 선악 과실을 먹은 결과를 판결하셨습니다. 그 결과는 '죽음'이었습니다.

영적으로는 하나님과의 관계 단절이며, 육적으로는 필경 흙으로 돌아가는 사망의 부패인 것입니다. 그리고 흙으로 돌아가기까지 종신토록 수고해야 하는 숙명을 가지게 되었습니다.

이제는 예전처럼 편히 실과의 열매만을 따 먹으며 살 수 없게 되었습니다. 밭의 채소를 (가꿔) 먹어야 기력을 갖게 된 것입니다. 경작되지 않는 땅은 가시덤불과 엉겅퀴를 내고야 말게 되었습니다. 땅이 아담으로 인해 저주받았기 때문입니다.

그래서 사람은 부지런히 땅을 경작하려고 얼굴에 땀을 흘리며 일하게 되었습니다. 땅은 잠시라도 놔두면 어느새 잡초로 무성해지고 맙니다. 하나님께서는 사람이 밭의 채소를 식물로 하도록 하셨지만, 점차 사람은 들짐승과 가축을 죽여 육식하게 되었습니다. 땅은 점점 더 황폐해지고 더럽혀져 갔습니다.

사람이 한 번(필경) 죽는 것은 이때 정하신 하나님의 뜻입니다. 이후로 누구도 죽음을 피할 수 없게 되었습니다.

사람은 흙에서 와서 흙으로 가는 것인데, 어떤 사람도 우연히 태어나지 않습니다. 하나님의 섭리 가운데 태어나고 살다가 죽는 것입니다. 사람들은 살면서 그들을 창조하신 하나님을 알지도 못한 채 오히려 하나님을 대적하고 하나님을 모른다고 부인하게 되었습니다. 사람이 살다가 그냥 죽고 마는 것이라면 인생만큼 비참한 것이 어디 있겠는지요.

하지만 성경은 말합니다. 사람은 하나님의 형상대로 창조된 고귀한 존재라고 말입니다.

우리가 비록 아담의 원죄를 전승받고 사람으로 태어나서 근본적인 죄인이라 할지라도, 우리 안에 있는 '양심의 법'은 우리로 하여금 올바르게 살도록 우리를 일깨어주고 있습니다. 그리고 하나님의 경륜과 섭리 안에서 예수 그리스도의 이름을 듣게 하시는 하나님께서는 오늘도 사람이 하나님께 회개하고 돌아오기를 원하십니다.

모든 인류는 반드시 죽습니다!

나는 이런 생각을 해보았습니다.

> 죽은 자에게는 시간도 공간 개념도 없어진다.
> 따라서 죽은 자에게는 일천 년도 아무런 지루함이 없다.
> 죽는 순간, 눈을 감았다 다시 뜨고 나면 어느새 예수님의 재림을 알리는 부활 나팔 소리와 함께 부활의 새 몸으로 존재한다.

십자가에 달려 죽어가던 어떤 죄수의 간청을 들어주신 예수님께서 하신 말씀을 묵상해 보았습니다.

> 오늘 네가 나와 함께 낙원에 있으리라!

그 죄수의 죽는 순간부터 지금까지, 그리고 앞으로 예수님 다시 오실 때까지 지루한 흐름은 없을 것입니다. 왜냐하면 죽는 순간 다시 눈을 떠보니 어느새 예수님과 함께 낙원에 있을 것이기 때문입니다.

30

가죽 옷

이는 훗날 속죄의 상징으로 양과 염소의 피를 흘리는 율법과 그 율법의 완성이 되시는 예수 그리스도를 보여 줍니다.

> 아담이 그 아내를 하와라 이름하였으니 그는 모든 산 자의 어미가 됨이더라(창 3:20).
> (And Adam called his wife's name Eve; because she was the mother of all living).
> 여호와 하나님이 아담과 그 아내를 위하여 가죽옷을 지어 입히시니라(창 3:21).
> (Unto Adam also and to his wife did the LORD God make coats of skins, and clothed them).

첫 사람 아담의 아내 이름은 '하와'(이브)였습니다. 뱀과 하와와 아담을 심판하신 하나님께서는 아담과 하와를 위해 가죽옷을 만들어 입히셨습니다.

하나님의 창조 역사를 계속 이끌어 가시는 하나님의 절대적인 주권이자 의지입니다. 비록 죄로 타락한 인간들이지만 하나님께서는 그들에게 가죽옷을 만들어 입히셨습니다.

이는 훗날 '속죄의 상징'으로 양과 염소의 피를 흘리는 율법과 그 율법의 완성되신 예수 그리스도를 보여줍니다. 무화과나무 잎을 엮어 자신의 몸을 가리던 아담과 하와는 이제 하나님의 지으신 가죽옷을 입고 하나님께서 계신 에덴동산을 떠나야 했습니다.

그 후 그들은 가죽옷을 계속 만들어 그들과 그들의 자녀들에게 입혔을 것입니다. 그 가죽옷에 담겨 있는 하나님의 사랑의 약속을 계속해서 자녀들에게 유전했을 것입니다.

31

실낙원

하와는 스스로 결정을 내려 선악과를 따먹었지만, 이는 전적으로 사탄의 유혹 때문이었습니다.

여호와 하나님이 가라사대 보라 이 사람이 선악을 아는 일에 우리 중 하나 같이 되었으니 그가 그 손을 들어 생명나무 실과도 따먹고 영생할까 하노라 하시고(창 3:22).

(And the LORD God said, Behold, the man is become as one of us, to know good and evil: and now, lest he put forth his hand, and take also of the tree of life, and eat, and live for ever).

여호와 하나님이 에덴동산에서 그 사람을 내어 보내어 그의 근본된 토지를 갈게 하시니라(창 3:23).

(Therefore the LORD God sent himforth from the garden of Eden, to till the ground from whence he was taken).

이같이 하나님이 그 사람을 쫓아 내시고 에덴동산 동편에 그룹들과 두루 도는 화염검을 두어 생명나무의 길을 지키게 하시니라(창 3:24).

(So he drove out the man; and he placed at the east of the garden of Eden Cherubims, and a flaming sword which turned every way, to keep the way of the tree of life).

하나님께서는 아담과 하와를 에덴동산에서 내어 쫓아 버리셨습니다. 우리는 더 이상 에덴동산이 어디에 있었는지조차 모릅니다. 노아의 홍수 때 모두 소실되었을 것입니다. 더 이상 에덴의 생명 과실은 지구상에 존재하지 않습니다. 선악 과실을 따 먹은 아담과 하와가 선과 악을 모두 안 것은 아니었을 것입니다.

그들은 선과 악을 일부 알았지만, 악을 버리고 선만 취하기 어려웠습니다. 선과 악은 상징이 아닌 능력이기 때문입니다. 사람들은 점차 더더욱 악해 져 갔습니다. 아담과 하와는 에덴을 나와 땅을 갈며 살아야 했습니다. 그들은 언제나 그들이 살았던 에덴동산을 잊지 못할 것입니다. 그리고 그들이 내어 쫓김을 당한 이유도 잊지 못할 것입니다.

32

가인과 아벨

하나님께서는 아담과 하와에게서 난 자식들 중에서 가인이 아닌 아벨을 취하신 것입니다.

> 아담이 그 아내 하와와 동침하매 하와가 잉태하여 가인을 낳고 이르되 내가 여호와로 말미암아 득남하였다 하니라(창 4:1).
>
> (And Adam knew Eve his wife; and she conceived, and bare Cain, and said, I have gotten a man from the LORD).
>
> 그가 또 가인의 아우 아벨을 낳았는데 아벨은 양 치는 자이었고 가인은 농사하는 자이었더라(창 4:2).
>
> (And she again bare his brother Abel. And Abel was a keeper of sheep, but Cain was a tiller of the ground).

하나님께서 행하신 천지창조의 역사적 사실성을 의심하거나 믿어지지 않으시는 분들께 권합니다.

먼저 하나님께 "믿음을 달라"라고 기도하시기 바랍니다. 영생의 약속이 성경에 쓰여 있습니다. 오직 누구든지 그 영생에 합당한 자들 곧 창세 전에 예비 된 자들은 이 성경이 영생의 진리를 가진 구원의 말씀임을 깨달으실 것입니다.

아담과 하와는 에덴동산에서 쫓겨나 살게 되었습니다. 그들이 구체적으로 어디 살았는지 성경은 증거해주지 않습니다. 그것이 중요한 것이 아니기 때문이지 사실이 아니기 때문이 아닙니다. 그들은 땀을 흘려 땅을 경작하고 살게 되었으며, 얼마 후에는 첫아들을 낳았습니다. 그 이름을 가인이라 하였습니다.

그리고 계속해서 두 번째 아들을 낳았는데, 이번에는 아벨이라 불렀습니다. 분명 가인이 형 임에도 불구하고 성경은 이 두 아들의 살아가는 생업을 언급하되 아벨을 먼저 언급하여 아벨은 '양치는 자'였고, 가인은 '농사짓는 자였다'라고 합니다.

하나님께서는 창세기 시작부터 이 세상의 모든 우주 만물의 운행을 주관하시는 분이 하나님 자신임을 강조하고 있습니다. 그래서 불신자들이 거부하든 인정하지 않든 상관하지 아니하고 하나님께서는 자신의 주권에 의한 경륜과 섭리의 예정을 분명히 밝히 드러내십니다. 대부분의 불신자와 자유주의 신학의 목회자들은 예정론을 인정하지 않습니다.

하지만 우리 개혁주의, 복음주의 그리고 보수주의 신앙인들은 예정론이 가장 성경적인 교리임을 강조합니다. 예정론이 아니고는 성경의 대부분의 내용들이 설명되지 않습니다. 예정론은 존 칼빈(John Calvin, 1509-1564)이 창시한 것이 아닙니다. 예정론은 사도 바울이 지어낸 결론도 아닙니다. 예정론은 처음부터 성경을 기획하신 하나님께서 그 분의 계획과 목적에 따라 성경에 쓰이도록 하셨습니다.

하나님께서는 스스로 장래의 모든 일을 결정하십니다. 그에 대해 피조물인 사람이 창조주에게 아무 말로도 항의할 수 없는 것입니다. 이 세상 모든 만물이 만유의 주이신 하나님의 것이니까요. 하나님께서는 아담과 하와에게서 난 자녀 중에서 가인이 아닌 아벨을 취하신 것입니다. 아벨을 창세 전부터 구속하고자 하신 것입니다.

그에 비하면 가인은 처음부터 버림받은 사람이지요. 성경은 이를 부인하지 않습니다. 후일에 이스라엘 민족의 조상이었던 아브라함의 아들 이삭에게 두 아들이 거의 동시에 출생하였습니다. 그런데 먼저 난 첫 아들 에서는 버림을 받고 곧이어 태어난 둘째 아들 야곱이 택함을 받습니다.

기록된바 내가 야곱은 사랑하고 에서는 미워하였다 하심과 같으니라(롬 9:13).

(As it is written, Jacob have I loved, but Esau have I hated).

하나님께서는 야곱은 사랑하시고 에서는 미워하셨습니다. 아직 그들이 어미의 태 속에 있을 때 말입니다. 하나님을 형상화하고, 하나님은 사랑뿐만이라고 주장하는 자유주의 경향의 많은 목회자들의 말문이 바로 이 구절에서 막히는 것이지요. 그래서 그들은 이 구절이 쓰인 성경 자체의 신빙성을 문제 삼고 늘어지는 것입니다.

아벨은 양을 치는 목동이었고, 가인은 농사를 짓는 농부로 자랐습니다. 양을 치는 일과 농사를 짓는 일의 어느 것이 더 중요하고 덜 중요하고는 없습니다. 가인과 아벨은 아버지 아담과 마찬가지로 얼굴에 땀을 흘리며 일해야 했습니다.

33

제물

하나님께서는 아벨의 제사에 대해 '그의 믿음을 보시고 열납하신 것'입니다. 그러나 가인은 '믿음 없는 제사를 드렸던 것'입니다.

> 세월이 지난 후에 가인은 땅의 소산으로 제물을 삼아 여호와께 드렸고(창 4:3).
> (And in process of time it came to pass, that Cain brought of the fruit of the ground an offering unto the LORD).
> 아벨은 자기도 양의 첫 새끼와 그 기름으로 드렸더니 여호와께서 아벨과 그 제물은 열납하셨으나(창 4:4).
> (And Abel, he also brought of the firstlings of his flock and of the fat thereof. And the LORD had respect unto Abel and to his offering).
> 가인과 그 제물은 열납하지 아니하신지라 가인이 심히 분하여 안색이 변하니(창 4:5).
> (But unto Cain and to his offering he had not respect. And Cain was very wroth, and his countenance fell).
> 여호와께서 가인에게 이르시되 네가 분하여 함은 어찜이며 안색이 변함은 어찜이뇨(창 4:6).

(And the LORD said unto Cain, Why art thou wroth? and why is thy countenance fallen?).

네가 선을 행하면 어찌 낯을 들지 못하겠느냐 선을 행치 아니하면 죄가 문에 엎드리느니라 죄의 소원은 네게 있으나 너는 죄를 다스릴찌니라(창 4:7).

(If thou doest well, shalt thou not be accepted? and if thou doest not well, sin lieth at the door. And unto thee shall be his desire, and thou shalt rule over him).

가인과 아벨에 대해 얼마나 많은 시간이 지났는지 모르지만, 그리 길지 않은 시간이었을 겁니다.

그 두 사람은 각자 자기들이 열심히 일하여 생산한 땅의 소산과 육축의 첫 짐승을 제물로 하나님께 드렸습니다. 그들은 그들의 부모에 의해 저주받은 땅일지라도 자신이 열심히 일한 결과로 하나님께서 축복하시어 땅이 소산을 내고 가축에게 새끼가 낳는 것을 보았습니다. 비로소 그들은 '이 모든 일이 하나님께로부터 말미암았다'라고 생각했을 것입니다.

가인은 땅의 소산으로 제물을 드린 반면에, 아벨은 양의 첫 새끼와 기름으로 하나님께 제물을 드렸습니다. 그들의 생업이 다른 까닭에 제물도 달랐던 것입니다. 여기서 중요한 단어가 '양의 첫 새끼'입니다. 아벨은 양의 한 쌍을 가져다 키우고 시간이 흐르자, 새끼가 나오는 것을 보았습니다. 생명의 탄생을 본 셈이지요. 물론 아담과 하와도 가인과 아벨을 낳으면서 비슷한 느낌이 들었을 것입니다. 아벨은 첫 새끼를 기름과 함께 하나님께 제물로 드린 것입니다.

에덴동산을 쫓겨 나오는 아담과 하와에게 가죽옷을 만들어 입히신 것에는 하나님께서 계획하신 '인간 구속의 계획'이 담겨 있었습니다. 어쩌면 아담과 하와는 그것을 이해했을 것입니다. 그래서 그들의 아들 아벨은 부모님의 말씀을 전해 듣고 양으로 하나님께 제물을 드렸던 것입니다.

구약에서 하나님께서 정결한 짐승의 피로 사람의 죄를 속죄하는 번제의 의식을 가르치셨습니다. 이 의식을 모세 시대에, 광야에서 가르친 것만은 아닙니다. 아벨이 번제를 드렸고, 노아가 번제를 드렸고, 욥이 번제를 드렸고, 아브라함이 이삭을 번제로 드리려 했습니다. 멜기세덱과 같은 지극히 높으신 하나님을 경배하는 제사의 직분은 아담에서부터 시작된 것입니다.

하나님께서는 가인의 제물보다는 아벨의 제물을 열납하셨습니다. 신약의 히브리서 기자는 아벨이 드린 제물은 믿음이 담긴 제물이었다고 증거합니다. 하나님께서는 양의 첫 새끼를 제물로 드리면서 부모 아담과 하와에게서 비롯된 원죄를 이어받은 자신의 죄를 씻어 줄 하나님의 용서하심을 믿음으로 바랬던 아벨의 제물을 열납하신 것입니다. 하나님께서는 아벨의 제사를 그의 믿음을 보시고 열납하신 것입니다. 하지만 가인은 믿음 없는 제사를 드렸던 것입니다.

> 믿음으로 아벨은 가인보다 더 나은 제사를 하나님께 드림으로 의로운 자라 하시는 증거를 얻었으니 하나님이 그 예물에 대하여 증거하심이라 저가 죽었으나 그 믿음으로써 오히려 말하느니라(히 11:4).

교회를 출석하는 많은 성도의 무리 중에서 예배를 드리며 믿음으로 예배드리지 않는다면, 이는 마치 가인의 '믿음 없는 제사 드림'과 동일합니다. 하나님께서는 믿음 없는 예배를 받지 않으십니다. 아벨의 제사만 열납하시는 하나님에 대해 가인은 분해하고 안색이 변하였습니다.

가인은 그로 인해 하나님을 원망하고 동생 아벨을 미워하였습니다. 하나님 존전에 비록 가인은 숨을 고르며 참고 있었지만, 그의 심중은 악의와 적의가 가득 차 있었습니다. 그러자 하나님께서 가인에게 물으시고 말씀하십니다.

네가 선을 행하면 어찌 낯을 들지 못하겠느냐 선을 행치 아니하면 죄가 문에 엎드리느니라 죄의 소원은 네게 있으나 너는 죄를 다스릴찌니라(창 4:7).

여기서 우리는 몇 가지 하나님의 놀라운 경륜을 깨닫게 됩니다.

첫째, 하나님께서는 비록 가인의 영이 죽어버린 죄인이라 할지라도 가인과 대화하셨다는 사실입니다.

이는 하나님의 창조 경륜이 아담과 하와의 범죄로 끝나버린 것이 아님을 보여 줍니다. 하나님의 관심은 죄인의 회개입니다. 분명 가인은 하나님의 선택 받은 사람이 아니었음에도 불구하고 하나님께서는 그와 대화하며 그에게 죄를 짓지 말 것을 당부하시는 것입니다. 선택받지 않은 사람에게 하나님의 은혜가 전혀 없는 것이 아닙니다.

모든 것의 결국이 하나님의 섭리와 경륜으로 성취되지만, 하나님께서는 선택한 자에게나 선택받지 못한 자에게 차별 없는 일반 은혜를 베풀고 계십니다. 이것을 일반 은총이라고 정의하지요. 성경에 하나님께서 아벨과 대화를 나누셨다는 구절은 없습니다. 그런데 하나님께서는 버림받을 가인과 대화를 나누신 것입니다.

둘째, 하나님께서는 가인 안에 있는 양심의 법 곧 선으로 죄를 이기라고 하십니다.

이는 모든 인류에게 하시는 하나님의 말씀이자 통치입니다. 하나님을 모르는 자들이라 할지라도 하나님께서는 인간에게 있는 선한 양심을 가지고 살아가도록 인도하십니다. 사람이 하나님의 형상을 닮은 존재이기에 이것이 가능한 것입니다.

만약에 이러한 하나님의 통치 방식이 사람에게 통하지 않았다면 인류는 벌써 수 없는 전쟁으로 이미 모두 망하였을 것입니다. 하지만 역사마저도 하나님의 통치 아래에 있습니다.

셋째, 아담과 하와에게서 물려받은 원죄의 능력은 사람을 삼키고도 남습니다.

죄는 이미 사람에게 사망 선고를 내렸고 이에 부족하여 더욱 죄가 죄 되도록 사람의 마음을 유혹하고 흔들어 댑니다. 하지만 하나님께서는 사람이 죄를 다스리라고 명하십니다. 아담과 하와에게는 선악 과실을 따 먹지 말라는 개별적 명령이었다면 가인에게는, 아니 모든 인류에게는, 죄를 다스리라는 포괄적 명령을 명하셨습니다.

신약 시대에 예수님과 그의 제자들이 가인과 아벨의 이야기를 언급한 것은 그 창세기 시절의 사건이 역사적 사실이었기 때문이었습니다.

> 그러므로 의인 아벨의 피로부터 성전과 제단 사이에서 너희가 죽인 바라갸의 아들 사가랴의 피까지 땅 위에서 흘린 의로운 피가 다 너희에게 돌아 가리라(마 23:35).
>
> 새 언약의 중보이신 예수와 및 아벨의 피보다 더 낫게 말하는 뿌린 피니라(히 12:24).
>
> 가인 같이 하지 말라 저는 악한 자에게 속하여 그 아우를 죽였으니 어찌 연고로 죽였느뇨 자기의 행위는 악하고 그 아우의 행위는 의로움이니라(요일 3:12).

34

살인

살인은 또 살인을 낳듯이 계속되는 살인에 대한 하나님의 징계는 헤아릴 수 없이 중하다는 것을 가르쳐 줍니다

가인이 그 아우 아벨에게 고하니라 그 후 그들이 들에 있을 때에 가인이 그 아우 아벨을 쳐 죽이니라(창 4:8).

(And Cain talked with Abel his brother. and It came to pass, when they were in the field, that Cain rose up against Abel his brother, and slew him).

여호와께서 가인에게 이르시되 네 아우 아벨이 어디 있느냐 그가 가로되 내가 알지 못하나이다 내가 내 아우를 지키는 자니이까(창 4:9).

(And the LORD said unto Cain, Where is Abel thy brother? And he said, I know not: Am I my brother's keeper?).

가라사대 네가 무엇을 하였느냐 네 아우의 핏소리가 땅에서부터 내게 호소하느니라 (창 4:10).

(And he said, What hast thou done? the voice of thy brother's blood crieth unto me from the ground).

땅이 그 입을 벌려 네 손에서부터 네 아우의 피를 받았은즉 네가 땅에서 저주를 받으리니(창 4:11).

(And now art thou cursed from the earth, which hath opened her mouth to receive thy brother's blood from thy hand).

네가 밭 갈아도 땅이 다시는 그 효력을 네게 주지 아니할 것이요 너는 땅에서 피하며 유리하는 자가 되리라(창 4:12).

(When thou tillest the ground, it shall not henceforth yield unto thee her strength; a fugitive and a vagabond shalt thou be in the earth).

가인이 여호와께 고하되 내 죄벌이 너무 중하여 견딜 수 없나이다(창 4:13).

(And Cain said unto the LORD, My punishment is greater than I can bear).

주께서 오늘 이 지면에서 나를 쫓아 내시온즉 내가 주의 낯을 뵈옵지 못하리니 내가 땅에서 피하며 유리하는 자가 될찌라 무릇 나를 만나는 자가 나를 죽이겠나이다(창 4:14).

(Behold, thou hast driven me out this day from the face of the earth; and from thy face shall I be hid; and I shall be a fugitive and a vagabond in the earth; and it shall come to pass, that every one that findeth me shall slay me).

여호와께서 그에게 이르시되 그렇지 않다 가인을 죽이는 자는 벌을 칠배나 받으리라 하시고 가인에게 표를 주사 만나는 누구에게든지 죽임을 면케 하시니라(창 4:15).

(And the LORD said unto him, Therefore whosoever slayeth Cain, vengeance shall be taken on him sevenfold. And the LORD set a mark upon Cain, lest any finding him should kill him).

가인은 하나님의 훈계를 받고 잠시 자중하는 듯 하더니 끝내 그 마음을 절제하지 못하여 하나님의 명령을 어기고 그 동생 아벨을 죽였습니다. 사람이 사람을 죽여 피를 흘린 것입니다. 그리고 이를 다 보시고 아시는 하나님께서 가인에게 찾아와 물으셨습니다.

> 네 아우 아벨이 어디 있느냐?

이는 마치 아담과 하와가 처음으로 범죄한 뒤, 그들에게 날이 서늘할 때 아담의 이름을 부르시던 하나님의 연민을 생각나게 합니다.

가인은 하나님을 멸시하고 거짓말을 하였습니다. "자기가 아우를 지키는 자냐"고 항변까지 하였습니다. 하나님께서는 가인을 심판하셨습니다. 가인이 죽인 아우 아벨의 피가 땅에서 가인을 벌하여 달라고 신원하고 있으므로 해서 땅이 가인을 위해서는 더 이상 땅의 소산을 내어 주지 못하게 될 것이라고 심판하셨습니다. 이제 가인은 땅에서 유리하고 방황하는 신세로 전락하게 되었습니다. 이러한 가인을 가리켜 성경의 다른 데서는 이렇게 말하고 있습니다.

> 가인 같이 하지 말라 저는 악한 자에게 속하여 그 아우를 죽였으니 어찐 연고로 죽였느뇨 자기의 행위는 악하고 그 아우의 행위는 의로움이니라(요일 3:12).

> 화 있을찐저 이 사람들이여, 가인의 길에 행하였으며 삯을 위하여 발람의 어그러진 길로 몰려 갔으며 고라의 패역을 좇아 멸망을 받았도다(유 1:11).

가인의 길은 '악인의 길'이었습니다. 가인은 자신의 받는 벌이 중하다 하여 다른 사람에게서 죽임을 당하지 않기를 하나님께 간구하였고, 하나님께서는 그의 원대로 가인에게 표를 주사 누구에게든지 죽임을 면케 하셨습니다. 가인이 받은 표가 어떤 표인지 우리는 모릅니다. 왜냐하면, 성경이 가르쳐 주지 않으니까요. 하나님께서는 가인을 죽이는 자는 칠 배의 더 중한 벌을 받을 것이라고 하셨습니다.

 살인은 또 살인을 낳듯이 계속되는 살인에 대한 하나님의 징계는 헤아릴 수 없이 중하다는 것을 가르쳐 줍니다(창 4:24 참조). 그 이후로 가인은 또 다시 하나님을 만나지 못했을 것입니다.

 그는 후에 아담과 하와에게서 태어난 여자들을 취하여 아내를 삼아 자손을 번식시켰습니다. 가인은 동생 아벨을 죽인 인류의 첫 살인자가 되었습니다. 그 후로 인류는 수많은 살인과 전쟁을 치르면서 하나님의 공의와 정반대의 길을 가게 되었습니다.

 모세의 율법에 의하면 살인자는 그 살인의 방식과 동일한 방식으로 공개 처형되도록 쓰여 있습니다. 그런데 하나님께서는 가인을 죽도록 내버려 두지 아니하시고 그의 부모를 떠나 다른 곳으로 유리하고 방황하도록 하셨습니다. 모세의 율법 중에서 백성의 죄를 대속하는 염소를 잡아 제사장들이 안수하고 광야로 내어 쫓는 것을 볼 수 있습니다.

 그런데 여기서 가인은 자신의 죄에 대한 대속의 짐을 짊어져 하나님을 떠나는 입장이 아닙니다. 대속이란 다른 사람의 죄를 대신 담당하는 것을 말합니다. 하나님께서는 가인을 바로 죽이지 않으셨습니다. 이는 선악 과실을 따 먹은 아담과 하와를 바로 죽이지 않은 것과 같습니다. 그들은 남은 삶을 살면서 죄의 대가를 극히 일부 치러야 했던 것입니다. 나머지 죗값은 영원히 감당해야 합니다.

 둘째 아들이 죽임을 당하고, 아벨을 죽인 가인마저 하나님과 부모를 떠나 유리방황해야 하는 운명을 봐야 하는 아담과 하와의 심정은 찢어질 듯 하였을 것입니다. 그러면서 자신들이 저지른 죄의 대가가 얼마나 처참하도록 무서운 결과를 초래하였는지 알게 되었을 것입니다. 그들은 그들이 보고들은 모든 것을 자손들에게 가르쳐 전하였습니다.

그래서 그들의 자손들이 하나님을 올바르게 경배하기를 바랐을 것입니다. 그들의 바람대로 후일에 모세는 창세기를 비롯한 모세 오경을 저술하게 되었습니다. 창세기는 이렇게 우리에게 전파된 것입니다. 모세가 모세 오경을 쓰는 동안에 하나님께서는 그에게 영감으로 비춰주셨을 것입니다.

35

가인의 후예

성경은 인류의 문명이 상상외로 빠르게 진행되었음을 증거합니다.

가인이 여호와의 앞을 떠나 나가 에덴 동편 놋 땅에 거하였더니(창 4:16).
(And Cain went out from the presence of the LORD, and dwelt in the land of Nod, on the east of Eden).

아내와 동침하니 그가 잉태하여 에녹을 낳은지라 가인이 성을 쌓고 그 아들의 이름으로 성을 이름하여 에녹이라 하였더라(창 4:17).
(And Cain knew his wife; and she conceived, and bare Enoch: and he builded a city, and called the name of the city, after the name of his son, Enoch).

에녹이 이랏을 낳았고 이랏은 므후야엘을 낳았고 므후야엘은 므드사엘을 낳았고 므드사엘은 라멕을 낳았더라(창 4:18).
(And unto Enoch was born Irad: and Irad begat Mehujael: and Mehujael begat Methusael: and Methusael begat Lamech).

라멕이 두 아내를 취하였으니 하나의 이름은 아다요 하나의 이름은 씰라며(창 4:19).

(And Lamech took unto him two wives: the name of the one was Adah, and the name of the other Zillah).

아다는 야발을 낳았으니 그는 장막에 거하여 육축 치는 자의 조상이 되었고(창 4:20).

(And Adah bare Jabal: he was the father of such as dwell in tents, and of such as have cattle).

그 아우의 이름은 유발이니 그는 수금과 통소를 잡는 모든 자의 조상이 되었으며 (창 4:21).

(And his brother"s name was Jubal: he was the father of all such as handle the harp and organ).

씰라는 두발가인을 낳았으니 그는 동철로 각양 날카로운 기계를 만드는 자요 두발가인의 누이는 나아마이었더라(창 4:22).

(And Zillah, she also bare Tubalcain, an instructer of every artificer in brass and iron: and the sister of Tubalcain was Naamah).

라멕이 아내들에게 이르되 아다와 씰라어 내 소리를 들으라 라멕의 아내들이어 내 말을 들으라 나의 창상을 인하여 내가 사람을 죽였고 나의 상함을 인하여 소년을 죽였도다 (창 4:23).

(And Lamech said unto his wives, Adah and Zillah, Hear my voice; ye wives of Lamech, hearken unto my speech: for I have slain a man to my wounding, and a young man to my hurt).

가인을 위하여는 벌이 칠배일찐대 라멕을 위하여는 벌이 칠십 칠배이리로다 하였더라 (창 4:24).

(If Cain shall be avenged sevenfold, truly Lamech seventy and sevenfold).

하나님을 떠난 가인은 훗날 아내와 동침하여 자식을 낳고, 성을 쌓아 그 성에서 살았습니다. 그의 자손들은 번성하였고, 그중에는 장막에 거하여 육축 치는 자, 수금과 퉁소(harp and organ)를 잡는 자, 동철로 각양 날카로운 기계를 만드는 자(instructor of every artificer in brass and iron)들이 생겨났습니다.

인류의 문명이 점차 발달하게 된 것입니다. 하나님을 떠난 그들은 스스로 살아갈 방도와 궁리를 마련하고자 여러 다른 것들을 고안해 낸 것입니다. 성경은 이 구절들을 언급하면서 아담 이후의 자손들이 번식하고 땅에 흩어져 나가면서 인류 문명을 개척하는 모습을 매우 간략히 보여주고 있습니다.

사람이 기계를 만들 수 있는 생각을 가질 수 있었던 것은 사람이 원래 하나님의 형상을 닮아 지어졌기 때문입니다. 사람은 약해 보이면서도 강한 존재입니다. 그들은 홀로 살기보다는 모여 사는 것이 안전하다는 것을 배웠고, 가축을 치며 가죽을 만들어 옷도 지어 입고 장막도 지을 수 있었습니다.

그들은 불을 사용할 줄 알았고 여러 다른 금속으로 각양 날카로운 기계들을 만들 수 있게 되었습니다. 정말로 놀라운 이성적이며 논리적 존재가 사람들입니다. 먹고 입고 사는 데만 그치지 않고 그들은 수금을 만들고 퉁소를 만들어 소리를 내되 창조적인 소리를 내는 음악과 같은 예술도 발전시켰습니다.

그들은 함께 노래를 불렀을 것이고 함께 춤도 추었을 것입니다. 그들은 자연을 알았고 자연을 지배하고 정복하였습니다. 그들은 매우 빠른 속도로 번성하였습니다.

진화론을 주창하는 사람들은 인류의 문명이 초기에는 비교적 서서히 태동하며 발전하였을 것이라고 말합니다. 그러나 성경은 인류의 문명이 상상외로 빠르게 진행되었음을 증명합니다. 아담의 칠 대 손에 이르러서 인류는 벌써 장막을 치고 가축을 치고 수금과 퉁소를 만들고 동철로 각양 날카로운 기계를 만들 줄 알게 되었습니다.

비성경적 역사학자들이 상상하는 것보다 인류의 문명은 굉장히 빠른 속도로 진행되었습니다. 진화론적 성경관은 성경을 토대로 볼 때 전혀 사실이 아닙니다. 세상은 하나님의 말씀의 능력만으로 순식간에 창조되었습니다.

셋

하나님의 창조의 사실이 진정 믿어지는 성도들에게는 사람이 1000살을 사는 것도 믿어집니다.

아담이 다시 아내와 동침하매 그가 아들을 낳아 그 이름을 셋이라 하였으니 이는 하나님이 내게 가인의 죽인 아벨 대신에 다른 씨를 주셨다 함이며(창 4:25).

(And Adam knew his wife again; and she bare a son, and called his name Seth: For God, said she, hath appointed me another seed instead of Abel, whom Cain slew).

셋도 아들을 낳고 그 이름을 에노스라 하였으며 그 때에 사람들이 비로소 여호와의 이름을 불렀더라(창 4:26).

(And to Seth, to him also there was born a son; and he called his name Enos: then began men to call upon the name of the LORD).

아담 자손의 계보가 이러하니라 하나님이 사람을 창조하실 때에 하나님의 형상대로 지으시되(창 5:1).

(This is the book of the generations of Adam. In the day that God created man, in the likeness of God made he him).

남자와 여자를 창조하셨고 그들이 창조되던 날에 하나님이 그들에게 복을 주시고 그들의 이름을 사람이라 일컬으셨더라(창 5:2).

(Male and female created he them; and blessed them, and called their name Adam, in the day when they were created).

아담이 일백 삼십세에 자기 모양 곧 자기 형상과 같은 아들을 낳아 이름을 셋이라 하였고(창 5:3).

(And Adam lived an hundred and thirty years, and begat a son in his own likeness, and after his image; and called his name Seth).

아담이 셋을 낳은 후 팔백년을 지내며 자녀를 낳았으며(창 5:4).

(And the days of Adam after he had begotten Seth were eight hundred years: and he begat sons and daughters).

그가 구백 삼십세를 향수하고 죽었더라(창 5:5).

(And all the days that Adam lived were nine hundred and thirty years: and he died).

가인은 떠나고 아벨은 죽었습니다. 성경은 다시 한번 하나님께서 하나님의 형상대로 남자와 여자를 창조하셨음을 강조합니다(창 5:1). 가인과 아벨 이후로 많은 세월이 지난 후 아담이 일백삼십 세에 자기 모양 곧 자기 형상과 같은 아들을 또 낳았습니다. 그리고 그 아들의 이름을 셋이라 하였습니다. 그리고 셋을 낳은 후에도 팔백 년을 지내며 많은 자녀를 낳았습니다.

그리고 아담이 구백삼십 세가 되던 해에 그는 죽어 하나님의 말씀대로 흙으로 돌아갔습니다. 아담과 하와는 많은 자녀를 낳았습니다. 그들은 빠른 속도로 번식하고 번성하였습니다.

그들은 아담에게서 들은 하나님의 이름을 부르며 하나님을 그들의 자손들에게 가르쳤습니다. 많은 진화론적 목회자는 창세기 5장의 이름들을 부족장의 이름들이라 하면서 사람이 그토록 오래 살 수 없으니 부족 국가의 이름들이 바뀌어 간 것이라고 주장합니다.

그들은 항상 성경의 창조론을 부인하는 무리들입니다. 하나님의 창조 사실이 진정 믿어지는 성도들에게는 사람이 천 살을 사는 것도 믿어집니다. 진화론자들이 믿지 못하는 것이지요. 하나님께서 그토록 오래 살게 하시면 사람은 무한정 오래 살 수 있었습니다. 나중에 하나님께서는 사람의 연한을 백이십 세로 줄이셨지요. 인간의 수명은 원래 천 살이었는데 백이십 살로 줄어든 것입니다.

또한, 어떤 도덕주의자들은 아담이 낳은 자녀들끼리 혼잡하게 동침하여 자손이 늘어났다고 불평합니다. 초기에 그들은 생육하고 번식하기 위해 자녀들끼리 동침하였던 것입니다. 이에 대해 하나님께서는 다른 말씀을 하지 않으셨습니다. 그들의 초기 생육과 번식의 과정을 인정하신 것입니다. 가인은 아담이 낳은 딸들 중에서 아내를 취하였습니다.

사람들이 장수하면서 많은 자녀를 낳을 수 있으리만치 사람들은 강하게 번성하기 시작하였습니다. 그들에게 늙음과 아픔과 죽음이 찾아오고 세월의 무상한 흐름이 덧없어 보였지만 그들은 세상에 더욱더 번성하였습니다.

37

에녹

예수 그리스도의 대속의 역사는 아담 이후의 모든 인류에게 동일하게 적용되는 것입니다.

셋은 일백 오세에 에노스를 낳았고(창 5:6).

(And Seth lived an hundred and five years, and begat Enos).

에노스를 낳은 후 팔백 칠년을 지내며 자녀를 낳았으며(창 5:7).

(And Seth lived after he begat Enos eight hundred and seven years, and begat sons and daughters).

그가 구백 십 이세를 향수하고 죽었더라(창 5:8).

(And all the days of Seth were nine hundred and twelve years: and he died).

에노스는 구십세에 게난을 낳았고(창 5:9).

(And Enos lived ninety years, and begat Cainan).

게난을 낳은 후 팔백 십 오년을 지내며 자녀를 낳았으며(창 5:10).

(And Enos lived after he begat Cainan eight hundred and fifteen years, and begat sons and daughters).

그가 구백 오세를 향수하고 죽었더라(창 5:11).

(And all the days of Enos were nine hundred and five years: and he died).

게난은 칠십세에 마할랄렐을 낳았고(창 5:12).

(And Cainan lived seventy years and begat Mahalaleel).

마할랄렐을 낳은 후 팔백 사십년을 지내며 자녀를 낳았으며(창 5:13).

(And Cainan lived after he begat Mahalaleel eight hundred and forty years, and begat sons and daughters).

그가 구백 십세를 향수하고 죽었더라(창 5:14).

(And all the days of Cainan were nine hundred and ten years: and he died).

마할랄렐은 육십 오세에 야렛을 낳았고(창 5:15).

(And Mahalaleel lived sixty and five years, and begat Jared:).

야렛을 낳은 후 팔백 삼십년을 지내며 자녀를 낳았으며(창 5:16).

(And Mahalaleel lived after he begat Jared eight hundred and thirty years, and begat sons and daughters:).

그가 팔백 구십 오세를 향수하고 죽었더라(창 5:17).

(And all the days of Mahalaleel were eight hundred ninety and five years: and he died).

야렛은 일백 육십 이세에 에녹을 낳았고(창 5:18)

(And Jared lived an hundred sixty and two years, and he begat Enoch:)

에녹을 낳은 후 팔백년을 지내며 자녀를 낳았으며(창 5:19)

(And Jared lived after he begat Enoch eight hundred years, and begat sons and daugh-ters:)

그가 구백 육십 이세를 향수하고 죽었더라(창 5:20).

(And all the days of Jared were nine hundred sixty and two years: and he died).

에녹은 육십 오세에 므두셀라를 낳았고(창 5:21)

(And Enoch lived sixty and five years, and begat Methuselah:).

므두셀라를 낳은 후 삼백년을 하나님과 동행하며 자녀를 낳았으며(창 5:22).

(And Enoch walked with God after he begat Methuselah three hundred years, and begat sons and daughters).

그가 삼백 육십 오세를 향수하였더라(창 5:23).

(And all the days of Enoch were three hundred sixty and five years).

에녹이 하나님과 동행하더니 하나님이 그를 데려 가시므로 세상에 있지 아니하였더라 (창 5:24).

(And Enoch walked with God: and he was not; for God took him).

므두셀라는 일백 팔십 칠세에 라멕을 낳았고(창 5:25).

(And Methuselah lived an hundred eighty and seven years, and begat Lamech).

라멕을 낳은 후 칠백 팔십 이년을 지내며 자녀를 낳았으며(창 5:26).

(And Methuselah lived after he begat Lamech seven hundred eighty and two years, and begat sons and daughters).

그는 구백 육십 구세를 향수하고 죽었더라(창 5:27).

(And all the days of Methuselah were nine hundred sixty and nine years: and he died).

라멕은 일백 팔십 이세에 아들을 낳고(창 5:28).

(And Lamech lived an hundred eighty and two years, and begat a son).

이름을 노아라 하여 가로되 여호와께서 땅을 저주하시므로 수고로이 일하는 우리를 이 아들이 안위하리라 하였더라(창 5:29).

(And he called his name Noah, saying, This same shall comfort us concerning our work and toil of our hands, because of the ground which the LORD hath cursed).

라멕이 노아를 낳은 후 오백 구십 오년을 지내며 자녀를 낳았으며(창 5:30).

(And Lamech lived after he begat Noah five hundred ninety and five years, and begat sons and daughters).

그는 칠백 칠십 칠세를 향수하고 죽었더라(창 5:31).

(And all the days of Lamech were seven hundred seventy and seven years: and he died).

노아가 오백세 된 후에 셈과 함과 야벳을 낳았더라(창 5:32).

(And Noah was five hundred years old: and Noah begat Shem, Ham, and Japheth).

아담의 아들 셋 이후로 많은 인류가 태어났습니다. 우리는 여기서 특히 아담의 6대손 에녹에 대해 살펴보고자 합니다.

에녹은 육십오 세에 므두셀라를 낳았고, 므드셀라를 낳은 후 삼백 년을 하나님과 동행하며 자녀를 낳았으며, 그는 삼백육십오 세를 향수하였습니다. 에녹은 그 당시 다른 사람들에 비해 수명이 길지 않았습니다.

그런데 중요한 것은 "에녹이 하나님과 동행하더니 하나님이 그를 데려가시므로 세상에 있지 아니하였더라"(창 5:24)라는 성경의 증거입니다. 이와 관련해 몇천 년이 지난 후에 사도 바울은 히브리서에서 이렇게 말하고 있습니다.

믿음으로 에녹은 죽음을 보지 않고 옮기웠으니 하나님이 저를 옮기심으로 다시 보이지 아니하니라 저는 옮기우기 전에 하나님을 기쁘시게 하는 자라 하는 증거를 받았느니라 믿음이 없이는 기쁘시게 못하나니 하나님께 나아가는 자는 반드시 그가 계신 것과 또한 그가 자기를 찾는 자들에게 상 주시는 이심을 믿어야 할찌니라(히 11:5-6).

성경은 에녹이 부족 국가의 국가명이거나 족장 체제의 족장 이름이라고 하지 않습니다. 에녹은 일개 사람이었고, "삼백육십오 세를 향수하였다"라고 증거합니다.

더 이상 성경을 부인하는 진화론자들의 주장에 속아서는 안 됩니다. 에녹이 하나님과 동행했다는 성경의 증거를 받고 있습니다. 이것을 사도 바울은 에녹이 하나님께 믿음을 가진 것으로 해석했으며, 그 믿음으로 인해 하나님께서 기뻐하셨다고 합니다. 그 결과, 에녹은 사람의 아들이었지만 "죽음을 보지 않고 옮기었다"라고 증거합니다.

성경에서 처음으로 하나님께서 사람의 믿음으로 인해 기뻐하심을 보여줍니다. 하나님께서는 사람의 외모보다 그 사람 안에 있는 믿음을 바라보고 계십니다.

성경에서 죽음을 보지 않은 또 다른 사람으로 '엘리야'가 있습니다. 엘리야는 제자 엘리사가 보는 앞에서 불병거를 타고 승천했다고 합니다. 사람들은 엘리야의 시신이 어디 있는지 찾을 수 없었습니다. 모세는 요단강을 건너지 못하고 산에서 죽었습니다. 그런데 "아무도 어디에 모세가 묻혔는지 모른다"라고 기록되어 있습니다.

우리는 사람의 모습으로 이 세상에 태어났던 인류들 중에서 오직 예수 그리스도만이 첫 부활의 열매임을 믿습니다.

그렇다면 에녹과 엘리야의 경우는 무엇을 의미할까요?

아담의 후예인 사람은 누구나 죽어야 합니다. '죽음'이란 몸과 혼(마음)의 사망이며, 이를 성경에선 "잠잔다"고 비유합니다.

아담의 범죄로 말미암아 죽었던 영은 하나님의 은혜로 중생을 거쳐 다시 살아납니다. 중생한 영은 비록 몸은 죽었어도 하나님과 항상(영원히) 함께하는 것입니다. 에녹과 엘리야, 노아와 아브라함 등등 구약에 나타난 하나님의 성도들은 예수님보다 훨씬 전에 태어났지만, 보이지 않는 하나님에 대한 믿음으로 인해 예수 그리스도의 피의 공로로 구원을 받은 것입니다.

예수 그리스도의 대속의 역사는 아담 이후의 모든 인류에게 동일하게 적용되는 것이지요. 중생하지 못한 자들, 창세 전부터 버림받은 자들은 영이 죽어 있기에 그들은 하나님의 진리를 알 수조차 없습니다. 그들을 가리켜 예수님은 그들이 예수님을 믿지 않는 고로 이미 심판받았다고 증거하셨습니다. 아담의 9대손 노아는 나이 오백 세가 된 후에 셈과 함과 야벳을 낳았습니다.

38

사람의 연한 백이십 세 (그들의 날은 일백이 십년이 되리라)

사람들이 아무리 완벽한 지구 환경을 조성한다고 할지라도 사람의 수명은 백이십 세 전후로 제한된 것입니다.

사람이(hā·'ā·ḏām, הָאָדָם) 땅 위에 번성하기 시작할 때에 그들에게서 딸들이(ū·ḇā·nō·wṯ וּבָנוֹת) 나니(창 6:1).
(And It came to pass, when men(hā·'ā·ḏām, הָאָדָם) began to multiply on the face of the earth, and daughters(ū·ḇā·nō·wṯ וּבָנוֹת) were born unto them).

하나님의(hā·'ĕ·lō·hîm הָאֱלֹהִים) 아들들이(ḇə·nê- בְנֵי-) 사람의(hā·'ā·ḏām, הָאָדָם) 딸들의(ḇə·nō·wṯ בְּנוֹת) 아름다움을 보고 자기들의 좋아하는 모든 자로 아내를 삼는지라(창 6:2).
(That the sons(ḇə·nê- בְנֵי-) of God(hā·'ĕ·lō·hîm הָאֱלֹהִים) saw the daughters(ḇə·nō·wṯ בְּנוֹת) of men(hā·'ā·ḏām, הָאָדָם) that they were fair; and they took them wives of all which they chose)

여호와께서 가라사대 나의 신이(rū·ḥî רוּחִי) 영원히 사람과(bā·'ā·ḏām בָּאָדָם) 함께 하지 아니하리니 이는 그들이 육체가(bā·śār, בָשָׂר) 됨이라 그러나 그들의 날은 일백 이십 년이 되리라 하시니라(창 6:3).

(And the LORD said, My spirit(rū·ḥî רוּחִי) shall not always strive with man(bā·'ā·ḏām הָאָדָם), for that he also is flesh(bā·śār; בָשָׂר): yet his days shall be an hundred and twenty years).

당시에 땅에 네피림이 있었고 그 후에도 하나님의(hā·'ĕ·lō·hîm הָאֱלֹהִים) 아들들이(bə·nê בְּנֵי) 사람의(hā·'ā·ḏām, הָאָדָם) 딸들을(bə·nō·wṯ בְּנוֹת) 취하여 자식을 낳았으니 그들이 용사라 고대에 유명한 사람('an·šê אַנְשֵׁי)이었더라(창 6:4).

(There were giants in the earth in those days; and also after that, when the sons(bə·nê בְּנֵי) of God(hā·'ĕ·lō·hîm הָאֱלֹהִים) came in unto the daughters(bə·nō·wṯ בְּנוֹת) of men(hā·'ā·ḏām, הָאָדָם), and they bare children to them, the same became mighty men which were of old, men('an·šê אַנְשֵׁי) of renown).

주의 눈이 육신의(bā·śār; בָשָׂר) 눈이니이까 주께서 사람의 보는 것처럼 보시리이까 (욥 10:4).

(Hast thou eyes of flesh(bā·śār; בָשָׂר)? or seest thou as man seeth?).

내가 하나님을 의지하고 그 말씀을 찬송하올찌라 내가 하나님을 의지하였은즉 두려워 아니하리니 혈육 있는 사람이(bā·śār; בָשָׂר) 내게 어찌하리이까(시 56:4).

(In God I will praise his word, in God I have put my trust; I will not fear what flesh(bā·śār; בָשָׂר) can do unto me).

저희는 육체뿐이라(bā·śār; בָשָׂר) 가고 다시 오지 못하는 바람임을 기억하셨음이로다 (시 78:39).

(For he remembered that they were but flesh(bā·śār; בָשָׂר); a wind that passeth away, and cometh not again).

창세기 6:1-4의 키워드는 3절의 '육체'(bā·śār; בָּשָׂר)입니다. 하나님의 (hā·'ĕ·lō·hîm הָאֱלֹהִים) 아들들(bə·nê בְּנֵי)은 육체(flesh)를 가진 사람입니다. 육체란 고깃덩어리에 불과하다는 것입니다.

"하나님의 아들들이 사람의 딸들을 취하여 자식을 낳았다"라는 말은 '하나님을 경외하는 남자들이 하나님을 경외하지 않는 여자들을 아내로 맞이했다'라는 뜻입니다. 그들에 의해 태어나는 자식들은 하나님을 경외하지 않게 되었고, 그 결과 세상은 암담할 정도로 악해져 갔습니다.

솔로몬왕과 암몬 여인 나아마 사이에서 태어난 르호보암은 왕이 된 후에, 나라를 분열시키고, 악을 행한 왕으로 기록되었습니다(대하 12:14). 오므리의 손녀이자, 아합의 딸인 아달랴를 아내로 맞이한 여호람왕은 하나님 보시기에 악을 행하였을 뿐만 아니라, 그의 자식 아하시야왕도 악을 행하는 왕으로 기록되었습니다 (대하 21:6, 22:3)

아담의 9대손 노아 시대에 벌써 지구는 사람들로 번성했습니다. 노아의 홍수가 있기 전에는 사람들의 수명이 지금보다 훨씬 길었습니다. 사람들은 먹고 입고 잘 수 있는 최소한의 의식주 문제 외에도 수많은 문명의 이기와 기술을 터득하고 고안하고 창조하였습니다. 그리고 그들은 악기도 다룰 줄 알았습니다.

창세기 6:1-2은 '사람들의 성적 타락'을 나타냅니다. 사람들이 번성할수록 사람들은 더욱더 하나님으로부터 멀어져 갔습니다. 사람들 중에는 당대의 "용사"라고 불릴 만큼 키가 크고 기골이 장대한 거인 같은 사람들도 태어났습니다. 그들은 서로 싸우며 죽이기도 하였습니다.

그러한 거인들의 후예로서 나중에 다윗왕이 무너뜨린 골리앗과 같은 사람도 있었지요. 다윗왕 시대에 다윗의 부하들이 거인들의 후예들을 모두

처치하였지요. 천하장사 삼손의 이야기를 아실 것입니다. 하나님의 아들 중에는 힘으로 당하기 어려운 용사들이 많았습니다.

그러나 삼손이 이방 여인 데릴라를 사모한 것처럼 하나님의 아들들이 지나치게 여자의 아름다움에 빠져 자만해 버리기도 했지요. 하나님으로부터 멀어져 가는 사람들의 수명을 하나님께서는 크게 단축시키셨습니다.

사람들은 하나님을 이해하지 못했고, 오히려 그들의 육체를 더욱 의지하게 되었습니다. 세상은 더욱더 악해져 갔습니다. 그렇다고 모든 사람이 악한 것만은 아니었습니다. 그들 중에는 하나님을 찾는 소수의 무리도 있었습니다.

하나님께서 사람의 연한을 백이십 세로 낮추신 이유는 사람들이 오래 살면서도 하나님에게서 멀어진 까닭입니다. 천 년 가까이 살았던 사람들의 수명이 크게 단축되었습니다. 진화론적 기독교인들은 노아의 홍수가 있기 전에는 지구 둘레로 거대한 물 층이 있어서 지구가 우주 밖의 자외선을 비롯한 각종 우주선을 차단했기 때문에 인간이 그토록 오래 살 수 있었다고 주장합니다.

아닙니다. 사람의 명은 하나님께서 결정하시는 것이었기 때문이었습니다. 사람들이 아무리 완벽한 지구 환경을 조성한다 할지라도 사람의 수명은 백이십 세 전후로 제한된 것입니다.

39

하나님의 한탄과 근심

그러나 노아는 여호와께 은혜를 입었더라!

여호와께서 사람의 죄악이 세상에 관영함과 그 마음의 생각의 모든 계획이 항상 악할 뿐임을 보시고(창 6:5).
(And God saw that the wickedness of man was great in the earth, and that every imagination of the thoughts of his heart was only evil continually).
땅위에 사람 지으셨음을 한탄하사 마음에 근심하시고(창 6:6).
(And it repented the LORD that he had made man on the earth, and it grieved him at his heart).
가라사대 나의 창조한 사람을 내가 지면에서 쓸어 버리되 사람으로부터 육축과 기는 것과 공중의 새까지 그리하리니 이는 내가 그것을 지었음을 한탄함이니라 하시니라(창 6:7).
(And the LORD said, I will destroy man whom I have created from the face of the earth; both man, and beast, and the creeping thing, and the fowls of the air; for it repenteth me that I have made them).

> 그러나 노아는 여호와께 은혜를 입었더라 (창 6:8).
> (But Noah found grace in the eyes of the LORD).

　창세기 6:5는 세상 사람들의 '참 내면 모습'을 보여줍니다. 사람의 죄악이 세상에 관영하고, 그 마음의 생각과 모든 계획이 항상 악할 뿐입니다. "의인은 없나니 하나도 없음"을 하나님께서는 알고 계셨습니다. 땅 위에 사람을 창조하신 분께서는 하나님이셨습니다.

　하나님께서는 사람의 죄악이 관영함으로 인해 사람 창조 자체를 한탄하시고 근심하셨습니다. 이는 '하나님께서 후회하신다'라는 뜻이 아닙니다. '하나님께서 죄 자체에 한탄하시는 것'입니다. 하나님께서는 죄를 미워하십니다. 그래서 하나님의 경륜의 때가 왔을 때, 창세 전에 계획(예정)하신 대로 지구를 심판하셨습니다.

　호흡이 있어 지구상에서 숨을 쉬는 모든 생물을 사람들과 함께 지면에서 쓸어버리시기로 하신 것입니다. 전 인류에 대한 하나님의 장엄한 심판이었습니다. 모든 인류가 순식간에 홍수로 죽게 된 것입니다.

　그러나 오직 노아의 가족만이 예외였습니다. 그 수많은 사람 중에서 오직 노아와 그의 가족만이 구원받도록 하나님께서는 예정하신 것입니다. 예정론이 없이 성경은 전혀 설명이 되지 않습니다. 가인이 아닌 아벨의 제사만을 하나님께서 열납하셨습니다. 하나님을 믿음으로 말미암아 하나님을 기쁘게 하던 노아만이 죽음의 홍수로부터 옮기어졌습니다. 수많은 사람 중에서 오직 노아와 그의 가족만이 구원을 받았습니다.

　이러한 일련의 말씀들은 하나님께서 이 세상을 그분의 뜻대로 이끌어가심을 보여줍니다. 노아는 상상하기 어려운 홍수를 피해 방주를 타고 살아

남았습니다. 그리고 다시 그의 자녀들에 의해 자손을 번식시켰습니다. 그 자녀 중에서도 기골이 장대한 거인들이 태어났습니다. 세상은 또 다시 악해져 갔습니다.

노아가 아무리 당대의 의인이었다 할지라도 아담에게서 유전 받은 원죄는 죽음으로만이 씻겨질 수 있었습니다. 노아의 세 자식으로부터 다시 인류는 여러 인종으로 나뉘었습니다.

그들은 사람들의 단결된 힘만으로 살기 위해 바벨탑을 쌓다가 하나님의 벌을 받아 언어가 나뉘기도 하였습니다. 많은 민족과 나라가 세워졌습니다. 그들은 또다시 급속도로 번식하고 번성하였습니다. 하나님께서는 이제 이 세상을 마지막으로 심판하실 것을 예언하셨습니다. 이 심판은 세상의 종말을 의미합니다.

이 종말의 심판이 오기 전에, 인류 중에서 하나님의 은혜로 구원하시고자 하신 사람들을 부르십니다. 그리고 부르신 그들을 하나님 앞에 흠 없이 기록된 자들로 세우시기 위해 예수 그리스도를 십자가에서 대속의 희생제물로 바치셨습니다. 노아의 방주는 예수님의 십자가를 상징합니다. 하나님의 진리의 음성을 들으시거든 속히 예비 된 구원의 방주로 오시기를 바랍니다.

40

노아의 방주

노아의 홍수 이후 아브라함 때까지.

인류의 시작과 함께 가장 오랜 인류 역사를 기록한 책은 '성경'입니다. 성경의 창세기는 하나님의 계시를 받아 모세가 출애굽 후 (B.C. 1446) 사십 년에 걸쳐 기록하였고, 사본(서판, Tablets)으로 전수되며 오랫동안 구전되다가 예레미야 시대에 정리된 것으로 알려집니다.

창세기에 의하면, 인류 역사의 단절이 발생하는 큰 재앙이 지구에 발생하게 되는데 노아 시대의 대홍수로 알려집니다.

따라서 인류의 역사는 대홍수 이전과 이후로 크게 나뉠 수 있습니다. 창세기 4-5장은 대홍수 이전의 역사를 알려주는 기록인데, 인류의 역사를 구석기와 신석기라는 선사 시대에서 청동기, 철기라는 역사 시대로 나누는 현대의 역사 개념과는 많은 차이를 보여줍니다.

첫째, 사람의 수명이 지금보다 훨씬 길었다는 차이입니다(창 5장).

그 당시에도 지구는 태양을 중심으로 365일 공전을 하였고, 24시간 자전을 하였으며, 지구를 중심으로 달이 30일 공전을 하는 등 중력으로 인해 바다에는 밀물과 썰물이 있었고, 비와 바람이 그치질 않았습니다. 지구의 자연환경은 지금과 크게 다르지 않았으며, 에덴동산에서 쫓겨난 이후로 인류는 토지를 갈아 종신토록 수고하며 땀을 흘려야 했습니다.

> 여호와 하나님이 에덴동산에서 그 사람을 내어 보내어 그의 근본된 토지를 갈게 하시니라(창 3:23).

"사람의 수명이 길었다"라는 사실은 인류의 문명이 태동하는 데는 오랜 시일이 걸릴 필요가 없었음을 암시합니다. 첫 인류 아담과 하와의 첫아들인 가인은 에덴 동편 놋(Nod) 땅에 거하면서 성을 쌓았습니다(창 4:16). 가인이 쌓은 성의 규모는 알 수도 없고, 지금까지 존재하지도 않지만, 성을 쌓기까지 많은 세월을 살 수 있었기에 인류 초기의 적은 인구로도 성을 쌓는 것이 가능 하였으리라 짐작합니다.

육축과 농사뿐만 아니라 장막을 치고 수금과 통소로 음악을 즐겼던 시대는 의외로 매우 빠르게 도래하였으며, 인류의 문명은 아담 이후로 한편으론 가인(2대), 에녹(3대), 이랏(4대), 므후야엘(5대), 므드셀라(6대), 라멕(7대), 야발(8대), 유발(8대), 씰라(8대), 두발가인(9대)까지 9대에 이르러 벌써 동철로 각양 날카로운 기계를 만들 줄 알게 될 만큼 급속도로 성장하였습니다 (창 4:21-22).

이러한 문명의 확산은 사람의 수명이 길었기에 가능했습니다. 아담 이후로 다른 한편으로는 셋(2대), 에노스(3대), 게난(4대), 마할랄렐(5대), 야렛(6대), 에녹(7대), 므두셀라(8대), 라멕(9대), 노아(10대) 로 계보를 이어갔습니다. 아담 이후 노아까지 10세대 만에 지구는 대홍수로 하나님의 심판을 받습니다.

둘째, 대홍수(B.C. 2329년) 이전의 역사는 불과 1656년에 지나지 않는다는 차이입니다.

1656년 동안 아담에서 노아까지 불과 열 세대에 지나지 않았습니다. 대홍수로 인해 지구상의 모든 인류와 문명은 노아와 그의 처, 그리고 그의 세 아들 셈, 함, 야벳과 세 자부, 이렇게 여덟 명을 제외하고는 모두 멸종하였습니다. 대홍수는 노아가 육백 세 되던 해 2월 17일에 발생하였고, 노아 나이 육백일 세 2월 27일에야 땅이 말랐습니다(창 7:11, 8:13-14).

대홍수는 지구 전역에 걸쳐 발생하였으며, 천하에 높은 산이 다 물로 덮였으나(창 7:19), 대홍수가 대홍수 이전의 인류 역사 자취(유물)를 모두 사라지게 한 것은 아니었습니다. 예를 들어, 돌이나 점토에 새긴 설형(그림) 문자와 같은 메소포타미아 유역의 고대 유적 발굴은 일 년에 걸친 대홍수 속에서도 보존된 대홍수 이전의 역사를 암시합니다.

이집트의 고 왕국(Old Kingdom, 1-10왕조)은 대홍수 이전에 B.C. 3150부터 그러니까 창조 후 835년이 지나면서 나일강 유역에서 발흥하여 흥왕하였습니다. 대홍수 나기 193년 전에(B.C. 2522) 이집트에는 계단식의 거대한 피라미드(지구라트)가 세워졌고, 대홍수 이전에도 고대의 유명한 용사들이 있었으나 세상을 창조하신 하나님의 보시기에 패괴(悖壞)하고 강포(强暴)가 세상에 가득 찼었습니다.

노아는 137미터 길이, 23미터 너비, 14미터 높이의 방주를 잣나무로 거의 백 년에 걸쳐 하나님의 지시에 따라 지었습니다(창 6:15). 이 정도 규모의 배를 노아가 지을 수 있었던 원동력은 그에게 약 백 년이란 세월의 시간이 가능했기 때문입니다.

 노아는 500세 이후부터 600세까지 100년도 채 안 되는 시기에 걸쳐 방주를 지었습니다. 노아는 대홍수 이전까지 살았던 무두셀라 친할아버지로부터 아담의 이야기를 들을 수 있었을 것입니다. 왜냐하면, 무두셀라는 생후 243년 동안 그 당시 생존하였던 아담과 동시대를 살았고, 대홍수가 발생하던 해까지 686년을 더 살면서 노아와 동시대를 살았기 때문입니다.

 노아는 대홍수 후에도 350년을 더 살면서 동시대에 살았던 아브라함에게까지 아담을 비롯해서 하나님의 천지창조와 대홍수의 이야기를 전했을 것입니다. 노아가 죽던 해에 아브라함의 나이는 58세였습니다. 즉, 하나님의 천지창조 역사는 아담에서 므두셀라, 그리고 노아와 아브라함에 이르기까지 불과 4인에 의해서도 충분히 전달될 수 있었습니다.

 어쩌면 인간의 수명이 길었던 과거에는 그들의 역사를 기록할 필요성을 가지지 않았을 수도 있습니다. 하지만 대홍수 이후로 인간의 수명이 점차 짧아지면서 인류는 다음 세대를 위해 역사를 기록할 필요성을 가지게 되었습니다.

 대홍수 이전의 인류 문명으로 유프라테스강과 티그리스강 유역의 수메르 문명, 나일강의 이집트 문명, 인더스강의 인도 문명, 중국의 황하 문명이 태동하여 번성하였을 충분한 시간(1656년)과 인력이 가능하였을 것입니다.

 그들도 의식주 문제를 해결하였고 음악과 예술을 즐겼으며 전쟁의 피비린내를 맛보았을 것입니다. 그들의 문명은 절대 저조하지 않았습니다. 그러나 성경은 대홍수로 그들 문명이 모두 지구에서 멸종하였음을 밝히고 있습니다. 하지만 고대 문명은 사라졌을지라도 그 유물의 자취는 대홍수 속에서도 여전히 건재할 수 있었습니다.

셋째, 대홍수 이전이나 이후나 인류의 구음과 언어가 하나였다는 차이입니다.

대홍수 이후에 노아의 세 아들(셈, 함, 야벳)과 세자부에 의해 인류는 매우 빠른 속도로 문명을 다시 일으킬 수 있었습니다. 셈의 아들 아르박삿으로부터 셀라-에벨-벨렉에 이르기까지 4대에 걸쳐 99년 동안 노아의 후예들은 메소포타미아 유역의 시날(Shinar) 평지에 함께 모여 살며 인류의 문명(아마도 수메르 문명을 주 문명으로)을 재태동시키면서 벽돌과 역청으로 하늘에 닿으리만큼 높은 성과 대(바벨탑)를 쌓기까지 이릅니다(창 11:1-9).

그때까지 인류의 언어는 하나였으며 문자는 설형(그림) 문자로 누구나 알기 쉽게 표기되었습니다. 하나님은 그들의 언어를 혼잡하게 하며, 인류를 지구상에서 흩으셨고, 인류는 다시 대홍수 이전처럼 땅의 열국 백성으로 나뉘었습니다

대홍수 이후 인류의 역사는 바벨탑 사건을 계기로 메소포타미아의 수메르 문명이 막을 내리면서 전 세계로 확산되기 시작했습니다. 대홍수 직후부터 바벨탑 사건까지의 99년 동안 노아의 후예는 과거의 수메르 문명을 재건하면서 새로운 역사를 창출하며 기록할 준비를 한 셈입니다.

현존하는 대부분의 고대 역사 유물들은 B.C. 2430년부터 B.C. 2329년까지의 대홍수 이후의 수메르 문명까지와 B.C. 2328년부터 제 각기 다른 열국 문명으로부터 유래된다고 할 수 있습니다.

이집트의 제12왕조 기간으로 알려진 중 왕국(Middle Kingdom)은 B.C. 2050년에 시작되어 B.C. 1650년에 마감됩니다.

아브람(아브라함)이 태어난 연도는 B.C. 2036년이며 그는 수메르 문명의 중심지였던 메소포타미아 남방 갈대아 우르에서 성장하였습니다. 아브라

함 당시 수메르 도시국가들은 이미 북방 악갓(Akkad) 족속에 의해 멸망하였다가, 다시 서방 아모리(Amorites)족속에 의해 지배받는 등 복잡한 국제정세가 형성된 시대였습니다. 같은 조상 노아의 후예라 할지라도 혼잡한 언어로 인해 달라진 족속들 간의 힘과 전쟁의 역사가 시작된 것입니다.

> 당시에 시날왕 아므라벨과 엘라살왕 아리옥과 엘람왕 그돌라오멜과 고임왕 디달이 소돔왕 베라와 고모라왕 비르사와 아드마왕 시납과 스보임왕 세메벨과 벨라 곧 소알왕과 싸우니라(창 14:1-2).

> 아브람이 그 조카의 사로잡혔음을 듣고 집에서 길리고 연습한 자 삼백 십 팔인을 거느리고 단까지 쫓아가서(창 14:14).

아브라함 당시에 전쟁에 소요되는 인적 규모는 지금과 달리 매우 적은 수로 이뤄졌으리라 심삭합니다. 수메르의 중심 도시 국가였던 우르의 당시 인구가 약 이만사천 명이었습니다.

그 당시의 문명의 규모를 현대적인 감각으로 짐작하면 안 됩니다. 대홍수 이후 노아의 후예가 다시 땅에 번성하면서 초기에는 유프라테스강과 티그리스강 유역의 시날 평지에 모여 살았습니다.

그들은 시날 평지에 여전히 남아있던 고대 문명의 잔재를 보게 되었고 그 문명의 의미를 되살릴 수 있었습니다.

왜냐하면, 그들은 고대인들과 다르지 않게 같은 하나의 언어(수메르어)만을 사용하였기 때문이었습니다. 설형 문자로 쓰인 유물의 글자를 그들은 쉽게 이해할 수 있었습니다. 그들은 곧 수메르 문명을 재건하게 되었고 아울러 고대의 종교와 신들도 부활시키며 섬기게 됩니다.

거대한 유물만 남겨진 성과 탑에 새겨진 과거의 유명한 용사들의 이름과 종족의 이름을 그들은 계속해서 전수하였습니다. 그러면서 남달리 신장이 컸던 일부 노아의 후예들은 스스로를 '아낙 족속'이라고 자칭하며 거인의 흉내를 내고 과거 대홍수 이전에 아낙 족속이 살던 성에 거처를 정하여 거주하게 되었으리라고 유추할 수 있습니다.

왜냐하면, 아낙 종족의 이야기가 훗날 여호수아 시대에 유다 지파 사람 갈렙이 그들을 쳐부쉈다고 성경이 기록하기 때문입니다(신 2:10, 수 15:14). 아낙 자손은 대홍수 이전에 살았던 네피림(창 6:4; 민 13:33)의 후손들인데, 대홍수에 모두 멸절되어 이 세상에 없어야 하는데 또다시 역사에 등장하게 된 연유입니다.

결론

창세기는 시작의 책입니다.

우주가 어떻게 생겨났는지, 인간의 목적이 무엇인지 이해하는 출발점이 되며, 그에 따른 이해의 기초가 됩니다. 이러한 이유로 올바르게 이해하는 것이 매우 중요합니다.

성경을 읽는 방법은 다양합니다.

첫째, 순전히 과학적 관점에서 읽는 것입니다.

이 경우 독자는 이미 믿고 있거나 배운 과학적 이론이 사실이라고 가정하고 이러한 선입견을 염두에 두고 읽는 것입니다.

이런 식으로 읽으면 자신의 전제를 확인하고 성경과 기독교 하나님의 설명을 부정하는 방법을 쉽게 찾을 수 있습니다.

둘째, 그런 전제 없이 열린 마음으로 성경을 읽는 것입니다.

여기에는 성경을 액면 그대로 받아들이고 우리의 길을 훨씬 능가하는 전능하신 하나님을 믿는 믿음이 포함됩니다.

이렇게 읽다 보면 전능하신 하나님이 성경 창세기 24시간 6일 만에 세상을 창조하셨고, 화석까지 만드셨다는 사실을 깨닫는 눈이 뜨이는 기적을 경험할 수 있습니다!

부록 A

성경의 고대 역사 연대표

주요인물/나라	시작연도 (누계연도)	종료 연도	기간	관련 성경 구절, 인용
아담	B.C. 3985 (0)	B.C. 055	930	창 5:3, 창 5:4, 창 5:5
셋	B.C. 855 (130)	B.C. 943	912	창 5:6, 창 5:7, 창 5:8, 창 4:16 석기 시대 (B.C. 985-B.C. 750) (235 년) 구석기, 신석기, 백석기
에노스	B.C. 750 (235)	B.C. 845	905	창 5:9, 창 5:10, 창 5:11, 창 4:26, 창 4:17 아라랏(Ararat) 왕국 사마라(Samarra) 문화 (B.C. 750-B.C. 660) 할라(Halaf) 문화 (B.C. 750-B.C. 660) (90 년) 텔할라프(Tell-Halaf/Habor) 유적지 집단 생활
가이난	B.C. 660 (325)	B.C. 750	910	창 5:12, 창 5:13, 창 5:14 하수나(Hassuna) 문화 (B.C. 660-B.C. 590) (70 년). 이라크 텔하수나(Tell Hassuna), 텔셈샤라(Tell Shemshara) 유적지 집단 생활
마할랄렐	B.C. 590 (395)	B.C. 695	895	창 5:15, 창 5:16, 창 5:17 우바이드(Ubaid) 문화: 에리두(Eridu) (바벨) 시대 (B.C. 590-B.C. 298) 텔 아부 샤레인(Tell Abu Shah-rayn) 유적지 문화 site (292 년)
야렛	B.C. 525 460)	B.C. 563	962	창 5:18, 창 5:19, 창 5:20
에녹	B.C. 363 (622)	B.C. 998	365	창 5:21, 창 5:22, 창 5:23, 창 5:24
므두셀라	B.C. 298 (687)	B.C. 329 (1656)	969	창 5:25, 창 5:26, 창 5:27, 창 6:1, 창 6:2 아담이 죽었을 때 므두셀라는 243세였습니다. 야발은 장막에 거하여 육축 치는 자의 조상이 되었고, 유발은 수금과 통소를 잡는 모든 자의 조상이 되었으며, 두발가인은 동철로 각양 날카로운 기계를 만드는 자요 하지 모하메드(Hajji Mohammed) 시대 (B.C. 298-B.C. 198) (100 년) 이집트 선사 시대 (이전 - B.C. 150)

라멕	B.C. 111 (874)	B.C. 334	777	창 5:28, 창 5:29, 창 5:30, 창 5:31 우루크(에렉)Uruk (Ereck) 시대 (B.C. 198-B.C. 100) (98 년) Enmerkar는 우루크(Uruk)를 세우고 420년 동안 통치한 고대 수메르 통치자였다 Enmerkar 통치는 Ad-gi4 리스트에서 볼 수 있는 Jemdet Nasr 시대(3100-2900 B.C.)로 거슬러 올라간다. (200 년) 고대 이집트 또는 초기 왕조 시대(c. B.C. 150 - c. B.C. 686) (464 년
노아	B.C. 929 (1056)	B.C. 979 (2006)	950	창 5:32, 창 7:10, 창 7:11, 창 7:12, 창 7:22, 창 7:23, 창 9:28, 창 9:29, 창 9:19, 창 6:7. 메소포타미아 초기 왕조 시대(ED) (B.C. 900-B.C. 350) (550 년) 고대 이집트 왕국(c. B.C. 686-c. B.C. 181) (505 년) 고대 피라미드 구조는 대홍수 이후에도 견디고 자취를 남기고 있다.
대홍수	B.C. 329 (1656)	B.C. 328	1	창 8:13, 창 8:14, 창 6:7, 창 9:4. 노아의 방주의 크기 (3 층, 길이 135m, 폭 22.5m, 높이 13.5m) 당시의 건설 기술이 얼마나 발전했는지를 보여준다.
셈	B.C. 426	B.C. 926	500	창 9:19, 창 11:10, 창 11:11. 대홍수에서 8명만 살아남았지만 그들의 수명은 씻겨나간 문명을 재건할 수 있을 만큼 길었다.
아르박삿	B.C. 326 (2)	B.C. 923	403	창 11:12, 창 11:13 고멜, 마곡, 마대, 야완, 두발, 메섹, 디라스, 구스(에디오피아), 미스라임(이집트), 붓, 가나안
셀라	B.C. 291 (37)	B.C. 888	403	창 11:14, 창 11:15, 창 10:8, 창 10:10-12 아스그나스, 디밧, 도갈마, 엘리사, 다시스, 깃딤, 도다님, 스바, 하윌라, 삽다, 라아마, 삽드가, 스바, 드단, 니므롯(Nimrod), 루딤, 아나밈, 르하빔, 납두힘, 바드루심, 가슬루힘 (블레셋 족속은 가슬루힘에게서 나왔으며), 갑도림, 시돈, 헷, 여부스 족속, 아모리 족속, 기르가스 족속, 히위 족속, 알가 족속, 신 족속, 아르왓 족속, 스말 족속, 하맛 족속
에벨	B.C. 261 (67)	B.C. 831	430	창 11:16, 창 11:17, 창 10:9, 창 11:9 홍수 후 60년 만에 니므롯은 장수한 수명과 노아 시대에 남아 있던 고대 문명을 이어갈 수 있는 능력으로 인해 메소포타미아에 신속하게 성과 국가를 건설할 수 있었다.
벨렉	B.C. 227 (101)	B.C. 018	209	창 11:18, 창 11:19, 창 11:1, 창 11:6, 창 11:7, 창 11:8, 창 11:9, 창 10:25, 창 11:2 니므롯이 메소포타미아의 도시들을 정복한 후, 아카드(Akkad)를 중심으로 한 아카드인들이 그가 없는 동안 메소포타미아를 하나씩 정복하고, 아카드 제국으로 발전한 것으로 보인다. 그러나 니므롯은 구스 땅에서 거의 400년 동안 그의 나라를 되찾으려 한 적이 없는 것으로 보인다.
르우	B.C. 197 (131)	B.C. 990	207	창 11:20, 창 11:21. 욕단의 아들들 (알모닷, 셀렙, 하살마웻, 예라, 하도람, 우살, 디글라, 오발, 아비마엘, 스바, 오빌, 하윌라, 요밥) 아카드 제국 사르곤 I (c.B.C. 220-c.B.C. 200) 이집트 제1중기 (c.B.C. 181 - c.B.C. 055) (126 년)

스룩	B.C. 165 (163)	B.C. 965	200	창 11:22, 창 11:23. Gutian 왕조, 또한 Kuti 또는 Kutians 왕조 B.C. 135—B.C. 055
나홀	B.C. 135 (193)	B.C. 016	119	창 11:24, 창 11:25, 창 14:1. 당시에 시날 왕 아므라벨과 엘라살 왕 아리옥과 엘람 왕 그돌라오멜과 고임 왕 디달
데라	B.C. 106 (222)	B.C. 901	205	창 11:26, 창 11:27, 창 11:32, 창 11:14 메소포타미아의 네 왕이 가나안을 침략했을 때 아브라함은 318명의 신하로 그들을 물리칠 수 있었다. 이 사실로 보아 당시의 나라와 군대가 비록 규모는 작았지만 넓은 영토를 다스렸음을 알 수 있었다. 신수메르 제국이라고도 불리는 우르의 제3왕조(B.C. 112- B.C. 004)
아브람	B.C. 036 (292)	B.C. 861	175	창 21:5, 창 25:7, 창 11:28. 노아가 죽은 해B.C. 979년는 아브라함의 나이ㅣ57세이다. 창 11:31 이신라르사(The Isin-Larsa) 시대 (circa B.C. 025 - B.C. 763, Middle Chronology, or B.C. 961 - B.C. 699, Short Chronology) 이집트 중왕국 (c. B.C. 055-c. B.C. 650)
사래	B.C. 026 (302)	B.C. 899	127	창 17:17, 창 21:5, 창 23:1
이스마엘	B.C. 950 (378)	B.C. 813	137	창 16:16, 창 25:17
이삭	B.C. 936 (392)	B.C. 756	180	창 25:26, 창 35:28. 데라가 죽었을 때 이삭의 나이는 35세였다. 아브라함이 태어났을 때 노아, 셈, 아르박삿, 살라, 에벨, 벨렉, 르우, 스룩, 나홀, 데라가 모두 살아 있었다.
야곱	B.C. 876 (452)	B.C. 729	147	창 47:9, 창 47:28 왕조 I: 아모리 왕조 제1차 바빌로니아 제국 또는 고대 바빌로니아 제국 (c.B.C. 894 - c.B.C. 595) 고대 아시리아 제국의 왕 사르곤 1세 c. B.C. 920 — c. B.C. 881 (middle chronology) or from c. B.C. 856 - c. B.C. 817 (short chronology).
요셉	B.C. 785 (543)	B.C. 675	110	창 41:46, 창 41:47, 창 45:6, 창 50:23, 창 50:26 함무라비왕은 아모리 족속의 제1 바빌로니아 왕조(c. B.C. 810 - c. B.C. 750)의 6대 왕이며 통치 기간은 c. B.C. 792년 - c. B.C. 750 였다. 이집트 제2중기 제13왕조 세스 메리브레(Seth Meribre)는 멤피스(Memphis)에서 통치(B.C. 749년 또는 c. B.C. 700년)까지 통치하였다
레위	B.C. 789 (539)	B.C. 652	137	출 6:16
고핫	B.C. 766 (562)	B.C. 633	133	출 6:18
요게벳	B.C. 653 (675)	B.C. 525	128	첫 번째 가정은 요게벳이 아주 노년에 아론과 모세를 낳았다는 것이다. 예를 들어, 그녀가 124세에 아론을 낳고 127세에 모세를 낳았다고 가정해 보겠다. 두 번째 가정은 요게벳이 레위가 죽기 일 년 전에 그에게 낳은 딸이라는 것이다. 즉, 레위는 요게벳이 137세에 죽기 전에 136세에 낳은 것으로 추정된다.
아므람	B.C. 658 (670)	B.C. 521	137	출 6:20 이집트 제2중기 (c.B.C. 650 - c.B.C. 550)

부록.A 성경의 고대 역사 연대표

모세	B.C. 526 (802)	B.C. 406	120	출 7:7, 신 34:7 왕조 II: 첫 번째 Sealand 왕조(B.C. 732 - B.C. 475) 왕조 III: 바빌로니아 제국의 카시테(Kassite) 왕조(c. B.C. 595-c. B.C. 155) 신왕국 18-20왕조(c.B.C. 550 - c. B.C. 077) 이집트 투트모세(Thutmose) 2세 B.C. 493-B.C. 479, (18왕조) 하트셉수트(Hatshepsut) c. B.C. 479 - B.C. 458년 1월 16일 (18 왕조) 투트모세(Thutmose) 3세 B.C. 479-B.C. 425, (18왕조)
출애굽	B.C. 876	B.C. 446 (882)	430	출 12:40, 출 12:41
사사	B.C. 446 (882)	B.C. 66	480	대상 6:1, 대상 11:42, 여호수아가 젖과 꿀이 흐르는 가나안 땅에 들어갔을 때의 나이는 93세였다. [2]. 17 년 여호수아 샷 2:8 {8 년 메소포타미아 왕 구산 리사다임 통치} 샷 3:8 40 년 옷니엘 샷 3:11 {18 년 에글로 통치} 샷 3:14 80 년 에훗 샷 3:30, 삼갈 샷 3:31 {20 년 야빈 통치} 샷 4:2-3 40 년 바락 샷 5:31 {7 년 미디안 통치} 샷 6:1 40 년 기드온 샷 8:28 3 년 아비멜렉 샷 9:22 23 년 돌라 샷 10:2 22 년 야일 샷 10:3 {18 년 아모리 통치} 샷 10:8, 샷 11:26 6 년 입다 샷 12:7 7 년 입산 샷 12:9 10 년 엘론 샷 12:11 8 년 압돈 샷 12:14 {40 년 블레셋 통치} 샷 13:1 20 년 삼손 샷 15:20 중기 아시리아 제국(B.C. 392 - B.C. 34) 중기 바빌로니아 또는 포스트 카사이트(Kassite) 시대는 바빌로니아 역사에서 카사이트 왕조가 멸망한 이후 그리고 c. B.C. 150년, B.C. 29년 신앗시리아 제국이 바빌로니아를 정복하기 이전의 기간이다. 투쿨티 니누르타(Tukulti-Ninurta) 1세 : (B.C. 243-B.C. 207 재위) 중기 아시리아 제국(B.C. 366-B.C. 050) 동안의 아시리아 왕.
엘리				40 년 Eli 삼상 4:18, 삼상 4:15 왕조 IV: 이신(Isin)의 두 번째 왕조 (B.C. 157 B.C. - B.C. 026)
사무엘	B.C. 054	B.C. 012		삼상 7:15, 삼상 7:2
사울		B.C. 010		삼상 13:1

다윗	B.C. 040 (1288)	B.C. 70	70	삼하 5:4, 삼하 5:5 이집트 제3중기 (c. B.C. 069 - c. B.C. 64) V 왕조: 제2시랜드(Sealand) 왕조 (B.C. 025 - B.C. 005) VI 왕조: Bazi 왕조 (B.C. 004 - B.C. 85) 왕조 VII: 엘람 (Elamite) 왕조 (B.C. 84 - B.C. 79) 왕조 VIII: E 왕조 (c. B.C. 78 - B.C. 32)
성전건축	B.C. 66	B.C. 59	7	대상 6:37, 대상 6:38
솔로몬 통치	B.C. 70 (1358)	B.C. 30	40	대상 11:42
르호보암	B.C. 71	B.C. 13	58	대상 14:21
아비얌 통치	B.C. 13	B.C. 10	3	대상 15:1, 대상 15:2
아사 통치	B.C. 10	B.C. 69	41	대상 15:9, 대상 15:10
여호사밧	B.C. 04	B.C. 44	60	대상 22:42 9왕조: 신아시리아(Neo-Assyrian) 제국 (B.C. 11-B.C. 09)
여호람	B.C. 79	B.C. 39	40	대하 8:17, 대상 15:18, 대상 15:20, 대상 19:15, 대하 8:15, 암 1:4 아람다마스쿠스 Aram-Damascus 왕국 헤지온 Hezion 타브리몬 Tabrimon 벤하닷 1세 Ben-Hadad I B.C. 85-B.C. 65 Hadadezer (벤하닷 II) B.C. 65-B.C. 42 하사엘 Hazael (B.C. 42-B.C. 05) 벤하닷 3세 Ben-Hadad III B.C. 96 -B.C. 92 레진 Rezin B.C. 54- B.C. 32
아하시야	B.C. 61	B.C. 38	23	대하 8:26
아달랴 통치	B.C. 38	B.C. 32	6	대하 11:3
요아스	B.C. 39	B.C. 92	47	대하 11:21, 대하 12:1
아마샤	B.C. 17	B.C. 63	54	대하 14:2
아사랴	B.C. 94	B.C. 26	68	대하 15:1, 대하 15:2
요담	B.C. 70	B.C. 29	41	대하 15:32, 대하 15:33
아하스	B.C. 49	B.C. 13	36	대하 16:2 르신(Rezin)은 아람다메섹 왕국의 마지막 왕이다. (B.C. 54 - B.C. 32) (대하 15:37) 갈데아 인 나부무킨제리(Nabu-mukin-zeri)는 E왕조의 마지막 왕인 나부슈마우킨 2세 (Nabu-shuma-ukin II)로부터 왕위를 찬탈했다. (c. B.C. 78 - B.C. 32). 나부무킨제리는 B.C. 32년에 아람다메섹 왕국을 정복했다.

히스기야	B.C. 38	B.C. 84	54	대하 18:1, 대하 18:2, 대하 15:19, 대하 17:3, 대하 18:13 Tiglath-Pileser (앗수르의 왕 Pul)(앗수르의 Tiglath-Pileser III) 신 앗수르 제국의 왕이 바빌론을 정복 (B.C. 29 - B.C. 27). 샬만에셀Shalmaneser(앗시리아의 샬만에셀 5세 Shalmaneser V) 은 신아시리아 제국의 왕이며 티글랏-필레셀 3세 Tiglath-Pileser III의 아들이다. B.C. 27 - B.C. 22. 제1대 사르곤 2세 Sargon II의 아들 산헤립(Sennacherib) B.C. 05 - B.C. 03
므낫세	B.C. 96	B.C. 29	67	대하 21:1, 대하 19:36, 대하 19:37 산헤립Sennacherib(제2차 통치)은 바빌로니아의 통치를 회복한 다. (B.C. 89 - B.C. 81). 산헤립의 아들 에살핫돈Esarhaddon이 바빌론을 재건한다 (B.C. 81 - B.C. 69) 메데 왕조 (c. B.C. 78 - c. B.C. 49) 고대 이집트 후기 (c. B.C. 64 - c. B.C. 32)
아몬	B.C. 51	B.C. 27	24	대하 21:19, 대하 23:29 이집트 제26왕조(B.C. 64 - B.C. 25) 이집트의 파라오네고 Pharaohnechoh 왕, 이집트의 파라오 느고 2 세 Pharaoh Necho II, 제26왕조의 왕 (B.C. 10-B.C. 95)
요시아	B.C. 35	B.C. 96	39	대하 22:1 왕조 X: 갈데아Chaldean 왕조 B.C. 26 - B.C. 39 (87 년)
여호아하스	B.C. 19	B.C. 96	23	대하 23:31
여호야김	B.C. 21	B.C. 85	35	대하 23:36 느브갓네살 2세 Nebuchadnezzar II 통치 B.C. 05 - B.C. 62 (43년)
여호야긴	B.C. 03	B.C. 85	18	대하 24:8
시드기야	B.C. 06	B.C. 74 (1754)	32	대하 24:18 유다 왕국의 멸망
아케메네스 왕조 페르시아 제국	B.C. 39	B.C. 31	208	단 5:18 "메네 메네 데겔 우바르신MENE, MENE, TEKEL, and PAR-SIN", 단 5:30 벨사살 Belshazzar 539 B.C. : 벨사살은 느부갓네살 2세의 아들이다. XI 왕조: 제1 페르시아 제국이라고도 불리는 아케메네스 Achae-menid제국 (B.C. 50 - B C. 0). 페르시아 통치자 고레스Cyrus 대왕은 B.C. 39년에 바빌론 제국을 정복했다. 고레스 대왕(페르시아의 고레스 2세) 기원전 539년 첫 해에 고레스 대왕의 칙령에 따르면, 바빌론으로 끌려간 유다인 포로가 먼저 예루살렘으로 돌아갔다. 바벨론에 포로로 잡혀간 지 58년이 되었다. (대하 36:22) https://en.wikipedia.org/wiki/Achaemenid_Empire [3]
Argead 왕조	B.C. 31	B.C. 09	22	왕조 XII: Argead 왕조 https://en.wikipedia.org/wiki/Macedonia_(ancient_king-dom)#Empire

셀레우코스 왕조	B.C. 11	B.C. 41	170	왕조 XIII: 셀레우코스Seleucid 왕조 안티오쿠스 4세 에피파네스 Antiochus IV Epiphanes (B.C. 75-B.C. 64) 프톨레마이오스Ptolemaic 왕국 (B.C. 05 – B.C. 0) https://en.wikipedia.org/wiki/Seleucid_Empire
Arsacid 왕조	B.C. 41	A.D. 222	363	왕조 XIV: Arsacid 왕조 https://en.wikipedia.org/wiki/Parthian_Empire
로마제국	B.C. 7	A.D. 395	422	로마의 이집트, 로마 제국 Empire (B.C. 0 – A.D. 641) https://en.wikipedia.org/wiki/Roman_Empire

참고 문헌

[1] Finegan, Jack, "Light from The Ancuent Past", Princeton, N.J., Princeton University Press, 1959.
[2] 김희보, "구약이스라엘사", 총신대학출판사, 1981년

Letter of recommendation

Pastor. Anton Heuss
Bethel Church PCA, Dallas, USA

How did the world come into being? Why was it made? What is my purpose? Jarng's commentary on the opening chapters of Genesis is designed to help believers and non-believers alike answer life's most basic questions. He helps them work through their skepticism and misgivings about the Bible's account of the creation of the world and recognize that what they are reading is, in fact, history. Jarng was once skeptical himself. While he acknowledges that belief is impossible without experiencing the grace of God, he explains how he began to piece things together after God opened his eyes. Charts at the end of his commentary show how he made sense of history in light of the biblical account and found it credible. Interspersed with theological reflection and delight in God's marvelous creation, Jarng's commentary engages readers in the Scriptures, God's Word to those He created and for whom we exist. It is He who created heaven and earth, and it is only from Him that we discover our true purpose and know what to do with our lives.

Introduction

When reading the Bible from Genesis 1:1, I suggest you look at the Bible with the following four premises.

The first is the premise that God's omnipotent power is infinite. The LORD God is the only God who was able to create all things in the universe in an instant by His word.

The second is the premise that the Bible must be viewed with the eyes of faith. We must interpret Genesis with the belief that there is no error in the Bible's words and the thoughts that follow.

Thirdly is the premise that God's creation of heaven and earth was completed in 6 days (24 hours/1 day). It is the attitude of believing just as it is written in the Word.

The fourth premise is that Genesis 1 teaches us primarily about the creation of the material world. It should not be assumed that Genesis 1 teaches about the creation of the spiritual world. God intentionally taught us the correct amount of information in Genesis 1 through Moses. He gave us the most appropriate amount of His Word, neither more nor less than necessary. Therefore, believers need only believe as much has been revealed to them by the grace of God, regarding the creation of the heavens and the earth in the first chapter of Genesis.

I hope this book will be a useful reference for those who cannot move on to the next chapter due to various questions they have from the beginning of Genesis.

1

Creation of heaven and earth

בְּרֵאשִׁית בָּרָא אֱלֹהִים אֵת הַשָּׁמַיִם וְאֵת הָאָרֶץ׃

Unless Genesis 1:1 is believable, all Bible passages in 1:2 and later cannot be believed.

In the beginning God created the heaven and the earth (Gen 1:1).

The Bible starts with God creating this universe and the earth. It doesn't matter when and by whom the first book of the Bible was written and passed on. It is generally said to have been written by a prophet named Moses and orally passed on and later organized into writings. Many who disapprove of and do not believe in Christianity, especially those familiar with the scientific and logical mindset, try to question when and who wrote Genesis. Whatever answer you give them, they react almost similarly. They can't believe it. There are too many scientific dilemmas to accept that the universe was created out of nothing, and it is the universal belief of scientists to think that the universe was initiated by some unknown cause and is still growing. When I first encountered Christianity and the Bible was unbelievable to me, I insisted on the same beliefs as these skeptics. It is itself a miracle that the Bible is believed by man at all. Neither Genesis nor the Bible will ever be believed without experiencing this miraculous grace of God.

When the Spirit of faith first opened my mind, it happened in an instant. At a time when I was eager to disprove the Bible by denying Genesis and saying that the teachings of the Bible were wrong, suddenly my thoughts changed. In an instant, I believed the Bible and Genesis. I began to look at the Bible again through the eyes of faith. Scripture passages that were so inconsistent began to be thoroughly argued. What change had happened in me? A miracle happened! It is a miracle for the Bible to be understood and believed. I can still understand scientists who do not believe in the Bible. For them, the grace of faith from God has still not arisen in their hearts. I don't want to deny or argue their opposition. We can't blame them for anything they don't believe. However, I would like to write a book about the creation of the heavens and the earth that I came to believe in, whether they accept it or not, and to inform others, especially Christians, of my Christian history. In the 21st century, the intellectual arrogance and prejudice of archaeological historians and natural scientists are off the mark. I would like to persuade readers who have an evolutionist view of the universe and nature to seriously consider the perspective of the creation of the heavens and the earth. This is also my personal, scientific confession of faith in Christianity. If you say you believe in the creation of the heavens and the earth these days, not only ordinary people, but also many of the pastors in the West scorn at this claim, saying, "Is there still any nerd who believes in such legends and myths as facts these days?" I would like to inform the false pastors who do not believe in Genesis, yet serve as pastors in the church, that there are still those who believe in the creation of the heavens and the earth in this era. If they do not believe in Genesis, they may not be able to claim the resurrection after death and the arrival to heaven. That is why the present-day church is only focusing on how to live happily in this world. Only believers who believe in the creation of the heavens and the earth will seek holiness rather than mere happiness in this world. Now, from now on, I hope you will enter the world of recognizing the creation of the heavens and the earth.

We live in a finite world in the fourth dimension. It is a three-dimensional space domain and a one-dimensional time domain. It is not a myth or legend from a long time ago that God created this world. If you read Genesis, this world was created only about 6,100 years ago from today (2011). Scientists who observe nature claim that the universe is billions of years old. The fact that we came to know the name of God ('ĕ·lō·hîm; אֱלֹהִים God Gen 1:1, Yah·weh יְהוָה Yahweh Gen 2:4) is also known through the words of the Bible, so we can only believe as it is written in the Bible. However, scientists often challenge our beliefs by causing controversy over the credibility of the Bible. The originals of the New Testament as well as the Old Testament do not exist in this world. We just have a copy of the original. The reason we believe that the only manuscripts of the Old and New Testaments are the Word of God is that the authors of the 66 books of the Bible are different and consistently talk about the same subject even though they wrote them in different times and spaces. God was meticulously involved in the process of handwriting and transmission of Bible manuscripts by hand, and the error in the transmission process over many years is known to be almost 0퍼센트. And to those who read the 66 books of the Bible and believe the words written in the book, it is believed that God really exists and works.

Believing in the existence of God is a spiritual experience that cannot be explained by human rational logic. Since the spiritual experience of believing in God comes from constantly listening to the Word of God, there is a very close correlation between the faith of Christians and the Bible. Not all of God's words are explained by rational logic. So even if you read the same Words of God, the Bible, some people believe the Word in their hearts, but others do not believe it at all. This is expressed as God's irresistible grace. As a person listens to and reads the Bible, thinking about God, there is a spiritual experience in which he believes the Word of God to be true. This spiritual experience is not based on the will of man, but on the will of God and God's irresistible grace for His chosen person.

In Genesis 1:1, we must first admit that all these universes were created by God. Those who come to believe in God believe that heaven and earth were created by God. This is not believing in the things to come, but that we believe in things that already existed, acknowledging these events as historical facts, even without any evidence. Unless Genesis 1:1 is believed, 1:2 and all the words of the Bible that come after it cannot be believed. May the world believe that God created something out of nothing. From the moment God created this world, one-dimensional time and three-dimensional space were created. We know space and time well. We are well aware that a point in the same three-dimensional space is filled with different atomic elements over time. Here, space is the space of the material world, and space and time were created to operate according to regular laws of nature. When God created the heavens and the earth, He set boundaries so that all things of the heavens and the earth proceed according to certain laws of nature. Man still does not know all the laws of nature that make heaven and earth operate. Natural scientists are people who find the laws of nature. British physicist Sir Isaac Newton (1642-1727), who discovered the law of universal gravitation and laid the foundation for modern classical mechanics, said, "A scientist is only an observer of God's creation."

Before the creation of heaven and earth, neither space nor time existed. We know nothing about the pre-creation world. However, it does not mean that there was no pre-creation spiritual world. We are saying that we do not know about that spiritual world because there is no clear explanation in Genesis chapter one. The beginning (bə·rê·šîṯ בְּרֵאשִׁית) of Genesis (verse 1:1) refers to the beginning of God's creation of the world and the earth in which we live. God has lived forever before the creation of the heavens and earth and is the omnipotent Creator who will live forever even after the end of this world. The most important lesson to be learned from the first verse in Genesis is that God created the heavens and the earth from nothingness and in so doing that God's creation of the heavens and the earth had intention and purpose. Genesis and the subsequent Bible verses express this very purpose of God in a language that humans understand. This purpose is the purpose that God had before creating this world, and we describe it as God's Dispensation.

The last book of the Bible, the book of Revelation, foretells the end of the world. It tells us that the God who created this world will someday bring the end of this world. This world was started by God and ends by God also. **Why**

did God create this world? What is the purpose of creation? The answer to this riddle is written in the Bible. The saints, the people of God, know the answer to this mystery. Why? For what reason? We will find clear answers to this question as we proceed. The answer lies in the Bible.

Some of the people who read the Bible have never found the answer to this mystery. Because they didn't want to believe the Bible in the first place. If the creation of the heavens and the earth in Genesis 1:1 is not believed, then any of the following verses cannot be believed either. When the Bible is believed, the answer to why God created this world will be clarified. Those who read the Bible and believe the Bible literally are truly blessed. The Bible is a book of faith from the beginning. In other words, it is like this: When you first read it, you can't believe the Bible at all, but after reading it consistently, there are times when certain verses in the Bible are believed. When your eyes of faith are opened, if you go back to the previous parts that you have read, you will be able to believe verses that were not believed in the past. If you keep going back, you will eventually go back to Genesis, and finally Genesis 1:1 will be believed. In this way, the Bible displays that it is a book of faith. Once accepting Genesis 1:1 by faith, eventually that person will also come to believe the verses that follow, by faith.

You may be wondering a lot about why Christians preach the Bible to people who do not yet know the Bible. If you don't know the Bible yet, I encourage you to read it. The Bible can completely change your life. A life changed by God and His Word is never a negative change, but a positive and phenomenal change, so I urge you to read the Bible all the way through once.

2

Earth and Waters

The 6 days (24 hours/1 day) of God's creation of the heavens and the earth are represented in verse one of Genesis chapter one.

> In the beginning(bə·rê·šîṯ בְּרֵאשִׁית) God('ĕ·lō·hîm;) created(bā·rā בָּרָא) the heaven(haš·šā·ma·yim הַשָּׁמַיִם) and(wə·'êṯ וְאֵת) the earth(hā·'ā·reṣ הָאָרֶץ:)(Ge 1:1).
> "And the earth was without form, and void; and darkness was upon the face of the deep. And the Spirit of God moved upon the face of the waters (Gen 1:2).

The phrase, "In the beginning" (bə·rê·šîṯ בְּרֵאשִׁית) seen in Genesis 1:1 appears only in Genesis 1:1. In addition, the same words (bə·rê·šîṯ בְּרֵאשִׁית) are used in Jeremiah 26:1, Jeremiah 27:1, Jeremiah 28:1, and Jeremiah 49:34, but their meaning signals the beginning of the throne of the new king. If you divide the process of creation by date, the process of creation for the first 3 days is as follows:

First Day

Verse 1: God created the universe and the earth from "nothing" (the creation of time and space)

Verse 2: The surface of the earth created in verse 1 was covered with water, and the earth was in a state of chaos, emptiness, and darkness that had not yet been maintained.

Verses 3-5: Light was created.

Second Day

Verses 7-8: The expanse (atmosphere, sky) was created and was divided into water above the sky (clouds) and water below the sky (sea).

Third Day

Verses 9-10: The earth was revealed and separated from the sea.

Verses 11-13: Various plants were created.

We do not know absolutely everything about the eternal nature of God who created the three-dimensional space realm and the first dimensional temporal realm from nothing(無) to something(有). For one thing, we do not even know whether the concept of three-dimensional space and one-dimensional time existed in the world before the creation of the heavens and the earth or if it will exist after the end of the world. Therefore, we have no choice but to describe God by saying that He is the First (Alpha) and the Last (Omega) of all things. Even before the whole universe was created, God existed. There was a world before the creation of the heavens and earth, and there was God in that world. And the end of the existing world will come, at which time a new heaven and a new earth will be created. Even in the newly created world, God is the Lord of all.

The word "created"(bā·rā בָּרָא) in Genesis 1:1 is also used in Genesis 1:27, Genesis 2:3, and Deuteronomy 4:32, all referring to God as the Creator.

> So God created (way·yi·rā וַיִּבְרָא So created) Socreated) man in his own image, in the image of God created (bā·rā בָּרָא) he him; male and female created (bā·rā [בָּרָא]) he them(Gen 1:27).
>
> And God blessed the seventh day, and sanctified it: because that in it he had rested from all his work which God created (bā·rā בָּרָא) and made(Gen 2:3).

For ask now of the days that are past, which were before thee, since the day that God created (bā·rā בָּרָא) man upon the earth, and ask from the one side of heaven unto the other, whether there hath been any such thing as this great thing is, or hath been heard like it?(Dt 4:32).

When Moses, who wrote Deuteronomy 4:32, used the same word for "created," as in Genesis 1, we can see that Moses believed it was true that God had created the universe. In Genesis 1:1, we learn that God created the universe and the earth (heaven and earth). The 6 days (24 hours/1 day) of God's creation of the heavens and the earth are represented in verse one of Genesis chapter one. The fact that the spaces of the universe and the earth were created and that the period of their creation was included on the first day implies that time began to pass. Immediately after the creation of heaven and earth, there was no sun or stars in outer space. Like the expression that "darkness was upon the face of the deep"(Gen 1:2), the universe was a vast space that seemed infinite, but there were no stars, planets, or galaxies in the universe. It looked like an empty space. Also, there were no living things on Earth and no shape was formed. The earth created on the first day was created in a state without form, void, and with deep darkness.

Why was the earth that God created in the beginning, as shown in verse 2, "without form, void, and with darkness upon the face of the deep?" It is as if the potter made only clay dough before making something out of clay (Job 38:14). Was there a law of nature here? The water that covered the earth and the land beneath the surface show that a world of atoms, molecules and matter had already been created. The material world had already begun to operate in the marvelous providence of God, with the laws of nature applied. As if it had been around for a long time. God revealed Genesis to Moses and made sure it was dictated, written, and orally communicated to the next generation (Heb 1:1). Genesis does not intend to explain God's creation of the heavens and the earth step by step. Instead, it has the intention of letting the saints see through the eyes of faith that God created all things in the universe only by His Word (Heb 1:2, Heb 11:3). Therefore, Genesis 1 depicts God's creative work, which emphasizes the creation of the earth and the process of filling the wonders of nature on the earth during the six days of creation, rather than explaining the creation of the entire universe.

The earth "without form, void, and with darkness upon the face of the deep" was covered with water. Yet even in that empty world, the Spirit of God was in motion. The existence and moving of the Spirit of God on a chaotic Earth that had not yet been completed shows that even the chaotic states are laid and governed by God's providence. Many Bible scholars and pastors claim that there is an unknown length of time between Genesis 1:1, 2 and 3. The time they talk about is hundreds of millions to billions of years. Referring to that long, unknown period, they test the faith of the saints by making hypotheses, such as that dinosaurs lived and perished on the earth, that there were several ice ages, and that the world of angelic spirits pre-existed. Since verses 2 and 3 start with "AND", it is argued that something different between verses 1 and 2 and between verses 2 and 3 may have entered. You should know that Genesis 1.4, 5, 6, 7, etc. continue to start with "AND"(wə],). The attitude of trying to understand and infer sentences only in a modern sense of language is wrong. We must not neglect the linguistic and cultural situation at the time of ancient Hebrew language use. What is important in Genesis is faith in God Who created the heavens and the earth. Such faith is transcendental in any era and is required of all believers. If the creation of the heavens and the earth is turned into a myth or a narrative through an approach and interpretation that is obsessed with ancient Hebrew sentences and words, it becomes a completely different version of the intent of Moses when he first wrote Genesis. It is a case of not seeing the forest because you are looking at the trees. Let me give you an example of how extreme the liberal theology is.

> I beheld the earth, and, lo, it was without form, and void; and the heavens, and they had no light (Jer 4:23).
>
> And the earth was without form, and void; and darkness was upon the face of the deep. And the Spirit of God moved upon the face of the waters (Gen 1:2).

In Jeremiah 4:23, the prophet Jeremiah warned of the iniquity of the kingdom of Judah that would soon perish under the Babylonian Empire, and the consequent judgment of God for Jerusalem and the cities around it, which would be destroyed and cut off. At that time, he quoted Moses' Genesis 1:2, which he had learned. Moses wrote the biblical book Genesis by listening to the Word of God. In Egypt, when Moses was living, there was a paper made of reed called papyrus, so he had a way to record history. Moses also engraved the Ten Commandments of God on a stone tablet that could never be erased. Therefore, Genesis was written on parchment and was also passed down orally. However, liberal theologians took the verse from Jeremiah 4:23 as an example to distort the Bible as if Jeremiah had written the Five Books of Moses including Genesis. They are always obsessed with the original Bible rather than the manuscript of the Bible, or speak Hebrew rather than Greek or Latin, and boast in linguistic archaeology, saying that the modern Bible has changed a lot from the original. Yet they have the commonality of not believing the Bible. Jeremiah quoted from Genesis 1:2 in Jeremiah 4:23, but they invert this, trying to claim that Jeremiah wrote Genesis 1:2 since it looks similar in terms of content and style to the verse in Jeremiah.

3

Let there be light

Please note that the sun's light came first before the sun was created.

> And God said, Let there be light: and there was light (Gen 1:3).

Light was created by the words of God alone: "Let there be light." Some people interpret this as a transformation, not creation, since the word "create" is not used in this verse. However, this is a misconception. Such people are refusing to deviate from their evolutionary thinking that light cannot exist without the sun. Here in verse 3 as well, it shows the moment when something is created from nothing. Everything in the universe and in this world was made only by the word of God (Heb 11:3, Ps 33:6).

> By the word of the LORD were the heavens made (naʻăśū; נַעֲשׂוּ); and all the host of them by the breath of his mouth (Psa 33:6).

God spoke and it was fulfilled (na-ʻā-śū; נַעֲשׂוּ) as He spoke. On the first day, while the earth was still without form and void, and darkness was upon the face of the deep, God spoke. These words are truth, referring to Jesus Christ, who later became incarnate. When God spoke, a wonderful change took place in a world of chaos and darkness. Light came into being. This light was not the first light emitted by the Big Bang, which started the creation of the universe claimed by evolutionary believers. This light is still shining on us even now. This created light is still radiated by the sun and should be the same light that is sensed by our eyes and skin. However, please note that the sun's light came first before the sun was created. Many theologians, whose eyes of truth have been darkened by evolutionary theory, argue that this light is not the light of the sun. We remember the bright light shined on a young man named Saul on the way to Damascus. Liberal theologians claim that this light is the bright light other than the sun's light, which caused Saul to fall off the horse and briefly blind him. They think of the Bible as the logic that there must be firstly the sun to have light. However, Genesis 1:3 testifies that light was created even before the sun even existed. This is an amazing fact, so I can say that this light is the sun's light radiated from the sun. For that reason, the product of God's creation is still felt through human eyes, ears, and skin, and we believe that it is God's will to let us know God through nature. If the light created on the first day of the creation of the heavens and earth was a completely different light other than the sunlight, which we can usually feel, it will be irrelevant to God's plan to create the world of matter and let man dominate the world. The sun was created on the fourth day. But the light was created on the first day.

This light is not the light of the glorious appearance of Jesus Christ that the apostle Paul saw. Neither is this light the light of enlightenment that brightens the mind of a person. This light is purely the light that we see and feel visually even now. Before God created the sun, God created the most optimal light by knowing in advance the characteristics and roles of light that are most suitable for all things that need light in this world. This light brightened the depths of darkness. We don't know where the light came from. But that light lit up the darkness. This amazing light shines on the earth.

Most evolutionary Christians believe that God's creation of the heavens and the earth took place over a very long period of time. This is because they believe in the theory of evolution put forward by archaeologists and scientists. It is difficult for people to believe that this great nature was created instantaneously while observing the natural objects of the present. So, they say that it was created slowly over an unknown number of years. It may be a clever combination of the theory of evolution and the theory of creation. They argue that there was a "big bang" after a period of time, after God said, "Let there be light", and the light in verse 3 was the light from such a cosmic explosion. Such people can only explain God's amazing creation by adding their own rational logic and science. From the moment we acknowledge the cosmic explosion as a fact, the Bible is no longer a book of faith, but also is combined with logic. Rational understanding is taking precedence over reading the Bible. This should not be!

God created the universe and the earth *only* by the authority and power of His Word, and created the light first before the sun even existed. It is a marvelous wonder that humans can recognize light and the shape and color of objects reflected by it. The light was created only by the Word of God, so that brightness and darkness were contrasted. From the moment the light was created, light and darkness began to be contrasted.

Jesus taught us figuratively to be light and salt in this world. These character qualities are therefore essential to spiritual life. For light is indispensable to life. This light, first created in the beginning, will continue to shine on this world until the end comes. Plants can photosynthesize from light and water. Man absolutely needs light and plants. God created the best light for all things in this world to grow, even before the creation of the sun.

4

Day and Night

The day represents the 24 hours that Earth rotates once on its axis.

> And God saw the light, that it was good: and God divided the light from the darkness(Gen 1:4).
>
> And God called the light Day (yō·wm, יוֹם), and the darkness he called Night. And the evening and the morning were the first day (yō·wm, יוֹם) (Gen 1:5).

God is the Creator, so He is the perfect and omnipotent God. There is only one God. When God created the heavens and the earth, what He made on the first day was the universe, the earth, and the light, and this light was the light that God saw and proclaimed was good. The light that God created was perfect light. Because it was perfect light, it was good even in the sight of God. After God created the light by His word, He saw the created light with His eyes. The light created perfectly fulfilled its role as light without a single point of error, and as a result, it was clearly distinguished from the darkness of the earth, which lay in the depths. Light was the opposite of darkness, and brightness came as light shone in darkness. We must pay attention to God who distinguished between light and darkness. Light and darkness cannot exist at the same time.

God distinguished between light and darkness and gave each one a different name. Light was called "day" and darkness was called "night." It was the material division of what has light and what has no light. He marked the passing of time as daytime when there is light and as nighttime when there is darkness instead of light. It was God who gave the names "day" and "night."

After God's first creation, after evening passed and morning came, He set this day and nighttime interval to be one day. Time was passing. Even before the sun was created, He defined a day and night, with morning and evening in between. The day represents the 24 hours in which Earth rotates once on its axis. He is the God who first established the boundaries of time and then made Earth rotate around the solar system according to the laws of time. The earth was not yet in full shape, and neither the sun nor the solar system had been created. He declared that the day of the creation of the heavens and the earth had passed at the point of time when the light turned from light to darkness and darkness turned to light again.

Both term "Day" and "day" in Genesis 1:5 mean yō·wm, יוֹם . Moses, who wrote Genesis, also wrote the book of Exodus, and Exodus 20:11 describes the fourth commandment among the ten commandments that God engraved on stone tablets. In verse 11, the word "day" is used three times; "six days", the (seventh) "day", and the Sabbath "day". The "day" in Exodus 20:11 is yō·wm, יוֹם using the same "day" as in Genesis 1:5. Therefore, Moses regarded the six days of heaven and earth's creation as taught by God as the same amount of time as the six days of Moses' era.

> For in six days (yā·mîm יָמִים֙) the LORD made heaven and earth, the sea, and all that in them is, and rested the seventh day (bay·yō·wm בַּיּ֣וֹם): wherefore the LORD blessed the sabbath day (yō·wm, י֖וֹם), and hallowed it (Exo 20:11).

Even many reformed theologians and pastors do not believe in the time of the creation of the heavens and the earth as being six days. They say it's because the Bible doesn't say exactly six days. However, Exodus 20:11 provides clear evidence that cannot be ignored. In the Bible verses of the same author (Moses) who wrote Genesis and Exodus, he used the same word yō·wm, י֖וֹם because the 6 days of creation in Genesis were six actual days of his time as well. Modern reformed theologians and pastors seem to be obsessed with the theological dogma taught at the seminary they graduated from, and are oriented toward tradition rather than faith. The creation of the heavens and earth in Genesis, they believe, is no different from those of liberal theologians or evolutionary neo-believers. How can those who do not believe the words of the Bible from the past believe in the resurrection to come?

Light and darkness were not symbols of good and evil. There are some who are trying to find the principle of "yin and yang" in the scientific absolutes of creation. The power of God's creation of the heavens and the earth cannot be understood with human wisdom or human philosophies. Light, God's creation, was good in God's sight. It was complete. The first day of the creation of the heavens and the earth had passed.

5

Heavens

God created the heavens in a short time, within 24 hours, with only the power of His Word.

> And God said, Let there be a firmament in the midst of the waters, and let it divide the waters from the waters(Gen 1:6).
> And God made the firmament, and divided the waters which were under the firmament from the waters which were above the firmament: and it was so(Gen 1:7).
> And God called the firmament Heaven. And the evening and the morning were the second day(Gen 1:8).

On the first day of the creation of the heavens and earth, after creating time and space, God created the earth and light. God created the heavenly space surrounding the earth on the second day. The sky space called the atmosphere was created. There were no stars in outer space, no sun, no moon. We don't know what material had filled the infinitely vast, empty outer space. God made the water that covers the earth separate from the other waters by allowing some water to form the sea. The other waters refers to the clouds hanging in the sky. Many evolutionary-believing Christians explain that the water on the other side was a huge cloud layer that existed above the sky before Noah's Flood. It is claimed that the rain that fell 40 days and nights from the sky during Noah's Flood occurred in that very cloud layer. It is said that before Noah's Flood, the cloud layer could slow people's aging by blocking radiation waves from outer space, so people could live longer. These are all arguments not taught in the Bible.

Any attempt to fit the Bible into scientific discovery or law is a very reckless and dangerous idea. Modern education systems and secular society have been thoroughly conditioned in the evolutionary view of the universe created by archaeologists and scientists, and even the Bible is interpreted by prioritizing scientific theories. We don't know if the space outside the seemingly infinite universe is filled with water. The important spiritual lesson in these three verses is that the coming kingdom of God (Heaven) will not be created in the existing finite space. Do you remember what Jesus said to another prisoner who was hung on a cross next to Him as He died on the cross? "Today shalt thou be with me in paradise."

> And Jesus said unto him, Verily I say unto thee, To day shalt thou be with me in paradise(Luk 23:43).
> For the kingdom of God is not meat and drink; but righteousness, and peace, and joy in the Holy Ghost(Rom 14:17).

> How that he was caught up into paradise, and heard unspeakable words, which it is not lawful for a man to utter(2 Co 12:4).
>
> Nevertheless we, according to his promise, look for new heavens and a new earth, wherein dwelleth righteousness(2 Pe 3:13).
>
> And I saw a new heaven and a new earth: for the first heaven and the first earth were passed away; and there was no more sea. And I John saw the holy city, new Jerusalem, coming down from God out of heaven, prepared as a bride adorned for her husband(Rev 21:1).

The Kingdom of Heaven (God's Kingdom) that Jesus spoke to the prisoner is a world where we Christians go to after death. The hope of the evildoer dying on the cross was that he go to heaven, where Jesus would go, and Jesus promised the evildoer that his wish would come true on that day. Paradise, which the apostle Paul experienced, refers to a world that does not exist in the realm of space belonging to this world. In addition, the Bible testifies that the Kingdom of God lives in the saints by using the metaphor that the body of the saints with the Holy Spirit's indwelling is the temple of God.

> "And when he was demanded of the Pharisees, when the kingdom of God should come, he answered them and said, The kingdom of God cometh not with observation: Neither shall they say, Lo here! or, lo there! for, behold, the kingdom of God is within you"(Luk 17:20-21).

When a person is born again, repents, and unites with Jesus to become God's child, he lives knowing about the concept of God's sovereign presence.

For the saints, whether they live or die, they have already entered the heaven of the soul because they are always with God. What we need to distinguish here is that the present heaven, which is influenced by the presence of God while the saints are alive, is a heaven that has already been made in the hearts of the saints and is like the shadow of the true Heaven that will come, with power, in the future. When the saints die, their bodies will sleep for a while, they will be resurrected with the sound of the trumpet of Jesus' Second Coming, and will enter the eternal Heaven. This eternal heaven is not a heaven that will be established in any place in this finite space. With the Second Coming of Jesus, the entire universe will disappear at the end, and a new heaven and a new earth will arrive. That is, the heavenly Jerusalem, which is the heaven where all the saints will dwell with Jesus in the future. This heaven is the heaven that the apostle Paul had already gone to, so it was already completed.

God created the heavenly space on the second day. And the second day passed as the day and night divided by the light and darkness created on the first day changed over time. God created the outer space and the earth during the short hours of morning and evening, which change once every 24 hours even now. It didn't take billions of years to create the universe and the earth, as evolutionists claim. If God's creation of the heavens and earth must take billions of years to be made, how many years would it take for the complete heaven that the saints hope for to be made!? You see, God created the heavens and the earth in a short time, within 24 hours, by the power of the Word. Some people asked why on the second day, unlike other days, the phrase "it was good in the sight of God" was omitted. They argue that this is because the sky, which is called "the firmament" was already created in verse one, and on the second day the water in the sky was divided from the water that covered the earth. They argue that it is not original creation, but transformation, that created the atmosphere around the earth — a much simpler theory than the magnificent work of creating the universe, earth, and light. I said earlier that the earth that God created on the first day was covered with water and that it was without form, void, and darkness was upon the face of the deep. Light shone on that same earth. Now, God wants to make the earth from a lump of mud prepared by God and create it as the most beautiful and wonderful product of nature. Before creating living things on Earth, He created a global environment in which they could live. This composition is another expression of creation. Following the earth, water and light on the first day, He created air, a mild climate, and appropriate wind and rain clouds on the second day. If you go to the Moon or Mars in a spaceship, you find that there is land, there is light, there are traces of water, but there is no suitable atmospheric space for living things. Therefore, the atmospheric space created on the second day was the most necessary global environment for the plants and animals, to be created the next day, to live. Therefore, the atmospheric space created on the second day was by no means a less important or minor change compared to the third or fourth day. If you don't know why God didn't say on the second day "It was good," you should be silent.

6

Earth and Seas

The fact that the earth that was considered good in the sight of God indicates that it was a perfect creation.

> And God said, Let the waters under the heaven be gathered together unto one place, and let the dry land appear: and it was so(Gen 1:9).
> And God called the dry land Earth; and the gathering together of the waters called he Seas: and God saw that it was good(Gen 1:10).

On the second day, water and water were divided by the firmament of the sky. And on the third day, God allowed the water under the sky to gather in one place, and the dry land where the water did not accumulate was revealed. It was created in verse 1, but the dry land was revealed on the void and water-covered earth, which had no form. In verse 9, I think of the phrase "let the dry land appear" as God's creation. It is because one of God's creation processes was that dry land be revealed on the surface of the earth that was covered with water. Before creation, God knew all His plans and purposes of creation in advance. In the providence of God, everything in the created universe is still operating according to the laws of nature. It is God who established the laws of nature. There is no coincidence in this world that God has created. God has a will and purpose for everything. This includes the food we eat, the soil and the little bugs that we step on, and all the things we see and hear with our eyes and ears, as well our relationships with people. There is no coincidence in any of this. We believe that God, who counts even the hairs of our head and weighs our invisible hearts, is always the Ruler of all our lives and guides us with understanding. This is the idea of God's presence (Immanuel). For a true believer, the thought of God's presence dominates the rest of his life. When you come to know the religion of Christianity, you realize that believers should recognize God's presence from beginning to end.

God said that the waters under the heaven would gather in one place. In the place where the water had been drawn out, dry land soon appeared. He called the gathered water the sea, and the revealed dry land as the earth. God inevitably accomplishes His pre-creation plan. God's creation has been moving in an orderly manner since creation. Now God had shaped the earth that looked without form and void and made it physically perfect. Part of the water that covered the earth gathered to become the sea and made dry land in a location other than the sea. The size of the infinite-looking outer space is beyond our imagination. It may seem very small compared to the universe, but He made the earth's space perfectly suitable for human beings. Part of the earth's outer surface was divided by the land and the other by the sea. All this was done on the third day. Both the land and the sea are in contact with the universe through the firmament of the sky, and unlike the universe, the sky has air, allowing living things to live. Now the earth had light, there was water, there was land and there was air. It means that all natural conditions for living organisms to live were provided and available. All of this was good in God's eyes.

That the earth was considered good in the sight of God indicates that it was a perfect creation. The realization of God's work on the earth will continue. History is "His" Story···God's Story. People think that human history is being woven by them. Behind the history of mankind is God's work and power to provide for the fulfillment of His predestined plan. Natural scientists have only discovered a very small number of facts among the principles of operation of all things in the universe that God created. It is impossible to explain the phenomena of the universe's operation from those facts alone. We must admit that God's wisdom and knowledge infinitely exceed the limit of human wisdom and knowledge. Man was originally created to worship and praise God.

7

Plants

It is a fact that God created all things in the universe and on the earth to look so natural to human eyes from the moment they were created, as if billions of years had passed.

> And God said, Let the earth bring forth grass, the herb yielding seed, and the fruit tree yielding fruit after his kind, whose seed is in itself, upon the earth: and it was so(Gen 1:11)
>
> And the earth brought forth grass, and herb yielding seed after his kind, and the tree yielding fruit, whose seed was in itself, after his kind: and God saw that it was good(Gen 1:12).
>
> And the evening and the morning were the third day(Gen 1:13).

The process of God's creation continues to flow smoothly according to His plan on the third day. God, who set the boundary between land, sea, and sky, said that plants would come out of the earth, and it was fulfilled. Living creatures, or plants, came out of the ground and grew. The land gave out all kinds of plants, collectively referred to as grass, vegetables, and trees. Many of the types of plants that had emerged from the ground have not yet been identified. When I say that the earth gave out various kinds of plants, I do not mean that the earth showed the plants that had already been created, but I mean that the earth obeyed God's Word to produce and reveal various plants according to God's will. This means that the earth did not create plants, but plants were created on the earth according to God's Word to plan. Light, water, land, and air provide everything that plants need to grow. When you go up the mountain, you can see how beautiful nature is. Nature is beautiful because living plants cover the earth. If you go to another planet where plants and creatures don't grow, you may be curious for the first day or two, but within a few days you'll get tired of the silence without any living and breathing nature. Even before sun had been created, plants were created one day earlier. This fact is a very important benchmark for understanding Genesis. God's concern was to convey to us, through Moses, the creation of the earth in which humans live. He created a sun that emitted the light needed for the plants to grow after the earth was covered with plants. Plants created one day earlier did not die even if they did not see sunlight for a day. Earth's land would have been filled with all kinds of plants. Even in the dark-looking cave, unknown moss had grown. All of this was completed within 24 hours according to God's Word.

Scientists who adhere to the theory of evolution claim that many plants were buried in the ground and rotted into becoming coal, and thousands of animals were buried in the ground and rotted, becoming oil. It is said that the high pressure inside the earth and hundreds of millions of years had passed to make it so. Biblical creationism explains this differently. Namely that when God created the earth, He also created and buried coal and oil in deep in the ground. Since God knew from the beginning that coal and oil would be needed by mankind later, he had already made both coal and oil. Among the plants, trees were initially used as fuel, but it was not enough for a growing number of humans to live. Scientists invent various evolutionary theories to somehow increase the dating of the earth and the universe by billions of years. And in conclusion they want to deny God.

Just as moss and unknown animals and plants grow in dark deep caves, the phrase that God created the land by separating the land from the water emphasizes that God created all nature on Earth. This includes all the mountains and hills on the earth, the rivers and rocks, valleys and fields, deserts, and hot springs. Even Antarctica and the North Pole! Because He is an omnipotent God, all of these things could be created instantaneously. They weren't created over hundreds of millions of years as scientists claim.

If so, you may be able to ask these questions: *Why, then, does nature seem to have changed over the millions years, and why is there clear archaeological evidence that it has actually changed?* The answer to this is simple. In actuality God created all things in the universe and on the earth to look natural to human eye as if billions of years had passed from the moment they were created. This means that from the moment of creation, He created things to appear as if everything continues to obey the laws of nature that have been kept from long ago. People imagine that raw stones were created at first, so that they were weathered and changed over the long years. But in God's creation, nature was created in a state where it was already weathered. Even since God's initial creation of the heavens and the earth, most things are constantly undergoing a process of transformation, but it is according to the laws of nature set by God. All things in the universe that looked so natural at the time of their creation were good in God's eyes.

However, evolutionary scientists deny God's creation because the state of nature appears very old. God created all things in the universe to look as if to be in a very old state, even though they were created in an instant. His words of omnipotent power were able to make it so. Man should praise the majesty and greatness of God's world upon seeing nature, but evolutionary scientists have denied God's creative power as they look at nature. He asked us to recognize the eternal nature of Himself from the old-looking appearances of nature that are noticed when we observe nature, but scientists misunderstood this. Projecting God's eternal attributes through nature is as natural as the law of our conscience whereby God make us realize how we should live with each other. He gave the Jews a specific Mosaic Law, but the Gentiles were able to know God's desired moral standards and social norms through the law of conscience.

The creation timeline, when the earth was created and the plants were created, continued and the third day passed. Until now, neither the sun nor the moon nor the stars were in outer space. Plants were created following the creation of light, water, earth, and air.

8

Sun and Moon and Stars

Scientists believe that there must be the sun to have light. However, the Bible emphasizes that the light came first, and the sun that emits that light was created afterward. This is not just a matter of perspective, it is the basis of faith.

> And God said, Let there be lights in the firmament of the heaven to divide the day from the night; and let them be for signs, and for seasons, and for days, and years(Gen 1:14).
>
> And let them be for lights in the firmament of the heaven to give light upon the earth: and it was so(Gen 1:15).
>
> And God made two great lights; the greater light to rule the day, and the lesser light to rule the night: he made the stars also(Gen 1:16).
>
> And God set them in the firmament of the heaven to give light upon the earth,(Gen 1:17).
>
> And to rule over the day and over the night, and to divide the light from the darkness: and God saw that it was good(Gen 1:18).

> And the evening and the morning were the fourth day(Gen 1:19).

Scientists believe that there must be the sun to have sunlight. However, the Bible emphasizes that the light came first, and the sun that emits that light was created afterward. This is not just a matter of perspective; it is the basis of faith. On the fourth day of the creation of the heavens and earth, God finally made the sun, the moon, and the stars. He explained that the firmament of the sky was the boundary between (sea) water and (cloud) water. The expanse (firmament) of the sky also includes the atmospheric space. After the expanse of the sky was created, He created the sun, moon, and stars in outer space. The only place humans can live in this infinite seemingly outer space is Earth. Scientists probabilistically estimate that there are countless earth-like stars in the vast universe. God made the Universe for Earth, so there is no other earth in the universe. He made light come out of the sun, moon, and countless stars located in the vast outer space, and let the light shine on the earth. He made it possible for people to see the light and establish signs, seasons, days, and years.

On the first day of the creation of the heavens and earth, light was created, and the light was called the day and was distinguished from the darkness called the night. After the sun and the moon were created on the fourth day of the creation of the heavens and earth, the sun ruled over the day, the moon ruled over the night, and the sun and the moon were divided as light (day) and darkness (night). We must not overlook the fact that light was first created before the sun and moon were created.

We remember that when Jesus Christ, the Son of God, was born, three wise men from the east came to Bethlehem following the appearance and movement of a great star. God wants to show the signs that will happen to people by overseeing the creation, movement, and disappearance of stars. He foretold Abraham that his descendants would prosper as much as the stars in the sky and the grains of sand by the sea. Perhaps astrophysicists should be tasked with observing celestial bodies and informing humans of signs from heaven. But instead they see the celestial bodies and are denying God. The sun, moon, and stars created in outer space are clearly created by the power of God because they are absolutely essential for life and people on Earth. The sun, moon, and stars created by the power of God will run out when the end of mankind comes. The time of creation again passed, and evening and morning passed, and the fourth day passed.

Immediately after the tribulation of those days shall the sun be darkened, and the moon shall not give her light, and the stars shall fall from heaven, and the powers of the heavens shall be shaken(Mat 24:29)

9

Fish and Bird

God wanted man to realize His eternal attribute through nature.

> And God said, Let the waters bring forth abundantly the moving creature that hath life, and fowl that may fly above the earth in the open firmament of heaven(Gen 1:20).
> And God created great whales, and every living creature that moveth, which the waters brought forth abundantly, after their kind, and every winged fowl after his kind: and God saw that it was good(Gen 1:21).
> And God blessed them, saying, Be fruitful, and multiply, and fill the waters in the seas, and let fowl multiply in the earth(Gen 1:22).
> And the evening and the morning were the fifth day(Gen 1:23).

The universe, earth, sun, moon, and the stars were created, and the sky was filled with light and air. The earth was filled with water and plants. On the fifth day, God began to create moving animals by first creating fish that live in the water and birds that fly in the sky, according to various kinds. The different kinds would have been so endless that it was hard to figure out. Please note that He did not create reptiles, amphibians, and mammals in order after fish, but first created birds that could fly in the sky. You shouldn't expect the theory of evolution to be proven through Genesis. Great whales were also created in the sea. Their bones were buried somewhere during Noah's Flood and might be found in some parts of the world. Scientists claim that giant dinosaurs existed based on the large bones found underground, but they are not mentioned in God's creation record, and if God had created them, they would have been preserved and reproduced by Noah's Ark to this day. The bones of large fish that live in water, not dinosaurs, may have been buried in the ground amidst the turmoil of tectonic fluctuations caused by Noah's Flood, and a small fraction of them may have become fossils. Some Christians claim that before Noah's Flood, large dinosaurs lived on the earth and became fossils during Noah's Flood. It is also God's creation that the dinosaurs that died in the process of Noah's Flood were changed into fossils in a very short time. I believe that God also created fossils with large bones. It is reasonable to think that fossils that were created in an instant, not formed naturally over many years, were scattered all over the world with only the word of God. This makes the creation of the earth look very natural, as if it had been made over many long years. The creation of the universe was created in an instant, but the natural sights were made to look very old. What was the reason to do that? I think God wanted man to realize His eternal attribute through nature. Also, I consider that is may be God's will to make nature a stumbling block to those who deny God. For them, the fossils buried in the earth attest that the history of the universe points back to billions of years, so that they do not accept

God's predestination and providence, thus denying God's creation and His very existence.

> And in them is fulfilled the prophecy of Esaias, which saith, By hearing ye shall hear, and shall not understand; and seeing ye shall see, and shall not perceive (Mat 13:14).
>
> For this people's heart is waxed gross, and their ears are dull of hearing, and their eyes they have closed; lest at any time they should see with their eyes and hear with their ears, and should understand with their heart, and should be converted, and I should heal them (Mat 13:15).

Modern history education completely denies creationism and persuades people to believe evolutionary theory as truth. It is dinosaur fossils that contribute to the theory of evolution. As evolutionists argue, if a saint acknowledges the existence of a dinosaur, it will eventually lead to the point of denying the Bible itself. Dinosaurs are human-made imaginary animals. However, among many Christians, there are many who acknowledge the existence of dinosaurs. They don't have much resistance to dinosaurs. Behind the theory of dinosaurs lies a big conspiracy of evolutionists. In modern times, dinosaurs are depicted in a friendly and cute way through commercial media and movies/cartoons. Words for dragons sometimes appear in the Bible, and they all refer to the gathering of Satan. From the beginning to today, there were never dinosaurs.

When Jonah, the prophet of God, fled from God's voice, he was swallowed up by a large fish arranged by God and was in the belly of that fish for three days and nights. Therefore, large fish must have existed somewhere in the ocean (Mediterranean Sea) not only at the time of creation but also during the time of Jonah. The incident where the prophet Jonah was in the belly of a fish for three days is an illustration of how Jesus was later buried in a tomb cave for three days after his death on the cross. Fish that were large enough to allow a human to breathe inside their stomach for three days were created and existed in the days of Jonah.

After God created the fish and the birds, he blessed the fish and said, "Be fruitful, and multiply, and fill the waters in the seas.", and to the birds, "Let fowl multiply in the earth." The various seas refer to the five oceans. It was God's will for fish and birds to grow and flourish throughout the five oceans and six continents. The fifth day of God's creation had passed and the great nature created by God was filled with various fish and birds.

10

Animals

There was no law of the jungle among the created beasts, and all ate grass and existed together.

> And God said, Let the earth bring forth the living creature after his kind, cattle, and creeping thing, and beast of the earth after his kind: and it was so(Gen 1:24).
>
> And God made the beast of the earth after his kind, and cattle after their kind, and every thing that creepeth upon the earth after his kind: and God saw that it was good(Gen 1:25).

On the last sixth day of the creation of the heavens and earth, God created all kinds of animals that breathe the air on the earth. The number of animals created, from large elephants to invisible bacteria, was immeasurable. With huge swarms of locusts, a procession of ants working together, bats living in caves, scorpions living in deserts, and so on, the power of God's creation is beyond our imagination. Not only dogs and cats, chickens and pigs, but also beasts such as lions and hippos, monkeys, and roe deer, as well as lizards, frogs, earthworms and spiders, were created in no time at all. As soon as they were created, they began to grow and reproduce in pairs as if they had lived that way for many years.

In the world of animals, it was structured such that mutual order and laws were observed. Both orders and laws could be clearly preserved under the will of God. All living things and nature operated according to clear laws of nature, and the earth's land, sea, and sky were filled with numerous flora and fauna. Everything was good in the eyes of God who watched all these sights. There was no law of survival in the jungle among the created beasts, and everyone ate grass and lived together. There was only a symbiosis of (for example) lions and rabbits who played together and looked after each other. Later, after the fall of the first man, Adam, the earth was cursed, and a battle for the desperate survival of the law of the jungle was created, in which beasts ate each other.

11

Man

The purpose of man's creation was to share personal fellowship with God and to praise and rejoice in God as the Creator forever.

> And God said, Let us make (bə·ṣal·mê·nū בְּצַלְמֵנוּ) man ('ā·ḏām אָדָם) in our image (bə·ṣal·mê·nū בְּצַלְמֵנוּ), after our likeness (kiḏ·mū·ṯê·nū; כִּדְמוּתֵנוּ): and let them have dominion over the fish of the sea, and over the fowl of the air, and over the cattle, and over all the earth, and over every creeping thing that creepeth upon the earth (Gen 1:26).
> So God created (way·yiḇ·rā וַיִּבְרָא) man in his own image, in the image of God created (bā·rā בָּרָא) he him; male and female created (bā·rā בָּרָא) he them (Gen 1:27).

> Ge 1:26 And God said, Let us make (na·'ă·śeh נַעֲשֶׂה) man ('ā·ḏām אָדָם) in our image (bə·ṣal·mê·nū בְּצַלְמֵנוּ), after our likeness (kiḏ·mū·ṯê·nū; כִּדְמוּתֵנוּ): and let them have dominion over the fish of the sea, and over the fowl of the air, and over the cattle, and over all the earth, and over every creeping thing

that creepeth upon the earth.

In 1:26 we come up with the term "us" or "our". The doctrine of the Trinity might have come from this word. Even though there was no god other than God before the beginning, the term "us" or "our" was used. God is one and exists in three persons. The three persons are God=Jesus=Holy Spirit. God created man in the image of the three persons, that is, created male and female in His own image. As explained in Genesis 2, He created man first and then created woman from man.

God's creation of man must have been the highlight of the creation of the heavens and the earth. The last work of the creation of heaven and earth was Adam (man). The human Adam was the best creation of all, being made in the image and likeness of God. Man is God's creation and is the most important being, made in the image of God. The first man, Adam, was created complete. It means that Adam was completely sinless. The greatest reason human beings are precious is because they are like God's image. No matter how lowly he may seem, man must be regarded with greater honor than any other creature. The human body (mind (spirit) + flesh) and soul were in perfect harmony. The soul is invisible to the eyes, inaudible to the ears, and untouchable to the mind. All areas of the mentality that a person feels, thinks, and imagines are within the scope of the mind (spirit). The first man, Adam, was created as a mature adult.

The purpose of man's creation was to share personal fellowship with God and to praise and rejoice in God as the Creator forever. Here we should pay attention to the word "forever." The first man, Adam, who was born in the created world, was originally created for the purpose of worshiping and fellowshipping with God in this world forever. I don't know how many days or years had passed since Adam was created, but in the latter days, through Adam, sin entered this world, and the meaning of "forever" was faded and corrupted. Jesus was prepared from before the creation of the world to fundamentally solve all these problems of corruption and death. The meaning of "forever" will have meaning not in this world as we know it now, but in a new heaven created in the future.

God had given Adam the role to rule over all living things and creatures on the earth. Adam obeyed it faithfully. There was nothing he lacked. God also taught us what to do about the relationship between man and man (Gen 4:7). As an extension of the vertical and personal relationship between God and man, man and man also love each other with good and beautiful character created by God in a horizontal and personal relationship. In this way they are to be built up before God as holy beings. For this, God created a woman, Eve, who resembles a man. A woman was also a person who resembled God's image, learning the Word of God, and sharing fellowship with God. Women were therefore both helpers and companions to bring men closer to God.

12

Perfect Creation

Man does not have just one purpose to rule over all the creatures of the earth and the universe that were entrusted to him by God.

> And God blessed them, and God said unto them, Be fruitful, and multiply, and replenish the earth, and subdue it: and have dominion over the fish of the sea, and over the fowl of the air, and over every living thing that moveth upon the earth(-Gen 1:28).
> And God said, Behold, I have given you every herb bearing seed, which is upon the face of all the earth, and every tree, in the which is the fruit of a tree yielding seed; to you it shall be for meat(Gen 1:29).
> And to every beast of the earth, and to every fowl of the air, and to every thing that creepeth upon the earth, wherein there is life, I have given every green herb for meat: and it was so(Gen 1:30).
> And God saw every thing that he had made, and, behold, it was very good. And the evening and the morning were the sixth day(Gen 1:31).

After making Adam and Eve on the last day of the creation of the heavens and earth, God blessed them. Because of God-given blessings, all the creatures of the earth were blessed together and were able to multiply more powerfully and fill the earth. Man became the source of blessing. In this way, man came to play the role of governing all living things on the earth, in the sea, and in heaven. Things were able to grow on the land and in the sea so that green grass, all seed-bearing vegetables, and all seed-bearing trees, were abundant as food necessary for the nourishment of all living creatures. Imagine! A lion and a lamb eating green grass, playing together and hanging out with people. God created a beautiful paradise of nature in which animals do not hurt each other but rather help each other, and never die, but prosper forever.

God commanded the first man, Adam. Be fruitful. Multiply. Replenish. Subdue. Have dominion. This series of commands are words that emphasize that man is the owner of the earth. God gave this special authority only to humans and commanded them to rule over all living things. For this, God has allowed man to have authority. Man does not have just one purpose to rule over all the creatures of the earth and the universe that were entrusted to him by God. People also have a purpose in life to worship with awe the God who created them. This continues to be mentioned in Genesis 2.

All animals were able to feed on the green grass alone, and they never overate. Since there was no sickness and death, none were injured, nor became sick or old. They didn't know boredom and lived a joyful and pleasant life. In Genesis 1:31, God said the results of His creation were very good. Creation was complete, and there was no sin, no death, nor any need for power, honor, or money. Adam didn't need these things. The last day of creation slowly faded with a brilliant evening glow.

13

Rest

Only when there is rest does a person have the power to rule the world.

> Thus the heavens and the earth were finished, and all the host of them (Gen 2:1). And on the seventh day (bay·yō·wm בַּיּוֹם) God ended his work which he had made ('ā·śāh; עָשָׂה); and he rested on the seventh day (bay·yō·wm בַּיּוֹם) from all his work which he had made (Gen 2:2).
> And God blessed the seventh day (yō·wm יוֹם), and sanctified it: because that in it he had rested from all his work which God created (bā·rā בָּרָא) and made (accomplished, la··'ā·śō·wṯ. לַעֲשׂוֹת) (Gen 2:3).

On the 7th day, after 6 days of creation, God rested. Not because He was tired and wanted to rest, but because creation was fulfilled as intended. As evolutionary Christians argue, the creation of heaven and earth did not occur spontaneously, but rather over billions of years. After God created all things in the universe in 6 days, 24 hours each, He declared one day as the Sabbath. God blessed and sanctified the Sabbath itself. Every day is a holy day, but He had made a special distinction on the Sabbath. This is a day of rest. It is also a day to worship God who declared this day holy while resting ourselves from all labor.

Because God has proclaimed the Sabbath, no one in power can get rid of it. At one time, communists in China tried to get rid of the Sabbath (holiday). As a result, they again designated a public holiday after experiencing fatigue in the people and a sharp drop in productivity and efficiency. A day of rest is an absolute necessity for people. While taking a rest on the Sabbath, the saints try to remember God who rested on the 7th day right after the creation of the heavens and the earth. Only when there is rest does a person receive the power and energy to rule the world.

For the Israelites who had spent 40 years in the wilderness, manna came down from heaven for six days and was used as daily food. But on the sixth day, two days' worth of food was provided and prepared. This is because manna did not fall on the 7th day, the Sabbath. God had taught and guided people to experience the importance of the Sabbath. At one time, the Israelites thought that only the Sabbath was a holy day, but for the saints, every day is a holy day. Two or more saints gather to form an assembly and worship together. The reason the saints especially gather on the Sabbath (holiday) is because many saints can gather at the same time. For the saints, every day is a Sabbath and a congregational day.

14

Earth watered by mist

Genesis 2:4-6 does not re-explain God's creation process. It didn't even have to. This is because in the previous chapter, everything about creation was explained sequentially.

> These are the generations (ṯō·wl·ḏō·wṯ תּוֹלְדוֹת) of the heavens and of the earth when they were created (bə·hib·bā·rə·'ām; בְּהִבָּרְאָם), in the day (bə·yō·wm, בְּיוֹם) that the LORD God made ('ă·śō·wṯ עֲשׂוֹת) the earth and the heavens (Gen 2:4).
> And every plant of the field before it was in the earth, and every herb of the field before it grew: for the LORD God had not caused it to rain upon the earth, and there was not a man to till the ground (Gen 2:5).
> But there went up a mist from the earth, and watered the whole face of the ground (Gen 2:6).

The importance of these three verses is easy to overlook by most of the saints. Especially from the point of view of theological interpretation, these passages must be addressed very carefully. By misinterpreting these three verses, many liberal and neo-orthodox theologians have denied God's creation of the heavens and earth itself, and became blinded by evolutionary science and rationalistic philosophy. They dismiss creation by stating that the verses from Genesis 1:1 to 2:3 are only so-called symbolic meanings. They reason that there can't be light before the sun, and plants can't occur before the sun. They say that it is natural science that the Universe, the stars, the Sun, and Earth were made in the order of nature, so Genesis 1:1 to 2:3, where this order is jumbled, are only symbolic expressions. They always argue that the birth of the whole universe has emerged spontaneously and gradually over billions of years. They point out that the passages after Genesis 2:4 are sequential. Consequently, they deny God by questioning whether God really created the heavens and the earth.

> For thus saith the LORD that created the heavens; God himself that formed the earth and made it; he hath established it, he created it not in vain, he formed it to be inhabited: I am the LORD; and there is none else (Isa 45:18).

They say that "day" in Genesis 2:4 is not a 24-hour day in the original Hebrew language, but a concept of a period of time, so it is not necessary to regard the "day" of the creation of the heavens and the earth as a "day" of the 24-hour rotation of the earth. Therefore, it is argued that the period of creation of the heavens and the earth is correct even if it is billions of years. However, the root of "in the day" (bə·yō·wm, בְּיוֹם) in Chapter 2:4 is day (yō·wm, יוֹם), which is the same as "day" (yō·wm יוֹם) in Chapter 1:5. There was a history of

Jesus transforming water into wine at the wedding feast in Cana. It took less than 30 minutes to turn water into wine. This event was a miracle. Likewise, the creation of the heavens and the earth was a miracle which happened in an instant.

Here in Genesis 2, the relationship between God and man, especially the covenantal relationship, is the main purpose in creating man. Verses 4 to 6 describe some of the second and third days of creation. At that time, God made the sky, the sea, and the land. Moses, the author of Genesis, described the beginning of chapter 2 in this way, emphasizing that man was created from nothing and out of the earth. Moses is particularly emphasizing the land (soil) from which man came from. When the sky, the sea, and the land were created, it describes the earth where no living creatures had yet been made. Instead of rain, only fog rose from the ground and wet the whole ground.

Genesis 2:4-6 does not re-explain God's creation process. It didn't even have to. This is because in the previous chapter, everything about creation was explained sequentially. Now Genesis 2:4-6 focuses on man. The Bible was written for people. As soon as the explanation of the creation of the heavens and the earth was finished, the focus was on people. Verses 4-6 were needed to explain that the first man, Adam, was made out of the earth (soil).

Cloudy fog is caused by temperature differences in the climate. The fog covered the whole earth and remained moistened by the small water molecules contained in the fog. The verse in which man was created, "And the Lord God formed man of the dust of the ground, and breathed into his nostrils the breath of life; and man became a living soul," (Gen 2:7) refers back to the state of the earth before the events spoken of (creating man). These three verses (4-6) may be the background for verse seven.

15

Living Soul

Every saint, or man of God, had a process of regeneration. Regeneration is when the dead-like spirit comes back to life, described as being born again.

> And the LORD God formed man of the dust ('ā·p̄ār עָפָר) of the ground, and breathed into his nostrils the breath of life; and man became a living soul (lə·ne·p̄eš לְנֶפֶשׁ) (Gen 2:7).

Moses wanted to bring these very words to the Israelites quickly. God was their Creator! It is true that they were going through a desert wilderness. They even passed through deserts without a drop of rain. In that vast land, they could hardly survive. *But God was leading them.* Moses insisted that the Creator of the great nature, the wild wilderness, and the desert that they observed, was the same God who freed them from Egypt and guided them to this point. At the same time, he wanted to explain that the purpose of God's creation lies with man. He meant to say that man was made out of the earth (soil). The rough land that the Israelites looked at every day was actually a living and breathing land. Man was made in the land. God made all this possible.

All mankind are descendants of the first man, Adam. That first man, Adam, was made out of the soil, as were all living things, including plants and animals. However, God only breathed life into the nostrils of man. Then the man became a living being (lə·ne·p̄eš; לְנֶפֶשׁ). Those who came out of the earth (soil) became living souls. We need to reflect on the human component once again.

Man is made up of flesh + mind (spirit) and soul. The Israelites in the Old Testament times divided the composition of man into only the body and the soul, but I prefer dividing the body into the physical flesh and the mental mind. However, the flesh and mind fall into one category: the body. The body was made of dirt, but there was no life. God made a living being by breathing life into a body without life. When a person becomes a living soul, not only the body and mind (spirit) but also the soul is added. In the Old and New Testaments, the expression of soul is sometimes used without distinction between "soul" and "spirit". The mind is the spirit of intelligence, emotion, and will, which includes the ability to see, hear, and feel things and to think creatively on its own. But, man also has a soul, and this is what makes man different from other living things (Isaiah 31:3). The spirit (lə·ne·p̄eš; לְנֶפֶשׁ) in Isaiah 31:3 has the same root as "breath" in Genesis 6:17, 7:15, and 7:22. It also has the same root as "wind" in Genesis 8:1, and the same root as the "mind" in Genesis 26:35. Further, it has the same root as (God's) "Spirit" in Genesis 41:38, and of "spirit" in Genesis 45:27. In addition, there are 205 other examples where rū·aḥ; רוּחַ is used in the Old Testament in which the meaning can be summarized as meaning a soul. The soul cannot be seen, heard, felt, or communicated to by humans, but it can have spiritual communion with God. Man can never develop into God, however, man's soul does resemble God in the sense that the soul never dies. That is why there is great worth and dignity in humans, as beings created in the image of God.

> Now the Egyptians are men, and not God ('êl, אֵל); and their horses flesh (bā·śār בָּשָׂר), and not spirit (rū·aḥ; רוּחַ). When the LORD shall stretch out his hand, both he that helpeth shall fall, and he that is holpen shall fall down, and they all shall fail together (Isa 31:3).

Since creation, man has been given a life of filling the belly of his body with plants, thinking with his heart, and governing all things. The first man, Adam, was created as a perfect mature adult. At the same time, man was a creature that spiritually had personal fellowship with God, and worshiped and praised God himself. As I will explain in more detail later, Adam and all mankind died spiritually as sin entered the world through Adam's sin in the Garden of Eden. In other words, spiritual communion or fellowship with God became no longer possible. Spiritual death here means eternal disconnection from God, but it does not mean that the soul has disappeared from man. The reason why we had no choice but to die spiritually was because sin had entered people. After the fall of Adam, it can be said that all humans are born with only a body and mind (spirit) that can live and die because his soul can no longer communicate with God. And at the same time as a person dies (physical death), he continues to be cut off from God forever. His body and soul is forever cut off from God in hell and will be punished forever. Because the body dies, the mind (spirit) can no longer work. This is because the mind (spirit) works only when the body is alive. The death of the body also includes the death of the mind (spirit). As the body corrodes, the mind (spirit) ceases to exist.

Every saint, or man of God, had a process of regeneration. Regeneration is when the dead spirit comes back to life, described as being "born again." It is only then that spiritual communion with God becomes possible. When you hear God's voice (His Word) you can understand and believe. When Jesus met a Jewish teacher named Nicodemus, He said that those who want to see the Kingdom of God must be born again. At the same time, He said that being born again was like not knowing where the wind was coming from and where it was going, but still seeing its effect. Regeneration is entirely God's providence of creation. Without being regenerated, someone who hears the Word of God cannot trust it. No one knows when a person will be regenerated or who will be regenerated. Only God knows.

Due to the fall of Adam, a person is born, lives, and dies with the body and mind (spirit) in the same state — the soul exists but is actually dead. After living in a brief historical space and time gap, and then dying, you do not stay only in a spiritual state that is forever disconnected from God. According to the Bible, the day will come when all mankind will have a resurrection of the body to restore the original body and mind (spirit). 그리고 Those who die spiritually because they are not regenerated are reborn through the resurrection to eternal punishment, being judged by eternal fire. Those who have been regenerated and become children of God through faith in God are reborn through the resurrection to eternal life to live with God in heaven forever.

This fact is tremendous news and it is something that all mankind should hear and quickly respond by turning to God and repenting. To repent to God means to stop living without knowing God, and turn back and change your direction 180 degrees to following God by faith.

16

Garden of Eden

Good and evil are not within our choice and control. Choosing evil rather than good leads us to a worse state.

> And the LORD God planted a garden eastward in Eden; and there he put the man whom he had formed(Gen 2:8).
>
> And out of the ground made the LORD God to grow every tree that is pleasant to the sight, and good for food; the tree (wə·'êṣ וְעֵץ) of life (ha·ḥay·yîm הַחַיִּים) also in the midst of the garden, and the tree (wə·'êṣ וְעֵץ) of knowledge (had·da·'aṯ הַדַּעַת) of good (ṭō·wḇ טוֹב) and evil (wā·rā' וָרָע)(Gen 2:9).
>
> And a river went out of Eden to water the garden; and from thence it was parted, and became into four heads(Gen 2:10).
>
> The name of the first is Pison: that is it which compasseth the whole land of Havilah, where there is gold(Gen 2:11)
>
> And the gold of that land is good: there is bdellium and the onyx stone(Gen 2:12).

> And the name of the second river is Gihon: the same is it that compasseth the whole land of Ethiopia(Gen 2:13).
>
> And the name of the third river is Hiddekel: that is it which goeth toward the east of Assyria. And the fourth river is Euphrates(Gen 2:14).

When we think of the passages following Genesis 2:4 as the process of creation of the heavens and the earth, confusion sometimes arises and eventually leads to denying the creation of the heavens and the earth itself. The process of the creation of the heavens and the earth is described in comparative detail in Chapter 1. Genesis 2 focuses on Adam, the first man made out of earth. Therefore, Chapter 2 should not be viewed as an unfolding of time and events, but should focus on what God wants to say.

God created a special place for Adam and Eve. It only says that the place is in the east, but it does not say specifically where it is. God created a garden in Eden in the east. He created the Garden of Eden. God did not care for the Garden of Eden like a gardener. It was created. The work of God's creation continues even now. And He made Adam and Eve live in the Garden of Eden. So, Eden was the hometown of mankind. The Garden of Eden must have been like a paradise. In the land, there were trees bearing fruit that looked beautiful and were easy to eat. In the middle of the garden, He made a "tree of life" and a "tree of knowledge of good and evil." Moss was not evolved into a tree of life, but was created from the beginning according to different kinds. The "tree of life" was a mystical tree that bore the fruit that allowed people to live forever, and the "tree of knowledge of good and evil" was a tree of wisdom such that everyone who ate its fruit would know both good and evil. We may ask,

What does it mean to know good and evil?

Adam and Eve didn't even know what evil was. They were created in the image of God and had the good character from God. Evil is distinguished from good. If good is directed toward God's holiness, then evil is anything that is against God. There is no evil in God, so how was evil created? In this regard, orthodox biblical scholars teach that the fall of the angels created by God made the power of evil in Satan, and that evil is an attribute of Satan and his hordes. We have no idea how an angel could fall and how evil could come out of a good, created angel. We are silent about what we don't know. We believe in the existence of angels and Satan (the devil), and we believe that angels and Satan began to exist at least before Adam's fall rather than after Adam's fall. Angels and Satan are eternal deathless spirit creatures, and we know little of their world. I believe that angels are faithful servants of God, and Satan and his followers are a group of rebels against God.

Therefore, knowing good and evil means knowing both how to live rightly and how to live wickedly, and it implies that we are able to live both ways. Adam and Eve fell into the temptation of Satan, ate the fruit of the tree of knowledge of good and evil that made them know good and evil, embracing in their hearts both good and evil. Even if you know both good and evil, you cannot always do the good you should or want to do. This is because evil has the power to multiply and oppose the good. Good and evil are not within our choice and control. Evil, rather than good, leads us to an increasingly wicked state more easily and powerfully.

> Therefore the Lord himself shall give you a sign; Behold, a virgin shall conceive, and bear a son, and shall call his name Immanuel(Isa 7:14).
>
> Butter and honey shall he eat, that he may **know to refuse the evil, and choose the good**(Isa 7:15).
>
> For before the child shall **know to refuse the evil, and choose the good**, the land that thou abhorrest shall be forsaken of both her kings(Isa 7:16).

In the book of Isaiah, it was foretold that as Jesus grew up, He was going to make a distinction between good and evil. Jesus was the Son of God who had no evil. He was born with a human body and mind (spirit), and as he grew up, he became aware of the evil that causes sin in the body and mind. At the same time, He grew up perfectly without sinning at all. Jesus was able to live 100% righteously because He was the only begotten Son of God and one person of the triune God.

The tree that bears the fruit of knowledge of good and evil is a tree that does not make us stop knowing good from evil, but rather leads to more deliberate actions of evil instead of good. God made a tree of knowledge of good and evil in the middle of the Garden of Eden. Maybe even the angels that God created had something similar to a tree of knowing good and evil. This is just my guess, and no one knows how evil was created. The important thing is that in God there is no evil and He hates and condemns evil. Evil is something that can never be attributed to God. Adam and Eve later ate the fruits of good and evil, and in reality, they began to know both good and evil. And as a result of disobeying God's command not to eat the fruit of good and evil, they were sentenced to death, including spiritual death.

There are four rivers that emerged from Eden. The Pison and Gihon rivers refer to the upper reaches of the Nile, while the Hiddekel and Euphrates refer to the rivers that cross the Mesopotamian plain. However, no one knows where the Garden of Eden was. The Garden of Eden no longer exists for us to observe. But that doesn't matter, for we are awaiting a better hometown than the Garden of Eden. It is a heavenly kingdom, the Kingdom of God that we are looking forward to. The Garden of Eden was a place built on the earth (soil), but God's Kingdom refers to an eternal paradise that will come along with a new heaven and a new earth.

17

Of the tree of the knowledge of good and evil

The fruit of life that we must truly long for is not in Eden, but on the cross. I speak of Jesus Christ.

> And the LORD God took the man, and put him into the garden of Eden to dress it and to keep it.
> Ge 2:16 And the LORD God commanded the man, saying, Of every tree of the garden thou mayest freely eat(Gen 2:15).
> But of the tree of the knowledge of good and evil, thou shalt not eat of it: for in the day that thou eatest thereof thou shalt surely(mō·wṯ מֽוֹת) die(Gen 2:17).

This verse mentions why God placed Adam and Eve to live in the Garden of Eden. It was to dress and keep the Garden of Eden. This passage makes us think about many things. The Garden of Eden was a place rich in fruit trees where one could live comfortably without working and fill their stomach with different fruits when hungry. However, God did not allow Adam and Eve to live vaguely without purpose simply eating and playing. They had to dress (care for) and keep the Garden of Eden. It is said that no gardener is better than nature. But why did He let Adam and Eve dress and keep the garden? There are many different theories here. It seems that God already knew the fall of man and wanted to teach them how to govern nature and how to protect themselves from nature. Did the Garden of Eden really need to be protected before the fall of Adam? To keep the Garden of Eden may mean to protect it from outside intrusion. What external intruders were there at that time when all living things weren't cursed yet? The trees in the Garden of Eden were growing well with God's blessing, even though Adam did not access them. Adam and Eve must have learned how to live in nature and the providence of nature by obeying the will of God and caring for and keeping the Garden of Eden. Perhaps they thanked God for the beautiful and fine creation they saw in nature. They were not resting, but diligently and caring for the Garden of Eden with gratitude.

God commanded Adam and Eve to care for and keep the Garden of Eden, and if they were hungry and thirsty, they could eat fruits of any tree, except the "tree of knowledge of good and evil" in the garden. There was no thorough explanation as to why they shouldn't eat the fruit of that tree. However, He warned that if Adam (or Eve) were to break God's command and eat the fruit, he (she) would surely die. Perhaps God had taught Adam that, without wings, if he tried to jump from a high cliff to fly like a bird, man could not do it. He may have taught that when Adam entered a river and tried to breathe, he could not breathe in water like a fish. And He would have warned him not to try to jump off the cliff again. In other words, Adam and Eve must have been well aware of the need to heed God's warning. They would have found that ignoring God's warnings would lead to difficulties.

Now they had heard the severe warning God gave them. Before they heard

God's warning about the fruit of that tree of knowledge of good and evil located in the middle of the garden that they had never eaten, there must have been many more delicious and beautiful fruits that they had not eaten yet. They must have heard God's command and recognized the importance of his words. God's command was to never eat the fruit of the tree of knowledge of good and evil. They were not told why they shouldn't eat only that tree's fruit. Through this warning God was teaching people their duty to obey and keep God's Word. Among the creatures created by God, only those who resembled God's image could hear God's command directly and keep it completely. This divine command teaches God's justice. God's Word tells us that there is no neglect on God's part at all.

There are some people who ask this question: What would have happened if they ate the fruit of good and evil as well as the fruit of life? The answer is mentioned in Chapter 3. They would live forever if they ate the fruit of life. But at the same time, they would experience a spiritual death where their relationship with God would be cut off forever. The body and mind would live forever, but the soul would die. And body and mind without God is not just meaningless life, but living in the eternal wrath of God. Such is the end of those who do not believe in Jesus and die in sin. In the eternal hell that has been prepared for them, the resurrected body and mind groan and suffer forever. If you want to live forever with the fruits of life in the Garden of Eden, it is a great illusion. The day will come when all people will be resurrected. The saints will be reborn in the resurrection to eternal life, and the non-believers will reborn in the resurrection to eternal punishment. The fruit of life that we must truly long for is not in Eden, but on the cross. I am speaking of Jesus Christ. In the name of the Lord, I bless you to drink and eat the true water of life and the bread of true life that comes from Jesus.

18

A helper

Under God's command to be fruitful, multiply, and fill the earth, it was self-evident that providing a woman for Adam was inevitable as the only way for Adam to spread offspring and multiply on the earth.

> And the LORD God said, It is not good that the man should be alone; I will make him an help meet for him(Gen 2:18).
>
> And out of the ground the LORD God formed every beast of the field, and every fowl of the air; and brought them unto Adam to see what he would call them: and whatsoever Adam called every living creature, that was the name thereof(Gen 2:19).
>
> And Adam gave names to all cattle, and to the fowl of the air, and to every beast of the field; but for Adam there was not found an help meet for him(Gen 2:20).

In 2:19, it is said that God made various wild animals and various birds in the air out of the ground. It is important to note that all living things are made from dirt. And He brought all kinds of creatures to Adam and let Adam give them names. Since God brought the animals directly to Adam, it would not have taken much time to name them. The animals appearing to Adam one by one can give you a glimpse into how peaceful the Garden of Eden was like — a paradise of dreams. Adam, created as an adult, was born with a considerable level of intellectual abilities and instincts from birth. He could speak, think, and communicate with the language. Rather than us who must go through childhood and accumulate wisdom and knowledge through the process of education, he was created already possessing all that knowledge. We cannot estimate the degree of Adam's knowledge, but we assume that it was enough to live in this world, and furthermore, we assume that he was fully equipped with that knowledge as a lord who governs all things. So Adam was able to give names to all kinds of livestock, birds in the air, and all kinds of beasts of the field. The various beasts brought to Adam by God had partners. Being paired, not alone, allowed them to breed and not be lonely. However, for Adam, only God was his partner in conversation. Only God could hear Adam's deep inner voice. Various animals were given their names from Adam, but God the Creator was the only one who called Adam's name. God said that it was not good for Adam to be alone and that He would create a mate who needed Adam and helped him. We do not know if Adam felt the need of a mate to help him. However, God, who knows the history of the world in advance, made a woman who was to be with man. The reason God made women was because He knew man does need someone to help him.

We can speculate that without a woman there would have been no fall of Adam in the Garden of Eden. Under God's command to be fruitful, multiply, and fill the earth, it was self-evident that providing a woman for Adam was inevitable as the only way for Adam to spread offspring and multiply on the earth. It was not that God made a woman for Adam because Adam's being alone seemed pitiful and lonely. It is a correct view that God said that it was not good for a person to be alone. God's original intended will was accomplished. It is good in God's eyes for humans to live in pairs, not alone. The family and society were already being formed as Adam and the first woman worshiped God together. The day the woman was made was the sixth day, as evidenced in Genesis chapter one.

19

Woman

It is a fact that the purpose of becoming a married couple is to make sure that the husband and wife, are holy and blameless, without spots or wrinkles in the sight of God.

> And the LORD God caused a deep sleep to fall upon Adam, and he slept: and he took one of his ribs, and closed up the flesh (bā·śār בָּשָׂר) instead thereof(Gen 2:21).
> And the rib, which the LORD God had taken from man, made (way·yi·ḇen וַיִּבֶן) he a woman, and brought her unto the man(Gen 2:22).
> And Adam said, This is now bone of my bones, and flesh of my flesh: she shall be called Woman ('iš·šāh, אִשָּׁה), because she was taken out of Man(Gen 2:23).
> Therefore shall a man leave his father and his mother, and shall cleave unto his wife: and they shall be one flesh(Gen 2:24).
> And they were both naked, the man and his wife, and were not ashamed(Gen 2:25).

In Genesis chapter one, it is said that on the sixth day of the creation of the heavens and earth, God made men and women. This shows that God's creation was an instant thing. Adam, created before the woman, fell asleep deeply after spending only a few hours naming various animals. It was God caused Adam to fall deeply asleep. Since it was still the sixth day of creation, it must have been the first time that Adam fell asleep. Adam might have dreamed of meeting his partner in a dream. In the sleeping body of Adam, God took a rib and added flesh. And with that rib He created a woman. As Adam was created from the earth, the rib God used to create Eve also had the same properties. As He did with the animals, God led the woman to Adam, to let him name her. With Eve being so unlike the animals, Adam would have remarked to God when he saw the woman who resembled him, "This animal is completely different from other animals." At that time, God would have taught him that she was the one who would help him, she who was formed from his ribs. Adam said:

> "This is now bone of my bones, and flesh of my flesh: she shall be called Woman ('iš·šāh, אִשָּׁה), because she was taken out of Man."

The name "woman" was a name that God liked too. God taught that when a man and a woman become adults, it was natural to leave their parents and become united to form one body. The word for unity here is the key word in describing the relationship between Jesus and us.

Adam welcomed Eve as his wife. They were naked with each other, but they didn't feel ashamed because they still didn't know what good and evil were.

Since Eve was created as an adult like Adam, the knowledge, wisdom, and femininity to communicate with Adam deserved his love in return. The sixth day of creation was the day when all creation, including Adam and Eve, was completed.

> Wives, submit yourselves unto your own husbands, as unto the Lord(Eph 5:22).
>
> For the husband is the head of the wife, even as Christ is the head of the church: and he is the saviour of the body(Eph 5:23).
>
> Therefore as the church is subject unto Christ, so let the wives be to their own husbands in every thing(Eph 5:24).
>
> Husbands, love your wives, even as Christ also loved the church, and gave himself for it(Eph 5:25).
>
> That he might sanctify and cleanse it with the washing of water by the word(Eph 5:26).
>
> That he might present it to himself a glorious church, not having spot, or wrinkle, or any such thing; but that it should be holy and without blemish(Eph 5:27).
>
> So ought men to love their wives as their own bodies. He that loveth his wife loveth himself(Eph 5:28).
>
> For no man ever yet hated his own flesh; but nourisheth and cherisheth it, even as the Lord the church(Eph 5:29).
>
> For we are members of his body, of his flesh, and of his bones(Eph 5:30).
>
> For this cause shall a man leave his father and mother, and shall be joined unto his wife, and they two shall be one flesh(Eph 5:31).

> This is a great mystery: but I speak concerning Christ and the church(Eph 5:32).
>
> Nevertheless let every one of you in particular so love his wife even as himself; and the wife see that she reverence her husband(Eph 5:33).

These verses used in the book of Ephesians describe the relationship between Jesus Christ and the Church as a relationship between a husband and a wife. Just as Jesus Christ is only One and there is only one body (the Church), so there is only one wife for one husband. The important verse here is that the purpose of becoming a married couple is to make sure that the husband and wife, are holy and blameless, without spots or wrinkles in the sight of God.

Even in Mark 10, Jesus said:

> But from the beginning of the creation God made them male and female(-Mak 10:6).
>
> For this cause shall a man leave his father and mother, and cleave to his wife(Mak 10:7).
>
> And they twain shall be one flesh: so then they are no more twain, but one flesh(Mak 10:8).
>
> What therefore God hath joined together, let not man put asunder(Mak 10:9).

Jesus also acknowledged God's creation as a fact and emphasized that God created men and women. Some quote these verses, trying to emphasize the man's departure from his parents. Rather, what should be emphasized is that they form one body.

Finally, when the woman was created and Adam and Eve became one body, the sun would have set in the west, decorating the world with the marvelous beauty of nature shining like gold. Various animals were given their names. Adam also had a partner, and all this was the last day, completing creation.

20

Serpent

The serpent changed just one word while quoting God's command.

> Now the serpent was more subtil than any beast of the field which the LORD God had made. And he said unto the woman, Yea, hath God said, Ye shall not eat of every tree of the garden?(Gen 3:1)

I don't know how much time has passed between Genesis 2 and 3. At the end of Genesis 2 Adam and Eve joined in their naked state, and they were not ashamed. A sudden unfolding of events was taking place in Chapter 3. Mankind's first sin was the focal point. These are the so-called "Paradise Lost" passages in the Bible that show the fall of man. All mankind should read and listen to Genesis 3. This is because it contains all humanity's questions and solutions. *Who are human beings? Where have they come from and where will they go? What is the reason for life, aging, disease, death? Why must a person die? If it is all over, what will happen after death? Why is nature harsh? Is the essence of the law of the jungle itself really natural? What do we have to live for? What is the path we have to take? What is love? What is peace? Why is there war? Why do people have to compete with one another?* All the answers to Why? Why? and Why? are written right here in Genesis 3.

Then came the first sin of mankind's first ancestors, Adam and Eve. This sin completely degraded Adam and Eve physically, mentally, and spiritually. And their sins didn't only affect them, but all descendants born of them had to inherit all the consequences of their sins. Adam and Eve were the father and mother of all mankind. It was God who declared that their descendants should also suffer the same consequences of sin and corruption. This isn't just about genetic transformation. It was the judgment of God the Creator. Judgment had already begun, and the results were severe. Adam and Eve may not have known that damaging, permanent punishment for their sins would result. But sin is sin. They committed the first sin of rebellion against God by violating God's command to them. They also experienced how terrible the sins they had committed actually were. Later they got sick and old and had to die. Their death wasn't just the rot of the body and the cessation of the mind. Death is not simply an eternal sleep. It means spiritual death, a break with the eternal God.

Adam and Eve's first sin took place very quickly and in a very simple way. The woman Eve was tempted by the serpent. At that moment she was alone, and the wild beast that appeared to her was the most cunning serpent. In general, the serpent is represented in the Bible as a symbol of Satan. Satan appeared to Eve after he was turned into a serpent. (or Satan approached her after allowing the serpent to speak on behalf of him) Conversation took place between the serpent and the woman. This conversation itself was a mystery. How could the wild beastly serpent talk to humans? Are we saying that conversation between animals and people was possible in the days of living in the Garden of Eden? Yes, for it was a time when the earth wasn't cursed yet. Conversations between animals and humans occurred elsewhere in the Bible too.

> And the LORD opened the mouth of the ass, and she said unto Balaam, What have I done unto thee, that thou hast smitten me these three times?(Num 22:28).
> And Balaam said unto the ass, Because thou hast mocked me: I would there were a sword in mine hand, for now would I kill thee(Num 22:29).
> And the ass said unto Balaam, Am not I thine ass, upon which thou hast ridden ever since I was thine unto this day? was I ever wont to do so unto thee? And he said, Nay(Num 22:30).
> Then the LORD opened the eyes of Balaam, and he saw the angel of the LORD standing in the way, and his sword drawn in his hand: and he bowed down his head, and fell flat on his face(Num 22:31).

Upon receiving a request from King Balak to curse the Israelites, Balaam, a pagan priest, listened to people's words through the mouth of a donkey on his way to King Balak. It was possible because God opened the donkey's mouth. I guess it was the same when the serpent seduced Eve. However, it was Satan who made the serpent speak. This is because God made only humans in the image of God, not animals, so that only humans could have conversations with God through speech. Even though the fact that the serpent appearing to her with human voice was extraordinary, she did not call her husband, Adam, or seek God first. This was her first fatal mistake. She had faced the wild beast that initiated that strange conversation, alone. As a result, she had no help near her to defend her. And even though God knew all this, He didn't reveal Himself to her or warn Adam quickly. We can see that God allowed her to choose for herself. If this is misunderstood, it is argued that it is also human free will to choose God's salvation according to the claims of the Arminian believers that originated in the Netherlands.

Reformed evangelical doctrine teaches that God's absolute sovereign predestination is biblical. God had already predestined that Eve would fall into the serpent's temptation and commit a sin. However, the motive for the sin was not given by God. God is not the author of sin. Eve fell into Satan's temptation as he disguised himself as a serpent. She ate the fruit of good and evil and Adam ate the fruit of good and evil that his wife Eve gave him. The answer to why God was silent at the time of Eve's temptation can only be explained by the predestination doctrine we believe. The beginning and the end of all this took place in the midst of God's dispensation and providence, and because God had no evil, nothing motivated or aided Eve to sin. Eve thoroughly fell into Satan's temptation. Satan also did not force Eve to feed from the fruit of good and evil. Satan only viciously tempted Eve, and Eve made her choice and acted. And even though God saw Eve's choice, He didn't stop it. Because God was hoping and waiting for Eve to choose the right path for herself. God not only knows everything that will happen, but He has already predestined it. Eve was predestined to eat the fruits of good and evil. However, we can also see that He allows the choice and action of the predestined work to the person. There may be someone who asks whether Eve had the ability to choose what was good for herself. It is the same as questioning whether Eve could have won the confrontation with Satan. Adam and Eve lived without knowing shame when they were naked. They would have walked with God every day and had personal fellowship because God's purpose in creating man was to be glorified by man. Because Adam and Eve were created in the image of God as adults, they had the goodness of God and lived only with goodness. Therefore, Eve had the ability to overcome Satan while walking with God. But when she was not walking with God, she fell into Satan's temptation. God was silent as He saw Eve fall into Satan's temptations. This may have been because God's arbitrary control of mankind would contradict His providence towards His good, human creation.

Even Eve, who was created good in the image of God, was tempted by Satan, and Satan's temptations were cunning. First, Satan appeared to Eve while concealing his identity and speaking human words in the form of a wild beastly serpent. Quickly, before she could be surprised to see the serpent talking, the serpent spoke to Eve.

"Hath God said, Ye shall not eat of every tree of the garden?"

The serpent (Satan) quoted God's words by first mentioning the name of God. That's why Eve's vigilance about the serpent was slowed down. It was as if he himself pretended to be part of the same group of believers in God. The command that God warned Adam and Eve earlier was:

> But **of the tree of the knowledge of good and evil, thou shalt not eat of it:** for in the day that thou eatest thereof thou shalt surely die(Gen 2:17).

The serpent changed just one word while quoting God's command. God pointed only to the fruit of the tree of knowledge of good and evil. But the serpent changed the word to be *every* tree in the Garden of Eden instead of one single tree. The serpent's words were like ordinary words that looked very trivial, but in reality, it was bait that created a response from Eve's heart immediately. This reflects the nuance of avoiding repeating the same word when English-speaking people write or speak a sentence. However, this variation of the word was terrible poison.

Heresies like this affect not only those who do not believe, but also believers in God. First, they disguise themselves as believing in God just like the saints do. At the same time, they indirectly change their vocabulary, humbling themselves in conversations with the saints. Because the process of changing your thinking is slow and persistent, if you are not awake to prayer and the Word, you will easily fall into.

One thing to point out here is that the saints do not have the power within themselves to defeat and overcome Satan's temptations and the trials that come to them. You can win only with the help of an indwelling God. Only God's grace enables you to overcome Satan's temptations. To overcome Satan's temptations, you must always read, meditate, and memorize the Word of God, and be alert to the Word and the will of God. Satan's test, whereby he twists the Word, requires wisdom to resist. We must oppose him by correctly applying the Word, yet remain silent on the things God is silent about. Do not try to overcome Satan alone, you must avoid his schemes. It is important to pray, ask, and wait for God, who is responsible for our lives. Satan approaches the saints, sometimes cunning like a serpent, and sometimes howling like a lion. Therefore, the saints should be awake to the Word and diligent in prayer, and when Satan's temptations or trials come, they must face them with the whole armor of the truth. We must believe that the power of God will never require the saints to endure Satan's trials forever.

> But I fear, lest by any means, as the serpent beguiled Eve through his subtilty, so your minds should be corrupted from the simplicity that is in Christ(2 Co 11:3).

21

From "shalt surely die" to "lest ye die"

And the woman said unto the serpent, We may eat of the fruit of the trees of the garden(Gen 3:2).

But of the fruit of the tree which is in the midst of the garden, God hath said, Ye shall not eat of it, neither shall ye touch it, lest ye die(Gen 3:3).

The serpent's temptation looked very natural, like the flow of water. It even looked very sweet. Eve did not hesitate to answer the serpent. If you are a believer who believes that there is no error in the words of the Bible, you believe that Genesis 3 was dictated orally by Moses. Therefore the choice of words was very deliberate and perfect. And even a single point in the word of the Bible, is easy to misinterpret if we do not pay special attention to it. In interpreting the same verse of the Bible, we must acknowledge that different saints may have slightly different interpretations depending on the level of their faith. And you need to know that you also are vulnerable to misinterpreting it. Problems should be reconsidered without hesitation when you are warned that you have made a misinterpretation, and you should know how to correct any errors immediately if something is still wrong. The Bible should always be interpreted by referencing and quoting itself. Peter told us not to interpret the Bible privately. This does not mean that the saints should not interpret the Bible carefully, but that they should not interpret the Bible using only individual verses without verification and quotation of the Old and New Testament words. It is natural that not all of the saints fully understand the meaning as they read the Bible. However, it is normal for the saints to have an attitude of constantly interpreting while reading the Bible. To interpret means to meditate on the Word so that it does not contradict other words throughout the Bible and you could write down in a notebook what you understand while you meditate. The faithful attitude of practicing the Bible's truth regularly in your life is the most important thing. Surprisingly, many believers are afraid to interpret the Bible and tend to ask the opinions of the pastors in the church first. This is the wrong attitude of relying on people, not relying on the enlightening of the Word and the Holy Spirit. When King David of the Old Testament meditated on the words of the Bible, he did not ask for the opinions and interpretations of other prophets. He waited for God's teaching, and God answered clearly. People say that they can't do it like King David for fear of falling into heresy. The desire to know God overcomes that fear. It is also helpful to refer to the enlightenment of the saints who have gone before. Sometimes it is beneficial to talk with other saints. But first of all, you must have a heart to meditate deeply on the Word and understand it for yourself. Rest assured that God never leads believers astray and will help you understand what you are reading.

Let's look at Eve's answer. Eve said, "We may eat of the fruit of the trees of the garden: But of the fruit of the tree which is in the midst of the garden,

God hath said, Ye shall not eat of it, neither shall ye touch it, lest ye die." Eve was resembling the cunning of the serpent. She was changing God's Word, too. God stated:

> But of the tree of the knowledge of good and evil, thou shalt not eat of it: for in the day that thou eatest thereof thou shalt surely die(Gen 2:17).

God said not to eat the fruit of the tree of knowledge of good and evil, but He did not specify not to touch it. The fruit of good and evil could have been touched out of human curiosity. But they shouldn't have been eaten. Perhaps we can make a guess that something like this occurred: Eve may have asked Adam with curiosity about the fruit of good and evil. "Let's touch it even if we don't eat it." At that time, Adam may have replied to Eve not to touch the fruit at all because if he touches it, he may eat it. This, of course, is a guess. From Eve's answer, I am guessing that she might have been curious about the tree of the good and evil in general. We could conclude this because she added a verse that says not even to touch the fruit of good and evil. The important thing here is that Eve also quoted the Word of God. But she went beyond quotation and changed the Word by adding words that God did not say. It was changed from "don't eat" to "don't eat *or touch*." Eve's curiosity to touch the fruit of good and evil may have caused her to answer that way. If Eve was curious, she went beyond curiosity and began to test God.

God said that in the day of eating the fruit of good and evil, thou shalt surely die. But Eve changed her words to "lest ye die." We can ask this question: *Did Adam and Eve know specifically what death was?* There was no such thing as death in this world until Adam and Eve committed their first sin. Neither nature nor animals no plants died, and they multiplied by breeding. Death was brought into the world by Adam and Eve before nature even had multiplied much. Adam and Eve, who had never experienced death, would have been curious about the term "death." Before they sinned, the human instincts of Adam and Eve were outstanding, and their perceptions had curiosity, doubts, and desires. In the absence of sin, their human instincts could be controlled by their good will. The curiosity of observing nature, the desire to eat, and the intellectual desire to know more about nature were not a problem in their state of good will. They could also be curious about God. They could have asked God their questions and received answers from Him, or they could have learned wisdom through experiences in nature. They did not have vague fears of life, but they would have had sensible hesitations causing them to avoid beautiful, but dangerous cliffs. Another question is, *What in the world made Eve, who was without evil, distort the Word of God? How could Eve-who knew nothing but good-lie?* Was it because Eve didn't know much about death that she gave the serpent a modified answer, "lest ye die"? It is correct to say that Eve's lies came from the temptation of the serpent. Eve was already falling into the temptations of Satan. The serpent's temptation wasn't just words, but he had the ability to cause another person to lie. Even if Eve tried to overcome evil with good, she would have had no choice but to surrender to Satan's temptation with her own strength. We do not know how far the limit of the human will was that God gave to the first people. What is clear was that people, even if they were good, were able to rebel against and betray God by their will. It would have been nice if Eve had not been tempted by Satan from the beginning. (Refer to Mt 26:24, "The Son of man goeth as it is written of him: but woe unto that man by whom the Son of man is betrayed! it had been good for that man if he had not been born.") But God did not stop Eve from being tempted by Satan. Rather, it would be more accurate to look at this as Satan testing Eve with God's permission. God knew that Eve, who knew neither good nor evil, could surely not overcome Satan's temptations. All of this happened according to God's dispensation and predestined providence. However, you must be clearly aware that there is no evil in God. It is difficult to understand the Bible without acknowledging God's predestination. The Bible mentions God's predestination in many phrases and also emphasizes that God is not the author of sin.

God commanded Adam not to eat the fruit of the tree of knowledge of good and evil, and made Eve for Adam after He made the covenant of life that he shalt surely die in the day he ate the fruit. When God's special grace was always with Adam and Eve, the serpent (Satan) could not even tempt Eve. One day, however, on the day God pre-determined before creation, God temporarily repealed some of His special grace from Adam and Eve. Then, Satan, who was turned into a serpent, tried Eve, and even though she was good and there was no evil, she could not overcome Satan's temptations and ate the fruit of the tree of knowledge of good and evil. Then Adam also ate the fruit of good and evil that Eve handed him. It is not clear in the Bible whether Adam knew whether or not it was the fruit of good and evil that Eve gave him, but from his answer to God, he seems to have known. Adam and Eve, the first humans who broke the covenant of life with God, were cast out of the Garden of Eden due to God's condemnation and were sentenced to spiritual death.

From that time on, all mankind has been conceived in sin, born, lives, and dies. It was God who predestined the fall of Adam and Eve, but it was Adam and Eve who committed sins. Some of God's special grace was briefly repealed from Adam and Eve according to the providence predestined under His absolute sovereignty. God is not sinning when He repeals some of His special grace from someone who was created for good. God's temporary repealing of special grace from a saint cannot itself cause a saint to sin. Sin comes from breaking the law. Just because the sun is covered by a cloud does not mean that the sun has disappeared, nor is it a reason for a person to sin because the world has become dark temporarily.

Even now, all the saints live under various temptations from Satan, some internal and others external. We must know that we cannot overcome Satan on our own. But because of the Holy Spirit indwelling us, we can succeed in overcoming Satan. The power to resist Satan comes from God. And we must pray that God's power will help us overcome all temptations. The saints often lose to Satan. Sometimes misery and gloom overwhelm us. However, there is one distinct difference between us and the first humans, Adam and Eve. It is the fact that we have Jesus Christ, who came as a redeemer to save us from sin. The difference is that Adam and Eve didn't have sins yet (until they ate the fruit of good and evil), so they didn't need a scapegoat, and they didn't need to look to the Savior who would save them from their sins. Now that God indwell us by His Spirit, when we are tempted by Satan, the Holy Spirit Himself helps us to avoid or overcome the temptation.

> There hath no temptation taken you but such as is common to man: but God is faithful, who will not suffer you to be tempted above that ye are able; but will with the temptation also make a way to escape, that ye may be able to bear it(1 Co 10:13).

But Adam and Eve did not have such a mediator. They certainly could have fellowship with God because they were born sinless. However, at the time they were tempted by the serpent (Satan), God was silent. What we can determine is that the relationship between the first humans, Adam and Eve, and God, was a relationship between a sinless good creature and a Creator. It was a relationship that could only be sustained when those people were free from sin. That relationship was not like one between a guardian and a protégé/protégée, who had to deliver them unconditionally from the temptations that people face. Man had to obey God's command completely, and it was not a relationship of giving and receiving warnings or other instructional help. In the presence of Satan and evil, it may not be possible for people's pure innocence to survive forever. However, God demanded obedience to Him by commanding Adam and Eve not to eat the fruits of good and evil. Nevertheless, God did not force them to obey this command.

From the fact that the history of the world began, and many humans appeared, it is clear that it was God's predestined providence for Adam and Eve to eat the fruits of good and evil. God's creation was not made in vain nor had his plan collapsed by man's disobedience. God had already planned the ransom through Jesus Christ from the beginning, and He had selected those who would believe in Jesus to salvation. We do not know who the chosen ones are. We only preach the truth of the Gospel, and God's predestined ones will believe and confess Jesus as the Son of God.

22

Shall be as gods

The consistent confession of the veterans of the faith who live in constant prayer is that they do not know how many temptations, hardships, and discouragements of Satan they avoided by praying.

> And the serpent said unto the woman, Ye shall not surely die(Gen 3:4).
> For God doth know that in the day ye eat thereof, then your eyes shall be opened, and ye shall be as gods, knowing good and evil(Gen 3:5).

The serpent was waiting for a distorted answer from the woman Eve. The serpent lied to say that you shall not surely die. God said they would shalt surely die if they rebelled against God's command. Here, dying means spiritual death and the death of the flesh and mind (spirit) when the relationship with God is cut off. Of course, the moment Adam and Eve ate the fruit of good and evil, they did not die. After eating the fruits of good and evil, they had a spiritual death only after God's words of judgment. After that, they left Eden, worked hard for life, and eventually returned to the dust. Now, the serpent was slowly revealing its conspiracy. It was making God out to be a liar. Satan and his minions reject the Word of God and try to prevent it from being properly communicated to people or to prevent the power of the Word from appearing. That is why they are trying all kinds of hindrances to turn people's hearts away from the Word. They always block people from realizing that God's Word is the truth. They argue that the Word of God is inaccurate, untrue and outdated. Science, archeology, history, and art are deployed to go out and teach that there are many errors in the Bible. Rejection of the authority of the Bible is imposed. Modernist and liberal theologians and their followers play around with such satanic tricks and do not even know what they are pursuing.

The serpent (Satan) insisted that Eve and Adam would never die even if they ate the fruit of good and evil. And Eve was tempted by his argument. Or rather, she had already fallen into temptation. The serpent's further explanation made Eve think the serpent's claim was correct. The serpent imposed a ridiculous lie that God was preventing Adam and Eve from eating the fruits of good and evil, saying, "For God doth know that in the day ye eat thereof, then your eyes shall be opened, and ye shall be as gods, knowing good and evil." Who made the tree of knowledge of good and evil in the first place? If God's warning was based on jealousy, He would not have made a tree that could bear the fruits of good and evil in the Garden of Eden at all. The persuasive part of the serpent's temptation was that if Adam and Eve would eat the fruit of good or evil, their eyes would be opened and they would not only become like God but also know good and evil. For Adam and Eve, who didn't know what death was yet, they didn't know what it was like to open their eyes, but it would feel new. The passage about becoming like God, the Creator who fellowships with them, would have stimulated Eve's curiosity. That humans could become like God! Just thinking about it was beyond surprise and worthy of forsaking her identity and circumstances. She must have felt like she had climbed to the top of the sky. Recognizing that they didn't know what only God knew – that is, knowing good and evil– must have sufficiently stimulated man's intellectual desire. The serpent was stirring up Eve's heart as much as he could. Eve's eyes were darkened by the greed of knowing good and evil rather than being opened to see the truth. The good will of curiosity, motivation, and desire were turning into greed. Satan infused Eve's heart with greed. That greed was a greed that could be exchanged for a relationship with God who created the entire universe. In no time, Eve's heart was filled with darkness. She had forgotten all about her relationship with God and her status and circumstances before God. She even forgot who she was. Eve was a creature made from the dust who had fallen into temptation.

The consistent confession of the veterans of the faith who live in constant prayer is that they do not know how many temptations, hardships, and discouragements of Satan they avoided by praying. Prayer is a spiritual fellowship with God. Through prayer, believers confess their problems to God and hope for God's help. Eve had already fallen into spiritual darkness at the serpent's cunning trick. Do you know how easily the heart that leaves God fails? No one is as easy to deceive as those without God. In addition, when we know God, but our relationship with God becomes distant, Satan breaks into the spiritual gap. He is trying to further separate us in our relationship with God. Since Eve allowed her conversation with the serpent, she now believed in herself and Satan's words more than God. What a simple conversation! The serpent easily and completely affected Eve's heart. Eve did not take the time to think deeply about Satan's temptations as to how terrifying the consequences would be for herself and Adam. She thought about it straightforwardly using her senses.

23

The first trespass of the human

Then when lust hath conceived, it bringeth forth sin: and sin, when it is finished, bringeth forth death (Jas 1:15).

And when the woman saw that the tree was good for food, and that it was pleasant to the eyes, and a tree to be desired to make one wise, she took of the fruit thereof, and did eat, and gave also unto her husband with her; and he did eat(Gen 3:6).

And the eyes of them both were opened, and they knew that they were naked; and they sewed fig leaves together, and made themselves aprons(Ge 3:7).

The serpent said no more. There was no need to. He was just watching mankind's first sin in front of his eyes. In the eyes of Eve, who had forgotten God by the serpent's temptation, the fruits of good and evil looked more delicious than any other fruits in the Garden of Eden. It shows her physical depravity. The more she looked at it, the more it pleased her eyes. In the past, Eve was afraid of even coming to the middle of the garden and never imagined even seeing the good and bad fruit. But now, while looking confidently at the fruits of good and evil, she was smiling with a joyful smile from her heart. It was her mental corruption. Moreover, it seemed that if she ate the fruit, she could become like God and make herself wise enough to distinguish between good and evil. She looked greedily. It shows her spiritual depravity. Spiritually blinded, Eve had no reason to delay. It seemed like she would never have a chance to eat the fruit of that tree again. She hurried. Without any fear, she only imagined herself to be transformed, and ended up eating the fruit of good and evil. Before Eve could even sense what the fruit tasted like, she must have experienced that remorse and misery distorting her heart. Now Eve only knew what she had done. She had rebelled against God's command. Eve looked for her husband, Adam, instead of God. And it can be inferred that Eve would have seduced Adam like the serpent that seduced her. She would have said that the fruit of good and evil that God told them not to eat will make them like God and make them know good and evil. At first, she hesitated as if she hadn't eaten, but she must have said that she had already eaten the fruit of good and evil. She must have enticed her husband, saying it was no problem to eat. Adam may have been very embarrassed to learn that his wife, the bone of Adam's bones and the flesh of his flesh, rebelled against God's command. However, although Adam felt embarrassed seeing the fruits of good and evil that had been placed on Eve's hand, he decided that he should eat the fruits like Eve.

Some say that Adam instinctively tried not to violate God's command, but he couldn't overcome Eve's persuasion and ate the fruit of good and evil. Others say that he ate the fruit of good and evil because he could not overcome the pity and regret for Eve, who had already broken God's command and would die. Others say that he ate the fruit of good and evil to adapt, thinking that this was their destiny. But I think, he ate the fruit of good and evil, driven by his own greed, when he heard Eve's words that if he ate the fruit of good and evil, his eyes would open and he would become like God, knowing good and evil. "Then when lust hath conceived, it bringeth forth sin: and sin, when it is finished, bringeth forth death." (Jas 1:15) Both were driven by their vain greed and ate the fruits of good and evil. God did not entice them or create an atmosphere that encouraged them to eat the fruits of good or evil. God is the Creator and is without any type of evil.

Most Christian theologians say that after Adam and Eve ate the fruit of good and evil, sin entered the world. However, if we look at Eve and Adam's temptations, we can see that before they ate the fruit of good and evil, greed had already arisen in their hearts. As soon as they responded to the serpent's temptation that he spoke like a human, they had already fallen for the Satan's temptation. The consequent eating of the fruit of good and evil was only the evidence that they had been tempted by Satan with greed that they could become like God. The words of Jesus support my argument:

> Ye have heard that it was said by them of old time, Thou shalt not commit adultery(Mat 5:27).
> But I say unto you, That whosoever looketh on a woman to lust after her hath committed adultery with her already in his heart(Mat 5:28).

Even if you haven't practiced adultery, Jesus' judgment is that you have already committed adultery just by having lust in your heart. I think that same judgment applies to Adam and Eve in their sin.

After eating the fruits of good and evil, many confused thoughts flooded into the hearts of Adam and Eve. The thoughts of violating God's command, the thoughts of how to deal with the sins they had committed, and the thoughts of what excuse to give to God would have made their hearts dizzy. And slowly they felt their eyes open. In doing so, they learned that they were standing naked. They felt a shame that they had not known before. They felt anger and felt betrayed by each other. The love and trust that they had had disappeared, and hatred and hostility arose instead. They looked ashamed and dishonorable as they were naked. They had to immediately gather fig leaves and weave them to cover their shameful areas. In past, they had simply gathered and woven fig leaves. At that time, they may have tried to collect leftovers from fig tree leaves. But now it was different. Adam and Eve had different feelings about each other, and wanted to hide from each other. They felt the need to protect themselves. They couldn't handle how quickly their hearts were changing. A sudden change had happened to them.

24

Hid from the presence of God

When the light of truth brightens, sin and evil hide.

> And they heard the voice of the LORD God walking in the garden in the cool of the day: and Adam and his wife hid themselves from the presence of the LORD God amongst the trees of the garden(Gen 3:8).

At the time when Eve and Adam in turn violated God's command and ate the fruits of good and evil, God saw them and knew all. God was just watching Adam and Eve who had challenged God's authority, forgetting their purpose and duty. They had been created in His own image. God did not stop them while watching them choose evil over good. He was observing them silently as they committed their first sin of greed. Although their choice was God's predestined providence, it was contrary to God's standard that man became wicked. Adam and Eve sinned by breaking God's command. They broke the first relationship between God and humans. Even with the good conscience planted in them and the character that resembled the image of God, they could not overcome the temptations of evil. God did not appear to them immediately. Would God have wanted them to repent and turn to Him, even if they sinned and fell? Could it be possible that Adam and Eve repent of their sins and wish for God's forgiveness with all their hearts? The power of sin is so vast and deep. Indulged in sin, Adam and Eve could not escape from its grip. Sin only increased. God did not allow them the special grace that would make them repent.

As the hot sun of the day set, the days began to cool. Adam and Eve knew that at that time, as usual, God wanted them to come and have fellowship with them. They heard the voice of God walking in the garden. "Adam, Adam." They used to be people who would run quickly, but this day was different. They couldn't see God's face. So they hid among the garden trees. When the light of truth brightens, sin and evil hide. Adam and Eve could hardly come before God. They were afraid of God because of their trespasses. Moreover, their naked bodies made it even more difficult to come before God. Darkness couldn't co-exist with light.

The day will come when Jesus Christ returns and puts an end to human history. Scripture says that all those who do not know God and have rebelled against him will not be able to stand when revealed by the light of God's glory. When that day comes they will say, "Mountains and rocks, fall upon me and cover me." (See Hosea 10:8, Luke 23:30, Rev. 6:16) Sin will one day be judged by God. Who can avoid God's judgment? There will be no one. Only the saints who believed in the ransom blood of Jesus Christ will come out weeping with gratitude before God. They will stand in front of the Lord God Almighty, whom they have been waiting for so long. Although for the saints the Day of Judgment is a day of blessing and joy, it is a day of curse and shame for all others. On that day, the light of truth will reveal all hidden sins. On the day when God's judgment comes.

25

The LORD God

God is pointing out to them the consequences of their sin, rather than the motives of that sin and the fact that they were tempted by the serpent.

> And the LORD God called unto Adam, and said unto him, Where art thou?(-Gen 3:9).
>
> And he said, I heard thy voice in the garden, and I was afraid, because I was naked; and I hid myself(Gen 3:10).
>
> And he said, Who told thee that thou wast naked? Hast thou eaten of the tree, whereof I commanded thee that thou shouldest not eat?(Gen 3:11).

It seems unusual for an Almighty God to be looking for people. Muslims believe that a personal relationship between the holy Allah and man is unimaginable. However, there are exceptions for them as well. An exception is the prophet Mohammed. In this, they believe that Mohammed is the only one who received direct revelation from Allah. One of the peculiarities of false religion is that only certain persons are able to see God, and ordinary people are forbidden from coming directly to God. In the case of Buddhism, each person tries to reach the position of a god. However, the God of Christianity is completely different from the gods of other religions. The one all-powerful God, who can create all things in the universe with the power of the Word, considers it good and rejoices to have a personal relationship with ordinary people. The Christian God is pleased to interact with people. It is truly a wonderful thing that a creature can meet God his Creator. Why and how can that be? This is possible because the main purpose of God's creation of the heavens and the earth was to receive glory from people, while forming a relationship with them, despite the fact that they are sinful, foolish, and corrupt.

God looked for them by calling the names of Adam and Eve who sinned. It wasn't because He didn't know where they were. However, Adam and Eve were hiding themselves among the trees. But when they could no longer hide themselves, Adam answered God. He said he hid because he was afraid of God since he was naked. Before he sinned, even if he was naked, there was no shame at all, and there was no reason to fear God. But now it was different. He was afraid of God. When Adam and Eve had only goodness, they had no fear, but when sin entered them, fear arose. The serpent (Satan) tempted them saying they could know good and evil like God. However, along with succumbing to that temptation came fear and sorrow. The serpent's temptation was a false and venomous temptation.

God asked Adam how he came to know that he was naked. He asked, "Hast thou eaten of the tree, whereof I commanded thee that thou shouldest not eat?" There are no wasted words with God. He straightforwardly asked if Adam had eaten the fruit of good and evil. Of course God knew that Adam ate the fruit of good and evil. But he asked anyways. Why? As the day became cooler, God walked in the garden and 1. He called Adam's name. 2. He told him to come out from where he was hiding. 3. He asked, "Have you really eaten the fruits of good and evil?" He asked what He already knew to be true. This continuing call of God was to urge Adam and Eve to repent from their sins. Here, God is pointing out to them the consequences of their sin, rather than the motives of that sin and the fact that they were tempted by the serpent. It would be reasonable to view this verse as God's urging Adam and Eve to repent of their sins. God would teach universal principles of sin to all men, but he began with Adam. He teaches that those who have sinned must confess their sins to God and repent. Adam was no exception. That is why He waited while calling Adam. Waiting for the repentance of Adam and his wife.

26

Excuse

Now God Himself heard all their answers from their mouths. And He judged them by their answers.

> And the man said, The woman whom thou gavest to be with me, she gave me of the tree, and I did eat(Gen 3:12).
> And the LORD God said unto the woman, What is this that thou hast done? And the woman said, The serpent beguiled me, and I did eat(Gen 3:13).

God did not ask the serpent for motives for the sin. He only asked people. He asked Adam first and then Eve. Adam and Eve did not respond in a repentant tone for their sins. Their answers were just silly excuses. It would have been better if they had confessed the motive for the sin. They rationalized themselves from the beginning. They justified that their actions were unavoidable. Adam's answer was that the woman gave the fruit of good and evil, so he just ate. He meant that he ate without knowing. There was a tone of resentment towards God who made the woman from his ribs. It was a protest about why God gave him a woman who could cause him to commit a sin.

Then God asked Eve why she got to this point. Eve's answer was a complaint that the serpent enticed her and she fell into that temptation. Her excuse was that the serpent seduced her and she just ate the fruit of good and evil without her knowledge. Both did not try to repent of their sins against God. Rather, they were turning hostile toward God.

People's excuses are endless. It is said that sin begets sin. When you cover yourself up and start justifying yourself, you have to fill the lies with more lies, and there is no ending the lies. Adam and Eve's excuses showed that they were already filled with evil. It was completely different from their appearance when there was no evil. Even after committing a sin, it was a state of facing God with the attitude of "putting the cart before the horse." Now God Himself heard all their answers from their mouths. And He judged them by their answers.

> For by thy words thou shalt be justified, and by thy words thou shalt be condemned(Mat 12:37).
>
> And he saith unto him, Out of thine own mouth will I judge thee, thou wicked servant. Thou knewest that I was an austere man, taking up that I laid not down, and reaping that I did not sow(Luk 19:22)
>
> As it is written, There is none righteous, no, not one(Rom 3:10).
>
> There is none that understandeth, there is none that seeketh after God(Rom 3:11).
>
> They are all gone out of the way, they are together become unprofitable; there is none that doeth good, no, not one(Rom 3:12).

> Their throat is an open sepulchre; with their tongues they have used deceit; the poison of asps is under their lips(Rom 3:13).
>
> Whose mouth is full of cursing and bitterness(Rom 3:14).
>
> Their feet are swift to shed blood(Rom 3:15).
>
> Destruction and misery are in their ways(Rom 3:16).
>
> And the way of peace have they not known(Rom 3:17)
>
> There is no fear of God before their eyes(Rom 3:18).
>
> Now we know that what things soever the law saith, it saith to them who are under the law: that every mouth may be stopped, and all the world may become guilty before God(Rom 3:19).

On the Day of the Last Judgment, many people will open their mouths to oppose God, complaining that God's justice is unfair. However, on that day of the Great Judgment, God's power will block everyone's mouths and let them hear only God's words of judgment. Only God's chosen people will wait for God's grace with their mouths shut.

27

Judgment against the serpent

When the word of God's judgment was spoken, from that time on, snakes crawled across the ground and lived by eating the lowly things of the ground.

> And the LORD God said unto the serpent, Because thou hast done this, thou art cursed above all cattle, and above every beast of the field; upon thy belly shalt thou go, and dust shalt thou eat all the days of thy life (Gen 3:14)
> And I will put enmity between thee and the woman, and between thy seed and her seed; it shall bruise thy head, and thou shalt bruise his heel (Ge 3:15).

The cunning serpent that seduced Eve was first condemned for sin. It was a ruling that he was cursed more than all other wild animals, and he would crawl across the ground and eat dirt for life. Prior to this ruling, the serpent would not have crawled across the ground and ate dirt. Until then, all wild animals lived on grass. However, when the word of God's judgment was spoken, from that time on, snakes crawled across the ground and lived by eating the lowly things of the ground. At the same time, all the wild animals of the earth were also judged. Because of Adam's sin, he and his wife, as well as the land in which they were formed, were cursed. In the land, the law of the jungle was created. The lion began to howl, and the principle of survival of the fittest, in which many wild animals began to attack other animals instead of eating grass, had become a common rule in nature. Wild animals attacked man, and man tried to catch wild animals. He has become a blood conqueror, not a person who manages and rules nature. Just as the souls of people have been devastated, nature and all living things have turned to a state of degradation, rather than maintaining the original perfect state.

God did not refer to Satan, but to the serpent, even though Satan appeared in the form of a serpent (verse 14). However, in the next verse (v. 15), the serpent refers to Satan and his power. He prophesied that the serpent (the power of Satan) and the woman (the offspring of Adam) would become enemies, and that the woman's descendants would hurt the serpent (Satan)'s head, and the serpent (Satan) would hurt their heels. The head is clearly a more important part of the body than the heel. Ultimately, God foretold that Jesus Christ, who would be manifested as the descendant of Adam, would subdue Satan and his helpers under His feet. Adam and Eve remembered all of God's curses and prophecies against these serpents and delivered the words to their descendants born to them. They orally conveyed in detail all the stories of God's creation of the heavens and the earth, the creation of man, the Garden of Eden, the fruit of good and evil, the fruit of life, the temptation of the serpent, and the first transgression of mankind to their children and to the next generation. Adam and Eve realized what terrifyingly harsh and terrible the sins they committed were. Their sin was rebellion against the divine Creator who made them! Man's attempt to become like God was a sin deserving eternal punishment that was hard to be forgiven.

When the Israelites came out of Egypt and crossed the wilderness under God's guidance, they were constantly complaining and discontent, testing God. Then, when a plague broke out from God and many were dying by fiery serpents, God ordered their leader Moses to hang a copper serpent from a tree and set it up on a mountain. And God promised that whoever saw the copper serpent hanging from a tree on the mountain would be healed, and in reality, everyone who saw the serpent was healed. This event was closely related to Genesis 3:15.

Later, Jesus Christ died on the cross. And since the coming of the Holy Spirit on the day of Pentecost, faith in Jesus Christ spread to Jerusalem, all Judea, Samaria, and the ends of the earth. That faith has reached us, that those who look to Jesus Christ hanging on the cross will be saved. Jesus is no longer on the cross. The truth of the cross is the fact that Jesus Christ died on the cross in place of me to atone for my sins. He has risen from death. Like the copper serpent built in the wilderness, Jesus Christ on the cross is the sign of our salvation.

Jesus hurt the head of the serpent (Satan) who seduced Eve, so that Satan could no longer even stand against the power of Jesus Christ. Satan used Judas Iscariot and other Jews and the gentile Pontius Pilate to hurt Jesus' heel, but Jesus became the Savior of glory by being resurrected three days after His death on the cross. "O death, where is thy sting? O grave, where is thy victory? The sting of death is sin; and the strength of sin is the law" (1 Co 15:55-56). By overcoming the power of death and becoming the first fruit of the resurrection, Jesus can lead all of God's people entrusted to Him on the path of light. The fall of mankind's first ancestors and the curse of the earth, caused by the serpent's test, were not the end of God's creation of the heavens and the earth. God's wonderful providence of salvation was established over thousands of years and was completed on the cross.

28

Judgment against woman

God's people have always spoken and taught the Word of God to their children.

> Unto the woman he said, I will greatly multiply thy sorrow and thy conception; in sorrow thou shalt bring forth children; and thy desire shall be to thy husband, and he shall rule over thee(Gen 3:16).

After the serpent, Eve was judged. It was a judgment that meant she would be subject to the pain of giving birth to children, bound to her husband, and ruled by him. Eve alone was tempted by the serpent, and she could not overcome evil with human good. The only way to overcome Satan's temptations successfully is to rely on Jesus, the Good Shepherd. Now all women like her have the grief of being ruled by their husbands. Originally, woman was born with the role of helping man as she was made of the rib of the husband. A part of the man's chest is filled with a woman, so that the two become whole. That fateful role will continue, but God's judgment on Eve is that she is no longer on par with Adam. The wife has been put under a structure whereby the husband has authority over her. It is God's will that a woman respect her husband and that a husband loves and protects his wife. The woman was allowed to be free only after her husband died. This relationship between a wife and her husband is detailed in Ephesians 5.

As Jesus carried the cross and headed toward the Golgotha Hill, many women in Jerusalem came close to Jesus and wept. At that time, Jesus told them not to weep for Him, but for their children. Statistically, it is true that among those who believe in Jesus Christ, there are more women than men. One of the reasons is that, despite being submissive to their husband, women cling harder to Jesus Christ with the virtue of obedience. When parents have children, they must raise those children. While they are raising their children, they tell the events of Genesis, and teach them about God. They are diligently teach all the facts of God's commands and about love, obedience, and judgment. Genesis was written thousands of years after the Fall in the Garden of Eden. However, God's people have always taught their children orally the Word of God. Until the development of printing, many verses were memorized, and the Bible was passed from mouth to mouth until the Middle Ages.

Women in modern industrialized society are reluctant to give birth and raise children which could interfere with their own self-fulfillment, so low birth rates are common. In the news of newspapers and media outlets, the wife's yearning for and respecting her husband is disappearing as a topic of news. The time when the husband ruled over his wife is becoming a story of the past, and people are excited that we have arrived into an era beyond gender equality to feminism and the rewriting of gender roles. However, the biblical principle is that the wife is under the control of the husband in the home. It is God's will that the couple have children together and raise them into God's people through the Word and prayer. Monica, mother of Augustine, prayed and drove away the advent of Christian heresy with the sword of God's Word and thus the great Augustine was born.

29

Judgment against man

It is God's will that a person dies once.

> And unto Adam he said, Because thou hast hearkened unto the voice of thy wife, and hast eaten of the tree, of which I commanded thee, saying, Thou shalt not eat of it: cursed is the ground for thy sake; in sorrow shalt thou eat of it all the days of thy life(Gen 3:17).
>
> Thorns also and thistles shall it bring forth to thee; and thou shalt eat the herb of the field(Gen 3:18).
>
> In the sweat of thy face shalt thou eat bread, till thou return unto the ground; for out of it wast thou taken: for dust thou art, and unto dust shalt thou return(Gen 3:19).

Following the serpent and Eve, Adam was judged by God. God judged Adam for listening to his wife's words, eating the fruit of good and evil, and violating God's command. The result was death. Spiritually, his relationship with God was broken, and physically, his flesh began to decay and he would eventually return to the dust. And he now had to labor hard his whole life until he returned to the dust. Now, man could no longer live by eating only the fruits of the ground as in the past. He had to eat vegetables and meats from the field to have energy. Uncultivated land yielded thorn bushes and thistles because the ground was cursed by Adam's sin. So, people began to work diligently to cultivate the land, by the sweat of their brow. If you leave the ground alone for a while, it will become overgrown with weeds. God made people eat the vegetables of the field as plants, but gradually people killed wild animals and livestock to eat meat. The land became more and more desolate and defiled.

At this time, God's will was that a person must die once. Since that time, no one can escape death. People come from dirt and go back to dirt, but no one is born by chance. People are born, live, and die in the providence of God. In their lives, people came to oppose God and deny God without even knowing Him who created them. If a person lives and just dies and nothing more, what a miserable life that would be! But the Bible says that man is a noble being created in the image of God. The law of conscience within us awakens us to live right, even though we are fundamentally sinners because we were born as human beings who have inherited Adam's original sin. And God, who make people hear the name of Jesus Christ in God's dispensation and providence, still wants people to repent and return to God today.

All mankind will surely die. I've been thinking about the following: To the dead, the concept of time and space disappears. Therefore, there is no boredom for the dead for even a thousand years. At the moment of death, when you close your eyes and open them again, you will be present as a new body of resurrection with the sound of the resurrection trumpet that announces the Second Coming of Jesus. The words spoken by Jesus who heard the plea of an evildoer who was dying on the cross, were "Today you will be with me in paradise." There is no boring passing of time for that evildoer from the moment he died until now, nor in the future until Jesus comes again. Immediately when he died, he opened his eyes again and suddenly he was in paradise with Jesus.

30

Coats of skins

It shows the law of shedding the blood of sheep and goats as a symbol of the later Atonement, and Jesus Christ, the fulfillment of that law.

> And Adam called his wife's name Eve; because she was the mother of all living(Gen 3:20).
> Unto Adam also and to his wife did the LORD God make coats of skins, and clothed them(Gen 3:21).

The first woman, Adam's wife, was named Eve. God, who judged the serpent, Eve, and Adam, made coats of skins for Adam and Eve. In His absolute sovereignty and will, God continues to lead the work of His creation. Even though they were humans who had been corrupted by sin, God made and clothed them with coats of skins. It shows the law of shedding the blood of sheep and goats as a symbol of the later atonement, and Jesus Christ, the fulfillment of that law. Adam and Eve, who had woven fig leaves to cover their bodies, had to leave the Garden of Eden wearing God's new leather garments.

After that, they continued making leather garments and overlaid them, as did their children after them. God's promises of love and provision contained in those leather garments must have been passed on to the children over and over again.

31

Falling out of paradise

Eve made a decision on her own and ate the fruit of good and evil, but this was a result of Satan's temptation.

> And the LORD God said, Behold, the man is become as one of us, to know good and evil: and now, lest he put forth his hand, and take also of the tree of life, and eat, and live for ever(Gen 3:22).
> Therefore the LORD God sent him forth from the garden of Eden, to till the ground from whence he was taken(Gen 3:23).
> So he drove out the man; and he placed at the east of the garden of Eden Cherubims, and a flaming sword which turned every way, to keep the way of the tree of life(Gen 3:24).

God drove Adam and Eve out of the Garden of Eden. We no longer know where the Garden of Eden was. All would have been destroyed during Noah's Flood. Eden's fruit of life no longer exists on the earth. Adam and Eve, who ate the fruits of good and evil, probably did not fully know both good and evil. They knew some good and some evil, but it was difficult to abandon evil and take only good. Good and evil are real powers, not merely symbols. People gradually got worse and worse. Adam and Eve had to leave Eden and plow the ground. They would always remember the Garden of Eden where they lived. And they would never forget why they were thrown out.

32

Cain and Abel

God chose Abel, not Cain, among the children of Adam and Eve.

> And Adam knew Eve his wife; and she conceived, and bare Cain, and said, I have gotten a man from the LORD(Gen 4:1).
> And she again bare his brother Abel. And Abel was a keeper of sheep, but Cain was a tiller of the ground(Gen 4:2).

I say this to those who doubt or do not believe the historical reality of God's creation of the heavens and earth: First, pray for faith in God. The promise of eternal life is written in the Bible. Only those who are worthy of that eternal life, those who were prepared before the creation of the world, will realize that this Bible is the Word of salvation with the truth of eternal life.

Adam and Eve were driven out of the Garden of Eden to live somewhere else. The Bible does not give evidence of where they lived specifically. That is because that detail is not important, not because it's not true. They sweated and cultivated the land, and after a while they gave birth to their first son. They named him Cain. Then they gave birth to a second son whom they called Abel. Despite Cain being the elder brother, the Bible mentions Abel first, saying that Abel was a shepherd and Cain was a farmer.

From the beginning of Genesis, God is emphasizing that He is ruling the operation of all things in the universe. It doesn't matter whether unbelievers reject it or not, God clearly reveals the plan of his sovereign dispensation and providence. Most unbelievers and pastors of liberal theology do not admit predestination exists. But we reformed, evangelical and conservative believers emphasize that predestination is the most biblical doctrine. Without predestination, most of the contents of the Bible cannot be explained. Predestination was not founded by John Calvin. Nor is predestination the conclusion of the apostle Paul. Predestination was written about by God, who designed the Bible from the beginning, according to His plan and purpose.

God himself decided everything that would come in the future. As a mere creature, man cannot protest to the Creator. All things in this world belong to God, the Lord of all. God chose Abel, not Cain, among the children of Adam and Eve. He intended to redeem Abel from before the creation of the world. By comparison, Cain was a man who was lost from the beginning. The Bible confirms this. Two sons were later born almost simultaneously to Isaac, the son of Abraham, the ancestor of the Israelites. However, the first son Esau was overlooked, and the second son Jacob, who was born soon after, was chosen.

As it is written, Jacob have I loved, but Esau have I hated(Rom 9:13).

God loved Jacob and hated Esau when they were still in their mother's womb. The speech of many liberal pastors who claim that God is only love is not seen in this verse. That is why they question the authenticity of the Bible itself in which this verse is written. Abel was a shepherd herding sheep, and Cain grew up as a farmer. Neither herding nor farming is more important than the other. Like their father, Adam, Cain and Abel had to work by the sweat of their brow.

33

Offering

God accepted Abel's offering after seeing his faith. However, Cain offered a sacrifice apart from faith.

> And in process of time it came to pass, that Cain brought of the fruit of the ground an offering unto the LORD(Gen 4:3).
>
> And Abel, he also brought of the firstlings of his flock and of the fat thereof. And the LORD had respect unto Abel and to his offering(Gen 4:4).
>
> But unto Cain and to his offering he had not respect. And Cain was very wroth, and his countenance fell(Gen 4:5).
>
> And the LORD said unto Cain, Why art thou wroth? and why is thy countenance fallen?(Gen 4:6).
>
> If thou doest well, shalt thou not be accepted? and if thou doest not well, sin lieth at the door. And unto thee shall be his desire, and thou shalt rule over him(Gen 4:7).

Some long years had passed since Cain and Abel were born. Each of the two offered God a sacrifice of the produce of the land they had worked hard to produce, as well as the first beast of livestock. They saw that even if the land was cursed by their parents, God blessed the land as a result of their hard work, and the land produced agricultural products, and the livestock gave birth to offspring. They would have thought that all this had come from God. However, Cain offered an offering as an agricultural product of the earth, while Abel offered an offering to God with the first lamb and fat of the sheep. Because their occupation was different, their offerings were also different. The important word here is *first* lamb of the sheep. Abel took a pair of sheep and raised them, and over time he saw a baby be produced. He had seen the birth of a new life. Of course, Adam and Eve must have had similar feelings when they gave birth to Cain and Abel. Abel offered God the first offspring of the sheep with oil as a sacrifice.

The leather garments that were made and clothed Adam and Eve, who were driven out of the Garden of Eden, represented God's plan of human redemption. Perhaps Adam and Eve understood it. That is why their son Abel listened to his parents and made a sacrifice to God of a sheep. In the Old Testament, God taught a burnt offering to atone for man's sins with the blood of a pure beast. This ordinance was not only later taught in the wilderness in Moses' day. Abel offered a burnt offering. Noah offered a burnt offering. Job offered a burnt offering. And Abraham tried to offer Isaac. The priesthood of worshiping the Most High God like Melchizedek began with Adam.

God accepted Abel's offering rather than Cain's offering. In the New Testament, the writer of Hebrews testifies that Abel's offering was a sacrifice of faith. God accepted the sacrifice of Abel, who was hoping for God's forgiveness to wash away his sins, knowing he inherited the original sin from Adam and Eve. Abel offered the first lamb of the sheep for God's forgiveness to wash away his sins. God accepted Abel's offering after seeing his faith. However, Cain offered a sacrifice without faith.

> By faith Abel offered unto God a more excellent sacrifice than Cain, by which he obtained witness that he was righteous, God testifying of his gifts: and by it he being dead yet speaketh(Heb 11:4).

Among the many congregations attending the church, if someone does not worship by faith while worshiping, it is the same as Cain's offering without faith. God does not receive worship without faith. When he saw God only accepted Abel's sacrifices, Cain became angry with God and his countenance fell. Because of this, Cain resented God and hated his younger brother Abel. Although Cain was holding his breath in the presence of God, his heart was full of malice and hostility. Then God asked Cain and said,

> If thou doest well, shalt thou not be accepted? and if thou doest not well, sin lieth at the door. And unto thee shall be his desire, and thou shalt rule over him(Gen 4:7).

Here we come to realize some of God's amazing dispensation. First, it is a fact that God spoke with Cain even though Cain's spirit was dead in sin. This shows that God's plan of creation did not end with Adam and Eve's sin. God's concern is for the sinner's repentance. Certainly, even though Cain was not God's chosen one, God talked with him and asked him not to commit sins. It is not that there is no grace of God for the unselected person at all. Although everything is fulfilled through God's providence and dispensation, God is providing general grace without discrimination to all whether chosen or not. This is general grace. There is no verse in the Bible where God spoke to Abel. But God did have a conversation with Cain, who was going to be lost.

Second, God told him to overcome sin with the goodness of the law of conscience. This is God's Word convicting and reigning over all mankind, even those who do not know Him. God leads them to live with a good conscience. This is possible because man is a being who resembles God's image. If not for this, mankind would have already been destroyed by so many wars. However, even history is under God's rule.

Third, the power of original sin inherited from Adam and Eve remains beyond swallowing up humans. Sin has already sentenced humans to death, and it is never satisfied in tempting people's hearts to make them more sinful. But God commands man to rule over sin. It was an individual command to Eve not to eat the fruit of good or evil, yet He gave Cain a more comprehensive command to rule over all mankind.

In New Testament times, Jesus and His disciples mentioned the story of Cain and Abel because the events of those Genesis days were historical facts.

> That upon you may come all the righteous blood shed upon the earth, from the blood of righteous Abel unto the blood of Zacharias son of Barachias, whom ye slew between the temple and the altar(Mat 23:35).

And to Jesus the mediator of the new covenant, and to the blood of sprinkling, that speaketh better things that that of Abel(Heb 12:24).

Not as Cain, who was of that wicked one, and slew his brother. And wherefore slew he him? Because his own works were evil, and his brother's righteous(1 Jn 3:12).

34

Murder

It teaches us that just as murder produces more murder, God's discipline for this continuing murder is immeasurably serious.

> And Cain talked with Abel his brother: and it came to pass, when they were in the field, that Cain rose up against Abel his brother, and slew him(Gen 4:8).
>
> And the LORD said unto Cain, Where is Abel thy brother? And he said, I know not: Am I my brother's keeper?(Gen 4:9).
>
> And he said, What hast thou done? the voice of thy brother's blood crieth unto me from the ground(Gen 4:10).
>
> And now art thou cursed from the earth, which hath opened her mouth to receive thy brother's blood from thy hand;(Gen 4:11).
>
> When thou tillest the ground, it shall not henceforth yield unto thee her strength; a fugitive and a vagabond shalt thou be in the earth(Gen 4:12).
>
> And Cain said unto the LORD, My punishment is greater than I can bear(Gen 4:13).

> Behold, thou hast driven me out this day from the face of the earth; and from thy face shall I be hid; and I shall be a fugitive and a vagabond in the earth; and it shall come to pass, that every one that findeth me shall slay me(Gen 4:14). And the LORD said unto him, Therefore whosoever slayeth Cain, vengeance shall be taken on him sevenfold. And the LORD set a mark upon Cain, lest any finding him should kill him(Gen 4:15).

Cain had self-respect for a while after receiving God's admonition, but finally, because he could not restrain his heart, he violated God's command and killed his younger brother Abel. A man killed a man by shedding blood. And God, who saw it all, came to Cain and asked, "Where is your brother Abel?" This reminds us of the compassion of God who called out Adam's name at the cool of the day after Adam and Eve first sinned. Cain despised God and lied. He even protested whether he was the guardian of his brother. God judged Cain. He judged Cain because the blood of his younger brother Abel, whom he killed, was appealing for punishment. Cain could not live a normal life on the earth any longer. For Cain had fallen into living as a fugitive and a vagabond on the earth. This Cain is referred to elsewhere in the Bible.

> Not as Cain, who was of that wicked one, and slew his brother. And wherefore slew he him? Because his own works were evil, and his brother's righteous(1 Jn 3:12).
>
> Woe unto them! for they have gone in the way of Cain, and ran greedily after the error of Balaam for reward, and perished in the gainsaying of Core(Jude 1:11).

Cain's way was the way of the wicked. Cain pleaded with God that he should not be killed by others because his punishment was heavy. God gave Cain a mark to save him from others killing him according to his wishes. We don't know what mark Cain received, because the Bible doesn't tell us. God said that those who kill Cain would be punished seven times more severely. It teaches us that just as murder produces murder, God's discipline for continuing murder is immeasurably serious. (Ge 4:24). After that, Cain must have never met God again. He later took women born to Adam and Eve, and his wife bore his offspring. Cain became mankind's first murderer to murder his younger brother Abel. Since then, mankind has fought countless murders and wars, opposing God's way of justice.

According to the Mosaic Law, it was written that a murderer be publicly executed in the same manner that he murdered. However, God did not allow Cain to be killed, and instead let Cain wander away from his parents. In the Mosaic Law, we can see that the priests lay their hands on a scapegoat that atones for the sins of the people and casts them out into the wilderness. But here, Cain was not in a position to leave God, carrying the burden of the ransom for his sins. A ransom is someone taking on the sin of another person. God did not kill Cain right away. This was similar to when God did not kill Adam and Eve right away when they ate the fruit of good and evil. They lived the rest of their lives and had to pay a very small payment for their sin on earth. The full consequence of the sins must be paid for eternity.

The hearts of Adam and Eve must have been torn as they had to see the fate of their second son being killed, and even Cain who killed Abel had to leave God and their parents and wander away to the wilderness. In the meantime, they must have learned how terrible the consequences for their sins were. They taught their descendants everything they saw and heard. This means they would have wished their descendants to worship God properly. According to their wishes, in the latter days Moses wrote Genesis and the rest of the Pentateuch. This is how Genesis was taught to us. While Moses was writing the Pentateuch, God must have enlightened him to inspire him.

35

Descendants of Cain

The Bible testifies to the rapid progress of human civilization.

> And Cain went out from the presence of the LORD, and dwelt in the land of Nod, on the east of Eden(Gen 4:16).
>
> And Cain knew his wife; and she conceived, and bare Enoch: and he builded a city, and called the name of the city, after the name of his son, Enoch(Gen 4:17).
>
> And unto Enoch was born Irad: and Irad begat Mehujael: and Mehujael begat Methusael: and Methusael begat Lamech(Gen 4:18).
>
> And Lamech took unto him two wives: the name of the one was Adah, and the name of the other Zillah(Gen 4:19).
>
> And Adah bare Jabal: he was the father of such as dwell in tents, and of such as have cattle(Gen 4:20).
>
> And his brother"s name was Jubal: he was the father of all such as handle the harp and organ(Gen 4:21).

> And Zillah, she also bare Tubalcain, an instructer of every artificer in brass and iron: and the sister of Tubalcain was Naamah(Gen 4:22).
> Ge 4:23 And Lamech said unto his wives, Adah and Zillah, Hear my voice; ye wives of Lamech, hearken unto my speech: for I have slain a man to my wounding, and a young man to my hurt.
> Ge 4:24 If Cain shall be avenged sevenfold, truly Lamech seventy and sevenfold.

Cain, who left God, later slept with his wife, gave birth to children, built a castle, and lived there. His descendants multiplied, and among them were those who lived in tents and raised cattle, those who knew how to make and use harp and organs, and those who invented every type of artificery in brass and iron to be used by people. Human civilization gradually developed. Those who have left God have devised a number of different objects and ideas to improve their own lives. While referring to these verses, the Bible very briefly shows the descendants of Adam, multiplying and scattering around the earth, pioneering human civilization. Man was able to have the idea of making a machine since man was created in the image of Creator God. Humans are weak, while at the same time strong through God, created in His image. They learned that it was safer to live in groups rather than living alone, and they were able to herd livestock, make leather, make clothes, and build tents. They knew how to use fire, and they were able to make all kinds of sharp machines out of different metals. People are amazing rational and logical beings. Beyond just eating, wearing clothes, and living, they also developed art, such as music, making creative sound on harp and organs they made. They would have sung together and would have danced together. They knew nature and they ruled and conquered it. They flourished very quickly.

Those who advocate the theory of evolution say that the civilization of mankind in the early days would have been relatively slow and developed very gradually. However, the Bible testifies to the rapid progress of human civilization beyond our imagination. By the time of Adam's seventh generation, mankind had already learned to pitch tents, raise livestock, make harps and organs, and make sharp machines out of brass and iron. Human civilization has progressed at a much faster pace than non-biblical historians can imagine. The evolutionary view of the Bible is not at all true based on the Bible. The world was created in no time with the power of God's Word.

36

Seth

It is also thought that people lived to 1000 years old to become believers who truly believe in the fact of God's creation.

> And Adam knew his wife again; and she bare a son, and called his name Seth: For God, said she, hath appointed me another seed instead of Abel, whom Cain slew(Gen 4:25).
> And to Seth, to him also there was born a son; and he called his name Enos: then began men to call upon the name of the LORD(Gen 4:26).
> This is the book of the generations of Adam. In the day that God created man, in the likeness of God made he him;(Gen 5:1).
> Male and female created he them; and blessed them, and called their name Adam, in the day when they were created(Gen 5:2).
> And Adam lived an hundred and thirty years, and begat a son in his own likeness, and after his image; and called his name Seth(Gen 5:3).
> And the days of Adam after he had begotten Seth were eight hundred years: and he begat sons and daughters(Gen 5:4).

> And all the days that Adam lived were nine hundred and thirty years: and he died(Gen 5:5).

Cain left and Abel died. The Bible once again emphasizes that God created man and woman in His image (Gen 5:1). Many long years passed after Cain and Abel, and at the age of one hundred and thirty, Adam gave birth to another son who was in his own image. And the son's name was Seth. Even after he gave birth to Seth, he lived to be eight hundred years and he had many children. And in the year that Adam was nine hundred and thirty years old, he died and returned to the dust according to the Word of God. Adam and Eve had many children. They multiplied and flourished at a rapid pace. They called on the name of God they heard from Adam and taught God to their descendants. Many evolutionary pastors call the names of Genesis 5 as the names of the tribal chiefs, claiming that the names of tribal nations have been changed since humans cannot live so long. They are always a group that denies the biblical creationism. It is also believed that people lived to 1000 years of age as believers who truly believe in the fact of God's creation. It's something evolutionists don't believe. If God allowed us to live so long, people could live indefinitely. Later, God reduced a person's usual age to 120 years old. Human life span was originally 1000 years, but it had been reduced to 120 years old.

Other moralists complain that Adam's children were living closely with each other, resulting in an increase in offspring. In the early days, their children married with their sisters and brothers to reproduce and grow. God did not say anything else about this. He acknowledged the process of their early reproduction and growth. Cain took a wife among Adam's daughters. People could have many children while living long, but people had begun to prosper. Old age, pain, and death came to them, and the fleeting flow of time seemed to be fleeting, but they prospered more and more in the world.

37

Enoch

The work of the ransom of Jesus Christ applies equally to all mankind since Adam.

> And Seth lived an hundred and five years, and begat Enos(Gen 5:6).
>
> And Seth lived after he begat Enos eight hundred and seven years, and begat sons and daughters(Gen 5:7).
>
> And all the days of Seth were nine hundred and twelve years: and he died(Gen 5:8).
>
> And Enos lived ninety years, and begat Cainan(Gen 5:9).
>
> And Enos lived after he begat Cainan eight hundred and fifteen years, and begat sons and daughters(Gen 5:10).
>
> And all the days of Enos were nine hundred and five years: and he died(Gen 5:11).
>
> And Cainan lived seventy years and begat Mahalaleel(Gen 5:12).
>
> And Cainan lived after he begat Mahalaleel eight hundred and forty years, and begat sons and daughters(Gen 5:13):

And all the days of Cainan were nine hundred and ten years: and he died(-Gen 5:14).

And Mahalaleel lived sixty and five years, and begat Jared:(Gen 5:15).

And Mahalaleel lived after he begat Jared eight hundred and thirty years, and begat sons and daughters:(Gen 5:16).

And all the days of Mahalaleel were eight hundred ninety and five years: and he died(Gen 5:17).

And Jared lived an hundred sixty and two years, and he begat Enoch:(Gen 5:18).

And Jared lived after he begat Enoch eight hundred years, and begat sons and daughters:(Gen 5:19).

And all the days of Jared were nine hundred sixty and two years: and he died(Gen 5:20).

And Enoch lived sixty and five years, and begat Methuselah:(Gen 5:21).

And Enoch walked with God after he begat Methuselah three hundred years, and begat sons and daughters(Gen 5:22).

And all the days of Enoch were three hundred sixty and five years:(Gen 5:23).

And Enoch walked with God: and he was not; for God took him(Gen 5:24).

And Methuselah lived an hundred eighty and seven years, and begat Lamech(Gen 5:25).

And Methuselah lived after he begat Lamech seven hundred eighty and two years, and begat sons and daughters:(Gen 5:26)

And all the days of Methuselah were nine hundred sixty and nine years: and he died(Gen 5:27).

And Lamech lived an hundred eighty and two years, and begat a son:(Gen 5:28)

And he called his name Noah, saying, This same shall comfort us concerning our work and toil of our hands, because of the ground which the LORD hath cursed(Gen 5:29).

And Lamech lived after he begat Noah five hundred ninety and five years, and begat sons and daughters:(Gen 5:30).

And all the days of Lamech were seven hundred seventy and seven years: and he died(Gen 5:31).

And Noah was five hundred years old: and Noah begat Shem, Ham, and Japheth(Gen 5:32).

Many humans had been born since Adam's son, Seth. I would like to take a look at Adam's sixth son, Enoch, in particular. Enoch begot Methuselah at the age of sixty-five. After he begot Methuselah, Enoch walked with God for three hundred years and had children, and he lived three hundred and sixty-five years. Enoch did not live longer than others at that time. But the important thing is that Enoch walked with God and then he was no longer in the world because God took him. Thousands of years later, the apostle Paul says in Hebrews:

By faith Enoch was translated that he should not see death; and was not found, because God had translated him: for before his translation he had this testimony, that he pleased God(Heb 11:5).

> But without faith it is impossible to please him: for he that cometh to God must believe that he is, and that he is a rewarder of them that diligently seek him(Heb 11:6).

The Bible testifies that Enoch was a human like us, and that he lived to be three hundred and sixty-five years old. We must no longer be fooled by the arguments of evolutionists who deny the Bible. The Bible does not say that Enoch is the name of a tribal country or a patriarchal system. In the Bible we see the evidence that Enoch was a man who walked with God. The apostle Paul interpreted Enoch as having faith in God and said that God was pleased with that faith. As a result, although Enoch was the son of man, the Bible testifies that he went to God without seeing death. For the first time in the Bible, it shows that God was pleased with man's faith. God is looking at the faith in a person rather than the person's appearance. Another man who did not see death in the Bible is Elijah. It is said that Elijah ascended to heaven in a chariot of fire in front of his disciple Elisha. People could not find where Elijah's body went. Moses could not cross the Jordan River and died on the mountain. However, it was written that no one knew where Moses was buried.

We believe that Jesus Christ is the fruit of the first resurrection among mankind. So then, what do the cases of Enoch and Elijah mean? Everyone who is Adam's descendant must die. Death is the death of the body and spirit (heart), and it is compared to sleep in the Bible. The soul that died due to Adam's sin is revived through regeneration by God's grace. The regenerated soul is always (forever) with God even though the body is dead. The saints of God in the Old Testament, such as Enoch and Elijah, and Noah and Abraham, were born long before Jesus, but they, too, were saved by the blood of Jesus Christ because of their faith in the invisible God. The work of the ransom of Jesus Christ applies equally to all mankind after Adam. Those who are not regenerated, those who have been lost from before the creation of the world, cannot even know the truth of God because their souls are dead. Pointing to them, Jesus testified that they were already judged because they did not believe in Jesus. Nine generations after Adam, when he was over 500 years old, Noah had Shem, Ham, and Japheth.

38

His days shall be an hundred and twenty years

No matter how perfectly controlled the environment, a person's lifespan is limited to around 120 years of age.

And it came to pass, when men (hā·'ā·ḏām, הָאָדָם) began to multiply on the face of the earth, and daughters (ū·ḇā·nō·wṯ וּבָנוֹת) were born unto them (Gen 6:1). That the sons (bə·nê- בְּנֵי) of God (hā·'ĕ·lō·hîm הָאֱלֹהִים) saw the daughters (bə·nō·wṯ בְּנוֹת) of men (hā·'ā·ḏām, הָאָדָם) that they were fair; and they took them wives of all which they chose (Gen 6:2).

And the LORD said, My spirit (rū·ḥî רוּחִי) shall not always strive with man (bā·'ā·ḏām בָאָדָם), **for that he also is flesh** (ḇā·śār, בָשָׂר): yet his days shall be an hundred and twenty years (Gen 6:3).

There were giants in the earth in those days; and also after that, when the sons (bə·nê בְּנֵי) of God (hā·'ĕ·lō·hîm הָאֱלֹהִים) came in unto the daughters (bə·nō·wṯ בְּנוֹת) of men (hā·'ā·ḏām, הָאָדָם), and they bare children to them, the same became mighty men which were of old, men ('an·šê אַנְשֵׁי) of renown (Gen 6:4).

Hast thou eyes of flesh (ḇā·śār, בָשָׂר)? or seest thou as man seeth? (Job 10:4).

> In God I will praise his word, in God I have put my trust; I will not fear what flesh (bā·śār; בָּשָׂר) can do unto me (Psa 56:4).
>
> For he remembered that they were but flesh (bā·śār; בָּשָׂר); a wind that passeth away, and cometh not again (Psa 78:39).

The keyword in Genesis 6:1-4 is the "flesh" (bā·śār; בָּשָׂר) in verse 3. The sons (bə·nê; בְּנֵי) of God (hā·'ĕ·lō·hîm; הָאֱלֹהִים) are people with flesh. The flesh is nothing more than physical matter. When we say that the sons of God took the daughters of man and gave birth to children, it means that men who fear God received women who did not fear God as wives. The children born to them ceased to fear God, and as a result, the world became darkly wicked. Born to King Solomon and Naamah (the Ammonite woman), Rehoboam was recorded as a king who divided the country and did evil after becoming king (2 Ch 12:14). King Jehoram, who took Omri's granddaughter and Ahab's daughter Athaliah as his wife, not only did evil in the sight of God, but also his child King Ahaziah was recorded as an evil king. (2 Ch 21:6, 22:3)

In the days of Noah, nine generations after Adam, the earth was already flourishing with people. Before Noah's flood, people lived much longer than they do now. In addition to the basic matters of food, clothing, and shelter allowing people to eat, be clothed, and sleep, people had learned from other civilizations and become creative in their techniques. And they knew how to play musical instruments as well. But, Genesis 6:1-2 speaks of people's sexual depravity. The more people prospered, the more they turned away from God. Some of the people were born like giants who were tall enough to be called warriors of the day and had big bones. They fought and killed each other. Some of them were descendants of such giants, such as Goliath, who was later defeated by King David. In the days of King David, David's men killed all the descendants of these giants. You kno people work to create a perfect global environment, a person's lifespan was limited to around 120 years of age.

Repent and Grief of God

But Noah found grace in the eyes of the LORD.

> And God saw that the wickedness of man was great in the earth, and that every imagination of the thoughts of his heart was only evil continually(Gen 6:5).
> And it repented the LORD that he had made man on the earth, and it grieved him at his heart(Gen 6:6).
> And the LORD said, I will destroy man whom I have created from the face of the earth; both man, and beast, and the creeping thing, and the fowls of the air; for it repenteth me that I have made them(Gen 6:7).
> But Noah found grace in the eyes of the LORD(Gen 6:8).

Genesis 6:5 shows the true inner self of the people of the world. Man's iniquity prevailed in the world, and his heart, thoughts and plans were always evil. God knew that there was no righteous man. It was God who created man on the earth. God repented and grieved the creation of man because of the abundance of man's sins. This does not mean that God regretted creating man. God was grieving sin itself. God hates sin. So, when the time of God's dispensation came, He judged the earth as He had predestined before the creation of the world. He decided to wipe out all the living things that breathed on the planet. It was God's great judgment on all mankind. All mankind died in an instant in the Flood. The only exception was Noah's family. Of so many people, only Noah and his family were predestined by God to be saved.

Without predestination, the Bible cannot be explained at all. Only Abel's offering, not Cain's, was accepted by God. Only Noah, who pleased God with faith in Him, was removed from the flood of death. Of the countless people, only Noah and his family were saved. These examples show that God is leading the world according to His will. Noah rode the ark and survived an unimaginable flood. And he again multiplied his offspring through his children. Among those children, giants with big bones were born. The world had become evil again. No matter how righteous Noah was, the original sin inherited from Adam could only be washed away by death. From Noah's three children, mankind was again divided into different races. They built the Tower of Babel to rely on the united strength of the people alone, but they were punished by God and language was divided. Many peoples and nations were established. They again multiplied rapidly. God then foretold the final judgment of this world. This judgment signifies the end of the world. Before this final judgment comes, God calls those whom He wants to save by His grace from among mankind. And Jesus Christ was offered on the cross as a sacrifice in order to make those whom He called to be holy before God. Noah's ark symbolizes the cross of Jesus. If you hear the voice of God's truth, please come to the prepared ark of salvation as soon as possible.

40

The ark of Noah

After Noah's Flood until Abraham

Since the beginning of mankind, the book that records the longest history of mankind is the Bible. The book of Genesis in the Bible was written by Moses according to God's revelation for 40 years after the Exodus (B.C. 446), passed down as manuscripts (tablets) and orally taught until the prophet Jeremiah then organized it as the first book of the Bible. According to Genesis, a great catastrophe, a break in human history, occurred on Earth, which was known as the Great Flood of Noah's time. Thus, the history of mankind can be divided largely before and after the Flood. Genesis 4-5 is a record that tells the history of the pre-Flood period, showing many differences from the modern concept of history that divides human history from the prehistoric periods of the Paleolithic and Neolithic periods to the historical periods of the Bronze Age and the Iron Age.

> The first difference from the modern concept of history is that people lived much longer than they do now (Gen 5).

Even at that time, the earth revolved around the sun for 365 days, rotated for 24 hours, and the moon revolved around the earth for 30 days. Due to gravity, there was high tide and low tide in the sea, and the rain and wind did not stop. Earth's natural environment has not been very different from today, and since being expelled from the Garden of Eden, mankind has had to work hard and sweat for life.

> Therefore the LORD God sent him forth from the garden of Eden, to till the ground from whence he was taken(Gen 3:23).

The fact of man's longevity implies that human civilization did not have to take a long time to emerge. Cain, the first son of the first humans, Adam and Eve, built a city while living in the land of Nod, east of Eden (Ge 4:16). The scale of the castle that Cain built is unknown, and it does not still exist, but it would be possible to build a castle with a small population in the early days of mankind because they could live many long years before building a castle. The era of cattle herding and farming in camps, as well as enjoying music with harps and organs, had arrived unexpectedly and very quickly. After Adam, the civilizations of mankind continued with new generations on one side by Cain2, Enoch3, Irad4, Mehujael5, Methusael6, Lamech7, Jabal8, Juval8, Zillah8, and Tubalcain9. By the time they reached their ninth generation (Tubalcain), they had grown rapidly enough to know how to make various sharp machines with brass and iron (Ge 4:21-22). This rapid expansion of civilization was possible because of the long lifespan of humans. After Adam on the other side, came Seth2, Enos3, Cainan4, Mahalaleel5, Jared6, Enoch7, Methuselah8, Lamech9, and Noah10 continuing their own genealogy. After 9 generations from Adam1 to Lamech9, in Noah's generation, the earth was judged by God through the Flood.

Secondly, another difference between the two views of history is that the history before the Great Flood (B.C. 329) is only 1656 years old.

Only 10 generations passed from Adam to Noah in 1656 years. Due to the Flood, all mankind and civilizations on Earth were extinct except for Noah, his wife, his three sons, Shem, Ham, Japheth, and three daughters-in-law. The Flood occurred on February 17, when Noah was 600 years old, and the ground only dried up on February 27, when Noah was 601 years old (Ge 7:11, 8:13-14). The Flood occurred all over the earth, and all the high mountains under the earth were covered with water (Ge 7:19), but the Flood did not remove all traces of human history (relics) before the Flood. For example, excavations of ancient ruins in the Mesopotamian Basin, such as cuneiforms inscribed on stone or clay, hint at pre-Flood history that was preserved throughout the year of the Flood. Egypt's Old Kingdom (1-10 dynasties) was established before the Flood. From 3150, that is, 835 years after the creation, it emerged and flourished on the banks of the Nile River. One hundred and ninety-three years before the Flood (B.C. 522), a huge stepped pyramid (Ziggurat) was built in Egypt. And even before the Flood, there were famous ancient warriors. But in the sight of God, who created the world, they were evil and filled with violence.

Following God's direction, Noah built an ark 137 m. long, 23 m. wide, and 14 m. high from pine wood over almost 100 years (Ge 6:15). The driving force behind Noah's construction of a ship of this size was that about 100 years of time was available to him. Noah built the ark in just under 100 years, from the age of 500 to the age of 600. Noah could have heard Adam's story from his own grandfather, Methuselah, who lived before the Flood. This is because Methuselah lived 243 years, (and Adam was alive during that same period of time), and 686 more years until the year of the Flood. Noah also lived during the same time period as him. Noah had lived 350 years after the Flood, telling the story of God's creation of the heavens and earth, including Adam and the Flood, to Abraham, who lived in the same era. Abraham was 58 years old in the year Noah died. In other words, the work of God's creation of the heavens and the earth could be fully conveyed by even just four people, from Adam to Methuselah, to Noah and Abraham.

Perhaps humans might not have had the need to record their history during the ancient past era of longer lifespans. However, as human lifespans gradually shortened after the Flood, mankind had a need to record history for the next generation.

As human civilizations before the Flood, the Sumerian civilization of the Euphrates and Tigris rivers, the Egyptian civilization of the Nile, the Indian civilization of the Indus, and the Yellow River civilization of China were born and prospered. Sufficient time (1656 years) and manpower were possible for them to prosper. They also solved the problem of food, clothing, and shelter, enjoyed music and art, and must have experienced the bloody reality of war. Their civilization size had never been low. However, the Bible reveals that all of their civilizations were extinct from the earth due to the Flood. Even though the ancient civilization had disappeared, its remains could still survive the Flood.

A third difference: Before and after the Flood, the language of mankind was one.

After the Flood, Noah's three sons (Shem, Ham, and Japheth) and three daughters-in-law were able to re-establish civilization at a very rapid rate. For 99 years over the four generations, from Arphaxad, son of Shem, to Salah-Eber-Peleg, Noah's descendants lived together in the Shinar plains of the Mesopotamian basin, re-establishing the civilization of mankind (perhaps the Sumerian civilization as the main civilization). And they even built a castle tower (tower of Babel) that was intended to be high enough to reach the sky with bricks and bitumen (Ge 11:1-9). Until then, the language of mankind was one, and the letters were written in cuneiform (figure) letters so that everyone could understand them. God confused their language and scattered mankind on the earth. Mankind was again divided into the nations of the earth as before the Flood (B.C. 217).

After the Flood, the history of mankind began to spread all over the world as the Sumerian civilization of Mesopotamia ending with the event of the Tower of Babel. During the 99 years from the very end of the Flood to the Tower of Babel incident, Noah's descendants were ready to create and record a new history by rebuilding the former Sumerian civilization. Most of the ancient historical relics in existence can be said to have originated from the post-Flood Sumerian civilizations from B.C. 430 to B.C. 329, and to different civilizations from B.C. 328. The Middle Kingdom, known as Egypt's 12th Dynasty period, began in B.C. 050 and ended in B.C. 650. Abram (Abraham) was born in B.C. 036, and he grew up in Ur of Chaldeans in southern

Mesopotamia, the center of Sumerian civilization. At the time of Abraham, Sumerian city-states were already destroyed by the northern Akkad tribe, and then again were ruled by the western Amorites. It was a time when a complex international situation was formed. Even though descendants of the same ancestor, Noah, the history of war and power between the different tribes began due to the confused language.

> And it came to pass in the days of Amraphel king of Shinar, Arioch king of Ellasar, Chedorlaomer king of Elam, and Tidal king of nations(Gen 14:1).
> That these made war with Bera king of Sodom, and with Birsha king of Gomorrah, Shinab king of Admah, and Shemeber king of Zeboiim, and the king of Bela, which is Zoar(Gen 14:2).
> And when Abram heard that his brother was taken captive, he armed his trained servants, born in his own house, three hundred and eighteen, and pursued them unto Dan(Gen 14:14).

In Abraham's time, the number of people lost in war was a very small number, unlike nowadays. Ur, the central city-state of Sumer, had a population of about 24,000 at the time [1]. The scale of civilization at that time cannot be guessed with modern perspective. After the Flood, Noah's descendants flourished again, and in the early days, they lived together on the Sinar plains of the Euphrates and Tigris Rivers. They saw the remnants of an ancient civilization that still remained on the plains of Sinar and were able to revive the meaning of that civilization because they all spoke the same language (Sumerian), no different from the ancients. The text of the artifact, written in cuneiform, was easy for them to understand. They soon rebuilt the Sumerian civilization, while also resurrecting and serving ancient religions and gods. They continued to pass on the names of famous warriors and races of the past engraved on castles and towers, with only huge artifacts left behind. At the same time, it can be inferred that some of Noah's descendants, who were unusually tall, pretended to be giants, pretending to be the Anak tribe, and settled in the castle where the Anak tribe lived before the Flood. This is concluded from the Bible records that Caleb, a tribe of Judah, defeated them later in Joshua's time (Deut. 2:10, Joshua 15:14). The descendants of Anak are descendants of the Nephilim (Genesis 6:4, Number 13:33), who lived before the Flood. They were all extinct in the Flood and should not exist in this world. However, I am guessing this is why they did appear in history again.

Conclusion

Genesis is a book of beginnings. It is the starting point for understanding how the universe came into being and man's purpose, along with being the basis for understanding what follows. For this reason, it is very important to understand it correctly.

There are different approaches to reading the Bible. The first is to read it from purely a scientific point of view. In this case, the reader is presuming that the scientific theories they already believe or have been taught are fact, thus reading with these preconceived ideas in mind. Reading in this manner, a person can easily find ways to confirm his own presuppositions and deny the accounts of the Bible and the Christian God.

The second approach is to read the Bible with an open mind, without such presuppositions. This involves taking the Bible at face value, with faith in an omnipotent God whose ways are far above our ways. As you read in this manner, you may experience the miracle of having your eyes opened to understanding that the Almighty God created the world in six 24-hour days according to the biblical account in Genesis and that He even created fossils!

Appendix A

Historical Timeline Link	Starting year (cumulative period)	Ending year	Period	Cain, Egypt	Mesopotamia	Related (quoted) Bible verses, etc.
Adam	**B.C. 3985.5 (0)**	B.C. 3055.5	930			
Seth	B.C. 3855.5 (130)	B.C. 2943.5	912	After Cain killed Abel, he lived apart from Adam, but people's exchanges and marriages resulted in a rapid reproduction of offspring.	Stone Age (B.C. 985–B.C. 750) (235 years) same as Paleolithic, Neolithic, Chalcolithic	Ge 4:16 And Cain went out from the presence of the LORD, and dwelt in the land of **Nod**, on the east of Eden.
Enos Ge 4:26	B.C. 3750.5 (235)	B.C. 2845.5	905	Enoch People built castles out of stones and worshiped God together as a sense of community was fostered through group dwelling.	**Kingdom of Ararat** Samarra culture (B.C. 750–B.C. 660) Halaf culture (B.C. 750–B.C. 660) (90 years) Assemblage based upon Tell–Halaf/Habor site	Ge 4:17 And Cain knew his wife; and she conceived, and bare Enoch: and he builded a city, and called the name of the city, after the name of his son, **Enoch**.
Cainan	B.C. 3660.5 (325)	B.C. 2750.5	910	Irad	Hassuna culture (B.C. 660–B.C. 590) (70 years) Assemblage based upon Tell Hassuna, Tell Shemshara in Iraq.	Earthenware vessels and tools found all over the world, such as Mesopotamia and Turkey, even though they were sunk in the Great Flood, some remain and testify to traces of ancient civilizations.

Maha-laleel	B.C. 3590.5 (395)	B.C. 2695.5	895	Mehujael	Ubaid culture : Eridu (Babel) period (B.C. 590–B.C. 298) Tell Abu Shahrayn site (292 years)	Ancient urban civilizations, such as Eridu in the lower Euphrates, testify to the development of civilization's tools by living together in assemblages.
Jared	B.C. 3525.5 (460)	B.C. 2563.5	962	Mehujael		
Enoch Ge 5:24	B.C. 3363.5 (622)	B.C. 2998.5	365	Lamech	1st wife Adah	2nd wife Zillah
Methu-selah	B.C. 3298.5 (687)	B.C. 2329.5 (**1656**)	969	Prehistoric Egypt (**pre-B.C. 150**) For **1656** years from Adam to before the Flood, mankind developed from making and wearing leather clothes and was able to make various sharp machines out of copper and iron.	Jabal was the father of such as dwell in tents, and of such as have cattle. Jubal was the father of all such as handle the harp and organ Tubalcain (**an instructer of every artificer in brass and iron**) Naamah (Tubalcain's sister) Hajji Mohammed period (B.C. 298–B.C. 198) (100 years	Ge 6:1 And it came to pass, **when men began to multiply on the face of the earth**, and daughters were born unto them, Ge 6:4 There were giants in the earth in those days; and also after that, when the sons of God came in unto the daughters of men, and they bare children to them, the same became mighty men which **were of old, men of renown**.

40 The ark of Noah 349

Lamech	B.C. 3111.5 (874)	B.C. 2334.5	777	Within 1656 years since creation, mankind had solved the problem of food, clothing, and shelter, and had spare time to enjoy alcohol and indulge in music, art, and sexual pleasure. Archaic or Early Dynastic Period of Egypt (c. B.C. 150 – c. B.C. 686) (464 years)	Uruk (Ereck) period (B.C. 198–B.C. 100) (98 years) Enmerkar was an ancient Sumerian ruler to whom the construction of Uruk and a 420-year reign was attributed. The tradition of Enmerkar as the founder of Uruk seems to date from the Jemdet Nasr period (3100–2900 B.C.) as found in the Ad-gi4 list. Jemdet Nasr Period (B.C. 100–B.C. 900) (200 years)	Ge 5:29 And he called his name Noah, saying, This same shall comfort us concerning our work and toil of our hands, because of the ground which the LORD hath cursed.
Noah	B.C. 2929.5 (1056)	B.C. 1979.5 (2006)	950	Old Kingdom of Egypt (c. B.C. 686– c. B.C. 181) (505 years) Ancient pyramid structures seem to have survived after the Flood.	When Lamech gave birth to Noah, the world was already full of sin and evil. Early Dynastic period (ED) (B.C. 900–B.C. 350) (550 years)	Ge 6:7 And the LORD said, I will destroy man whom I have created from the face of the earth; both man, and beast, and the creeping thing, and the fowls of the air; for it repenteth me that I have made them.
Shem	B.C. 2426.5	B.C. 1926.5	500	Japheth	Ham		Even if only eight people survived the Flood, their lifespan was long enough to rebuild a civilization that had been washed away.

Arphaxad	B.C. 2326.5 (2)	B.C. 1923.5	403	Gomer, Magog, Madai, Javan, Tubal, Meshech, Tiras	Cush(Ethiopia), Mizraim(Egypt), Phut, Canaan	
Salah	B.C. 2291.5 (37)	B.C. 1888.5	403	Ashkenaz, Riphath, Togarmah, Elishah, Tarshish, Kittim, Dodanim Ge 10:5 By these were the isles of the Gentiles divided in their lands; every one after his tongue, after their families, in their nations.	Seba, Havilah, Sabtah, Raamah, Sabtechah Ge 10:8 And Cush begat Nimrod: he began to be **a mighty one in the earth.** Ludim, Anamim, Lehabim, Naphtuhim, Pathrusim, and Casluhim(out of whom came Philistim), Caphtorim, Sidon, Heth, the Jebusite, the Amorite, the Girgasite, the Hivite, the Arkite, the Sinite, the Arvadite, the Zemarite, the Hamathite	Ge 10:10 And the beginning of his kingdom was Babel, and Erech, and Accad, and Calneh, in the land of Shinar. Ge 10:11 Out of that land went forth Asshur, and builded Nineveh, and the city Rehoboth, and Calah, Ge 10:12 And Resen between Nineveh and Calah: the same is a great city
Eber	B.C. 2261.5 (67)	B.C. 1831.5	430		Sheba, Dedan	Only 60 years after the Flood, Nimrod could quickly build castles and nations in Mesopotamia because of his long life span and the ability to continue the ancient civilization that remained in Noah's time.

				Nimrod and Sargon I have in common that they conquered and ruled the same Mesopotamian region and lived in a similar era. It is estimated that only 60 years after the Flood Nimrod was about 20 years old. The population at that time was probably not very large. It would have been inevitable to rule a very vast land with a small manpower.	Even a city-state would have had a much smaller population than it was before the Flood. Nimrod conquered Mesopotamia as a young man and established a country, but it is likely that he spent most of his life going to the land of his father, Cush, leaving actual rule to others after the Tower of Babel incident. He liked to hunt, and it seems that the land of Cush was more suitable for hunting.	Ge 10:9 He was a mighty hunter before the LORD wherefore it is said, Even as Nimrod the mighty hunter before the LORD. Ge 11:9 Therefore is the name of it called Babel; because the LORD did there confound the language of all the earth: and from thence did the LORD scatter them abroad upon the face of all the earth.
Peleg	B.C. 2227.5 (101)	B.C. 2018.5	209	Ge 10:25 And unto Eber were born two sons: the name of one was Peleg; for **in his days was the earth divided**; and his brother's name was Joktan.	After Nimrod conquered the cities of Mesopotamia, it seems that the Akkadians, centered on the city of Akkad, conquered Mesopotamia one by one during his absence, and developed into an Akkadian empire. However, it appears that Nimrod lived almost 400 years in the land of Cush without ever trying to reclaim his country.	The descendants of Japheth advanced to Europe centered on Turkey, and the descendants of Ham advanced to Africa centered on Mesopotamia. Shem's descendants were mainly concentrated in Mesopotamia, but after the Tower of Babel confusion they advanced to the East (Ge 11:2).

Reu	B.C. 2197.5 (131)	B.C. 1990.5	207	First Intermediate Period of Egypt (c.B.C. 181 – c.B.C. 055) (126 years)	The Tower of Babel incident occurred between 2227 B.C. and 2018 B.C., and Sargon I began to emerge after the Tower of Babel incident. Akkadian Empire **Sargon I** (c. B.C. 220–c.B.C. 200)	Joktan's sons (Almodad, Sheleph, Hazarmaveth, Jerah, Hadoram, Uzal, Diklah, Obal, Abimael, Sheba, Ophir, Havilah, Jobab)
Serug	B.C. 2165.5 (163)	B.C. 1965.5	200		The Gutian dynasty, also Kuti or Kutians **B.C. 135—B.C. 055**	
Nahor	B.C. 2135.5 (193)	B.C. 2016.5	119		Ge 14:1 And it came to pass in the days of Amraphel king of Shinar, Arioch king of Ellasar, Chedorlaomer king of Elam, and Tidal king of nations;	Ge 14:14 And when Abram heard that his brother was taken captive, he armed his trained servants, born in his own house, three hundred and eighteen, and pursued them unto Dan.
Terah	B.C. 2106.5 (222)	B.C. 1901.5	205		The Third Dynasty of **Ur**, also called the Neo-Sumerian Empire (**B.C. 112–B.C. 004**)	When the four kings of Mesopotamia invaded Canaan, Abraham was able to defeat them with 318 servants. Judging from this fact, it can be seen that the country and military at that time, although small in size, ruled over a large territory.

40 The ark of Noah 353

Abram	B.C. 2036.5 (292)	B.C. 1861.5	175	Middle Kingdom of Egypt (c. B.C. 055– c. B.C. 650)	Ge 11:31 And Terah took Abram his son, and Lot the son of Haran his son's son, and Sarai his daughter in law, his son Abram's wife; and they went forth with them **from Ur of the Chaldees**, to go into the land of Canaan; and they came unto Haran, and dwelt there. The Isin-Larsa period (**circa B.C. 025 – B.C. 763**, Middle Chronology, or **B.C. 961 – B.C. 699**, Short Chronology)	When the four kings of Mesopotamia invaded Canaan, Abraham was able to defeat the four kings with only 318 servants. Judging from this fact, it can be seen that the country and military at that time, although small in size, ruled a large territory. Shem died in 1926.5 B.C., when Abraham was 110 years old.
Isaac	B.C. 1936.5 (392)	B.C. 1756.5	180		When Abraham was born, Noah, Shem, Arphaxad, Shalah, Eber, Peleg, Reu, Serug, Nahor, and Terah were all alive.	From this point of view, it did not take long to rebuild civilization thanks to the long lifespan of mankind after the Flood.
Jacob	B.C. 1876.5 (452)	B.C. 1729.5	147		Dynasty I: Amorite dynasty The First Babylonian Empire, or Old Babylonian Empire (**c. B.C. 894 – c. B.C. 595**)	Sargon I king of the Old Assyrian Empire from c. B.C. 920 B.C.– c. B.C. 881 (middle chronology) or from c. B.C. 856 B.C.– c. B.C. 817 (short chronology).
Exodus	B.C. 1876.5	**B.C. 1446.5** (882)	430	Second Intermediate Period of Egypt (c.B.C. 650 – c.B.C. 550)		

Joseph	B.C. 1785.5 (543)	B.C. 1675.5	110	Seth Meribre the 13th Dynasty during the Second Intermediate Period. Seth Meribre reigned from Memphis, ending in 1749 B.C.or c. 1700 B.C..	Hammurabi (c. B.C. 810 – c. B.C. 750) the 6th king of the First Babylonian dynasty of the Amorite tribe, reigning from c. B.C. 792 to c. B.C. 750.	
Moses	B.C. 1526.5 (802)	B.C. 1406.5 **Exodus B.C. 1446.5** (882)	120	New Kingdom 18-20 Dynasty (**c.B.C. 550 – c. B.C. 077**) Thutmose II B.C. 493-B.C. 479, (18th Dynasty) Hatshepsut c. 1479 – 16 January 1458 B.C.(18th Dynasty) **Thutmose III B.C. 479-B. C. 425**, (18th Dynasty)	Dynasty II: First Sealand Dynasty (B.C. 732 – B.C. 475) Dynasty III: Kassite dynasty of the Babylonian Empire (**c. B.C. 595-c. B.C. 155**) Israel entered Canaan in B.C. 406.	
Judges	B.C. 1446.5 (882)	B.C. 966.5	480		Middle Assyrian Empire (**B.C. 392 – B.C. 34**) The Middle Babylonian or Post-Kassite period was the period in Babylonian history that followed the collapse of the Kassite dynasty c. B.C. 150 and preceded the conquest of Babylonia by the Neo-Assyrian Empire in B.C. 29. Dynasty IV: Second dynasty of Isin (B.C. 157 B.C.- B.C. 026)	Tukulti-Ninurta I (reigned B.C. 243-B.C. 207) king of Assyria during the Middle Assyrian Empire (B.C. 366-B.C. 050).
Temple Construction	B.C. 966.5	B.C. 959.5	7			

David	B.C. 1040.5 (1288)	B.C. 970.5	70	Third Intermediate Period of Egypt (c. B.C. 069 – c. B.C. 64)	Dynasty V: Second Seal-and dynasty (B.C. 025 – B.C. 005) Dynasty VI: Bazi dynasty (B.C. 004 – B.C. 85) Dynasty VII: Elamite dynasty (B.C. 84 – B.C. 79) Dynasty VIII: Dynasty of E (c. B.C. 78 – B.C. 32)	
Solomon Reign	B.C. 970.5	B.C. 930.5	40			
Rehoboam	B.C. 971.5	B.C. 913.5	58			
Abijam Reign	B.C. 913.5	B.C. 910.5	3			
Asa Reign	B.C. 910.5	B.C. 869.5	41			
Jehoshaphat	B.C. 904.5	B.C. 844.5	60		Dynasty IX: Neo-Assyrian Empire (**B.C. 11- B.C. 09**)	
Jehoram	B.C. 879.5	B.C. 839.5	40		Aram–Damascus Kingdom Hezion Tabrimon Ben-Hadad I B.C. 85-B.C. 65 Hadadezer (Ben Hadad II) B.C. 65-B.C. 42 Hazael (B.C. 42-B.C. 05) Ben-Hadad III B.C. 96 -B.C. 92 Rezin B.C. 54- B.C. 32	1 Ki 15:18, 1 Ki 15:20 1 Ki 19:15, 2 Ki 8:15, Am 1:4
Ahaziah	B.C. 861.5	B.C. 838.5	23			
Athaliah Reign	B.C. 838.5	B.C. 832.5	6			
Jehoash	B.C. 839.5	B.C. 792.5	47			
Amaziah	B.C. 817.5	B.C. 763.5	54			
Azariah	B.C. 794.5	B.C. 726.5	68			
Jotham	B.C. 770.5	B.C. 729.5	41			

Ahaz	B.C. 749.5	B.C. 713.5	36		Nabu-mukin-zeri, a Chaldean chief, usurped the throne from Nabu-shuma-ukin II, the last king of Dynasty of E (c. B.C. 78 – B.C. 32). Nabu-mukin-zeri conquered Aram-Damascus kingdom in B.C. 32.	Rezin was the last king of Aram-Damascus kingdom (B.C. 54 – B.C. 32) (2 Ki 15:37)
Hezekiah	B.C. 738.5	B.C. 684.5	54		Tiglath-Pileser (Pul the king of Assyria) (Tiglath-Pileser III of Assyria) King of the Neo-Assyrian Empire conquered Babylon (B.C. 29 – B.C. 27). Shalmaneser (Shalmaneser V of Assyria) was King of the Neo-Assyrian Empire, son of Tiglath-Pileser III, B.C. 27 – B.C. 22 Sennacherib, son of Sargon II, 1st Reign B.C. 05 – B.C. 03	2 Ki 15:19 2 Ki 17:3 2 Ki 18:13
Manasseh	B.C. 696.5	B.C. 629.5	67	Late Period of ancient Egypt (**c. B.C. 64 – c. B.C. 32**)	Sennacherib (second reign) restored control of Babylonia (B.C. 89 – B.C. 81). Esarhaddon son and successor of Sennacherib rebuilt Babylon (B.C. 81 – B.C. 69) Median Dynasty (c. B.C. 78 – c. B.C. 49)	2 Ki 19:36 2 Ki 19:37
Amon	B.C. 651.5	B.C. 627.5	24	Twenty-sixth Dynasty of Egypt (**B.C. 64 – B.C. 25**) Pharaohnechoh king of Egypt, Pharaoh Necho II of Egypt, a king of the 26th Dynasty (B.C. 10 – B.C. 95)		2 Ki 23:29

40 The ark of Noah 357

Josiah	B.C. 635.5	B.C. 596.5	39		Dynasty X: Chaldean Dynasty B.C. 26 – B.C. 39 (87 years)	
Jehoahaz	B.C. 619.5	B.C. 596.2	23.3			
Jehoiakim	B.C. 621.2	B.C. 585.3	35.9		Nebuchadnezzar II Reign B.C. 05 – B.C. 62 (43 years)	
Jehoiachin	B.C. 603.2	B.C. 585	18.2			
Zedekiah	B.C. 606	B.C. 574 (1754)	32		Belshazzar 539 B.C.: Belshazzar was the son of Nebuchadnezzar II	Dan 5:18 "MENE, MENE, TEKEL, and PARSIN" Dan 5:30
Achaemenid Dynasty	B.C. 539	B.C. 31	208		Dynasty XI: The Achaemenid Empire, also called the First Persian Empire (**B.C. 50 – B.C. 30**). Persian ruler Cyrus the Great conquered Babylonian Empire in B.C. 39	King of Persia, King of Babylon, Cyrus the Great (Cyrus II of Persia) In the first year of 539 B.C., according to Cyrus's edict, Jewish captives brought to Babylon were first returned to Jerusalem. It has been 58 years since the captivity to Babylon. 2 Ch 36:22
Argead Dynasty	B.C. 331	B.C. 09	22		Dynasty XII: Argead Dynasty	
Seleucid Dynasty	B.C. 311	B.C. 41	170	Ptolemaic Kingdom (**B.C. 05 – B.C. 0**)	Dynasty XIII: Seleucid Dynasty Antiochus IV Epiphanes B.C. 75–B.C. 64)	
Arsacid Dynasty	B.C. 141	A.D. 222	363		Dynasty XIV: Arsacid dynasty	
Roman Empire	B.C. 27	A.D. 395	422		Roman Egypt, Province of the Roman Empire (**30B.C.– A.D. 641**)	

Reference

[1] Finegan, Jack, "Light from The Ancuent Past", Princeton, N.J., Princeton University Press, 1959.

[2] Heebo Kim, "Old Testament Israeli History", Chongshin University Press, 1981

장순석 지음 | 국판변형(144*215) | 140면

아가서는 성경에서 적나라한 남녀의 사랑 표현으로 오랫동안 논란이 된 것으로 알려져 있다. 저자는 이 남녀의 사랑이 예수 그리스도와 성도 간의 사랑이라는 전통적 해석을 기본으로 하면서도 술람미 여인, 솔로몬왕 그리고 자신, 이렇게 세 가지 관점에서 동시에 조명함으로 다른 아가서 저작과 차별성을 둔다. 저자는 솔로몬왕이 결코 성공하지 못한 삶을 살았으며 술람미 여인과의 사랑은 꿈속에서나 이루어질 수 있는 사랑이라는 결론을 내린다.

책 구성이 한글과 영문으로 구성되어 있기에 다양하고 풍성한 아가서 이해를 제공해 줄 것이며 독자들은 본서를 통해 예수님과 자신과의 사랑을 새롭게 되짚어 볼 수 있는 기회가 될 것이다.

장순석 지음 | 국판변형(144*215) | 220면

세계 기독교 역사를 일목요연하게 정리해 앞서 출간한 『기독교 역사 요약』에 한국 기독교 역사를 추가한 개정판이다. 초대 교회부터 19세기 유럽과 북미 기독교 역사의 굵직한 사건들을 중심으로 기독교 역사의 큰 흐름을 서술하고, 한국 선교의 시작부터 한국 교회의 성장과 분열의 역사 그리고 사명까지 기술했다. 마지막 두 장에서는 고대와 초대 교회 이전의 구약사도 정리했다. 저자는 기독교 역사를 살펴보며 신앙의 정체성뿐 아니라 하나님의 뜻을 역사 속에서 이루는 도구가 되는 길을 배울 수 있고, 하나님의 역사 판서에 그리스도인으로서 자취를 남길 수 있다고 말한다. 또한, 한국 교회가 아시아는 물론 전 세계를 향한 선교의 중심으로 떠오르기 때문에 한국 기독교 역사를 아는 것이 중요하다고 말한다. 이런 동기로 『기독교 역사 요약』을 다시 한번 다듬고 보완해 냈다.